交通运输信息数据标准化
及标准符合性检测技术

JIAOTONG YUNSHU XINXI SHUJU BIAOZHUNHUA

JI BIAOZHUN FUHEXING JIANCE JISHU

张绍阳　等◎著

内容提要

本书在对当前交通运输数据标准研究和编制现状介绍的基础上，对交通运输数据标准化的基本思想、数据标准规划和标准建设中存在的不足进行了分析，建立了数据标准的关系，最后对数据标准符合性检测理论、方法和系统开发等工作进行了全面介绍。

本书是交通运输信息数据标准符合性检测技术人员的培训教材，也可作为交通运输信息化设计和开发人员、交通运输信息数据标准编制人员以及相关信息化管理部门的参考资料。

图书在版编目(CIP)数据

交通运输信息数据标准化及标准符合性检测技术 / 张绍阳等著. —北京：人民交通出版社，2014.5
ISBN 978-7-114-11339-0

Ⅰ.①交… Ⅱ.①张… Ⅲ.①交通运输-数据检测-标准化 Ⅳ.①U-65

中国版本图书馆 CIP 数据核字(2014)第 064595 号

书　　名：交通运输信息数据标准化及标准符合性检测技术
著 作 者：张绍阳　等
责任编辑：丁　遥
出版发行：人民交通出版社
地　　址：(100011)北京市朝阳区安定门外外馆斜街 3 号
网　　址：http://www.ccpress.com.cn
销售电话：(010)59757973
总 经 销：人民交通出版社发行部
经　　销：各地新华书店
印　　刷：北京市密东印刷有限公司
开　　本：720×960　1/16
印　　张：13.25
字　　数：230 千
版　　次：2014 年 5 月　第 1 版
印　　次：2014 年 5 月　第 1 次印刷
书　　号：ISBN 978-7-114-11339-0
定　　价：48.00 元

前 言

QIANYAN

“十一五”时期，交通运输行业全面推进信息化建设，以示范、试点工程建设为依托，在交通运输动态信息采集与监控、交通信息资源整合开发与利用、交通运行综合分析辅助决策和交通信息服务四个方面取得了明显的成效。近年来，交通运输部确立了信息化在发展现代交通运输业中的战略地位和引领作用。作为发展现代交通运输业的根本途径、加快转变交通运输发展方式的重要支撑以及服务人民群众安全便捷出行的关键载体，交通运输信息化工作的重要性和关键性日益凸显。

“十二五”期间，交通运输信息化的主要工作思路是要实现从效率到效能、从分散到集约、从封闭到开放的三个转变，即从注重提高政府管理水平和工作效率转变为注重提升科学决策水平和公共服务能力及政务效能；从以往各自分散、独立的建设转变为集约化建设，大力推动整合共享项目建设，建立统一的通信信息基础网络、数据中心和应用支撑平台，倡导整合建设模式，避免重复建设，提高投资效益；从各自为政、相互封闭，转向注重顶层设计、加强总体规划、落实协同机制、实现资源共享的开放模式。其中，协同和共享是手段，集约和开放是方法，最终目标是提高交通运输行业的服务能力和决策水平。

要实现交通运输信息资源的集约和开放，交通运输信息数据的标准化是其中的关键。我国交通运输管理涉及公路、水路、铁路、航空、邮政等业务领域，业务面广、数据量大，并且我国区域经济发展水平不同，使得各省、各交通运输业务领域信息化发展也不均衡。随着交通运输信息化工作的深入开展，交通运输信息数据中存在的问题逐步暴露，阻碍了交通运输信息数据的共享交换及整合应用。为此，交通运输部发布了《交通信息基础数据元》(JT/T 697)等系列数据标准，编制了交通运输信息化标准体系表。经过多年的建设和宣贯，数据标准不断充实,数据质量得到了一定的改善。但是,由于最初数据标准的编制大多是基于特定的业务系统等原因,数据标准总体规划不足、内在联系不足、标准贯彻缺乏监管等深层次问题逐渐显现出来。

为此,交通运输部启动了《交通运输信息数据与标准规范符合性检测关键技术及规范研究》(项目号:2011-364-812-50)、《交通信息化基础性标准研究(一期)》(项目号:2012-364-223-500)等项目,对交通运输信息基础性标准和标准符合性关键技术进行研究。本书作者是这两个项目的主要研究成员,书中大部分内容是这两个项目部分工作的总结。本书在介绍当前交通运输信息数据标准研究和编制现状的基础上,对交通运输信息数据标准化的基本思想、数据标准规划和标准建设中存在的不足进行了分析,建立了数据标准的关系,最后对数据标准符合性检测理论、方法和系统开发等工作进行了全面介绍。

全书由多位作者合作完成。其中,长安大学张绍阳主要编写了第1、3、4、6、7、8、10、14等章;曲卫东编写了第11、12章;曹金山参与了项目的大部分工作,并参与编写了第11、14章;安毅生编写了第9章;中国人民公安大学解源源编写了第2、5、13章;交通运输部科技司邹力、高翔参与编写了第6、10、11、13章;多位研究生参与了各章节的编写工作,其中中国电子集团第20研究所武伟参与编写了第13、14章,西安亿阳信通软件科技发展有限公司李男男、高航、王峰等参与编写了第6、7、12章,在读研究生李欣参与编写了第11章,张恒、关胜超参与编写了第8章,葛丽娟参与编写了第4、9章,刘静参与编写了第12章。本书中的数据采集部分由中国交通信息中心有限公司唐菁、刘昕、齐硕、辛文等人完成。全书由张绍阳统稿,交通运输部科技司邹力、高翔主审。

由于时间较紧且作者水平有限,书中难免存在错漏之处,请读者批评指正。

目　录

MULU

第一篇　交通运输信息数据标准化概述

第二篇　交通运输信息数据标准研究

第三篇　交通运输信息数据标准符合性检测方法和技术研究

第一篇

交通运输信息数据标准化概述

在交通运输行业信息化主管部门、标准编制人员以及信息化从业人员等的努力下，交通运输信息数据标准化已经取得了大量成果。

本篇对交通运输信息数据标准化的内涵、框架和发展方向等进行了系统的研究和总结。其中，第1章在对数据的基本概念、作用等分析的基础上，对数据标准化的内涵和意义、交通运输数据标准化方法等进行了论述；第2章对交通运输信息数据标准的编制和规划进行了总结；第3章从交通运输信息数据流程出发，提出了当前交通运输信息化发展阶段的数据标准化要求，形成了交通运输信息数据标准体系的整体初步框架；第4章对未来交通运输信息数据标准化的研究方向进行了讨论。

第 1 章　绪　　论

1.1　数据及其作用

1.1.1　数据的定义

本体论认为,信息是事物运动的状态和状态变化方式的自我表述或者自我显示。人类认识世界和改造世界,首先必须实现对客观事物信息的获取和把握。电子计算机技术帮助人类实现了海量信息的获取和管理,大大扩展了人类在时间和空间两个维度对客观事物的感知和控制能力。但是,在电子计算机中,信息是无法直接进行存储的,信息被转换为“数据”的形式进行存储。因此,电子计算机中的数据被定义为承载客观事物信息、以电子信号形式进行存储和交换,并记录在磁、光或机械介质上的数字符号[1]。

1.1.2　数据是信息化的核心资源

通常所讲的信息化,就是利用信息技术手段,改变传统信息的获取、处理、传递、存储、利用的方式方法,从而实现对传统业务的改造和效率提升,甚至引领传统业务模式的变革。

在信息化过程中,会产生多种资源积累,包括软件资源、硬件资源和数据资源。软件资源实现了业务工作的信息化,提高了效率和效能;硬件资源是一种有形的信息化资产,是软件资源的载体;数据资源是信息化工作的核心资源,比其他两种资源更有生命力和价值。随着业务流程、目标和方法等的改变,以及信息技术的发展,软件需要不断地进行升级,因此,软件资源很快就会达到其寿命周期。随着集成电路技术的快速发展,硬件资源的淘汰速度也越来越快。1965 年,著名的摩尔定律就指出:当价格不变时,集成电路上可容纳的晶体管数目,约每隔 18 个月便会增加一倍,性能也将提升一倍。换言之,每一美元所能买到的电脑性能,将每隔 18 个月提升一倍。摩尔定律所阐述的趋势一直延续至今。可见,信息化过程中的软硬件资源随着时间的推移会不断淘汰和更新。

但是,数据资源作为信息的表现形式,永不过时,而且非常宝贵。广义上讲,数据资源所承载的信息是人类的财富。人类对文字出现以前的信息,只能从化石、遗迹片段等进行推断猜想,信息量非常有限。有了文字记载,人类可以更多地了解历史信息。现代计算机技术对人类生产、生活的各类信息进行了更加充分的记录,帮助子孙后代更完整地认识历史、以史为鉴、更好地生活。狭义上讲,数据资源是下一代信息系统的建设基础,能为信息系统提供基于时间维度的分析能力,是决策支持的重要信息来源。因此,数据资源是信息化工作的核心资源。我国已将信息数据所承载的信息资源提升到与能源、材料等同等重要的战略资源高度。

交通运输信息数据资源是指在交通建设、生产和管理过程中产生,并通过信息化手段形成的电子数据的集合,是交通运输信息的数字化表现。交通运输信息数据具有海量、结构复杂、增长迅速等特点。

发挥数据资源作用的关键是要对其进行充分利用。在现有计算机科学与技术的框架下,数据尚未能实现自由流转和任意应用,需要对其进行标准化。数据标准化对于实现数据资源的高效利用具有重要意义。

1.2 数据粒度

1.2.1 数据的产生及数据粒度

信息系统中的数据来源大致可以分为以下两种情况。第一种情况:数据产生自客观事物信息的数据化。客观事物信息的数据化过程就是将现实世界中的信息转化为计算机中存储数据的过程,通俗来讲就是由计算机应用系统自身产生的数据,这个过程一般都是通过应用系统专用的软硬件完成。为了能够对数据进行长期利用,一般要将数据在永久存储器上进行存储,防止断电、设备故障等原因造成数据的丢失。第二种情况:从其他系统交换而来。信息的互联互通,是信息化发挥综合效益的重要途径,因此,从其他系统交换而来是信息系统数据的另一个重要来源。

信息有粒度,数据也是有粒度的。从数据的产生过程可知,客观事物信息数据化时,即产生了单个的独立数据;同一类独立数据的集合,形成数据组织的最原始单位;对多个数据的有序组织,就形成了数据集。因此,从数据组织角度,可将数据分为三个粒度:独立数据、数据项、数据集。

1)独立数据

独立数据是指单个的、具体的客观事物的属性值。例如“张三”,该数据代表某个人的姓名。独立数据具有数量庞大、分散的特点,不易管理。归类是人类学习和认知的一个基本方法。在数据管理中,一般也对数据进行归类。同一类独立数据的归类,就是数据项。

2)数据项

数据项是客观事物某个属性的标识及其内容的总称,也称为数据元素,可以理解为同一类数据的集合。数据项的定义即为该类数据的定义。例如,"姓名"代表了一个数据项,"张三"是该数据项的一个特定值,该值必须服从"姓名"数据项的定义。数据项将数据按类别进行有效组织,起到了提纲挈领的作用。数据项的定义包括类型、格式等,是计算机中对数据进行组织的最小单位。数据项的定义对独立数据形成了约束。在关系型数据库中,数据项与"字段"的定义相对应。

3)数据集

数据集是指有限数据项及其内容的集合。在交换中,一般是以数据集的方式进行交换。数据集是交换数据的集合,可大可小。数据集的属性包括其组织方式、内容、表示方式等方面。

这种分类方式和具体的数据管理系统的实现技术无关,符合人类认识事物从特殊到一般的过程。数据集的标准化和数据项的标准化具有不同的要求,本书将数据标准化分为数据项的标准化和数据集的标准化进行讨论,重点研究了数据项的标准化方法。

1.2.2　计算机中的数据层次及其粒度

在计算机中不同的技术层面,同一数据面向的主体不同。为了便于各主体对数据的理解,数据在各层面的表现形式不尽相同,如表 1-1 所示。

计算机中的数据层次　　表 1-1

数据层次	数据内容	面向主体	表现形式
应用层	完整的信息	用户	多个表示层数据共同构成一条完整的信息,例如"明明是男孩,今年 15 岁"
表示层	自然语言形式的片段信息,是客观事物属性的可理解形式	软件系统、开发人员	age = 15, sex = "男性"
逻辑层	二进制 0/1 形式	CPU、总线、存储器	00001111,00000001
物理层	光、电磁、机械信号	光、电磁识别装置等	光信号、电磁信号等

计算机系统帮助人类实现信息的存储和组织,经过复杂的转换过程,最终表现为人类可识别的符号。其中,物理层存储的光信号、电磁信号等通过光、电磁等识别装置被转换为二进制形式,二进制形式的数据可被计算机系统识别。二进制数据在编码方式、数据管理系统的约束下,转换为软件系统及开发人员所理解的表示形式,这类数据是一种自然语言形式的片段信息。多个片段信息的组合,便形成完整的应用信息。表1-1中的“表现形式”列展示了信息的转换和形成过程。

物理层数据的表示方法属于电磁学等领域的研究内容,技术标准也在不断发展,自计算机出现以来先后出现了纸带、磁盘、磁带、光盘等多类存储介质,每种介质的存储容量和标准也在不断提高。

逻辑层数据的表示方法是电子计算机的基础技术,经过多年的发展已经形成了较为完整的体系。Unicode码的建立实现了跨平台、跨语言的信息编码方法,声音、图像、视频等信息的编码也逐步完善并形成标准体系。

表示层数据面向软件系统和开发人员,由软件系统在程序逻辑中理解和应用,具有面向业务应用的特点。例如,业务系统可能会根据年龄数据的大小进行干部选拔,也可能根据年龄进行离退休手续办理,或者进行公司员工年龄结构优化等,其数值是一种开发人员和应用系统都可以理解的表示方式。

应用层的数据表示方法是信息的应用模式,根据应用场合和需求,即信息获取者的要求而产生。例如,在表示层的几个独立信息,“年龄”、“姓名”、“性别”等,有的人关心某人的年龄信息,有的人关心其性别信息。

在以上几种表示中,物理层和逻辑层两类数据表示都属于计算机科学与技术、电磁学等相关学科技术领域研究范畴,和业务系统没有关联,经过多年的发展,已经形成了完善的标准。应用层数据表示根据应用场合的不同而不同,属于信息学的研究范畴。只有表示层的数据将业务信息和计算机数据进行关联,数据为软件系统所使用,和业务系统紧密相关。

与数据粒度的概念相对应,表示层数据属于数据项的范畴。表示层的数据是对现实世界信息的一种可理解的表示,是描述客观事物特征或性质的独立的信息。由于其面向开发者,因此,是进行数据标准化的关键和主要层次。

1.2.3 主流数据存储中的数据概念及其粒度

根据描述客观事物对象特性的不同,为了程序开发的便利性,一般将表示层数据分为数字、文字、图像、声音、视频等多种类型。

在计算机中,数据库是数据存储的一种主要组织方式。其中,关系型数据库是一种普遍应用的主流数据库。在关系型数据库中,所有数据都存储在关系(通常所说的二维表）中，关系符合一定的范式要求。客观事物的同一特性的数据存储在二维表的一个列中，该列称为一个字段（或属性），字段的概念与数据项的概念相对应。每一行对应着一个客观事物对象，称为记录（或元组）。因此，在以关系型为主的数据存储中，数据项的标准化就是对关系表的列（即字段）定义的统一规定。

列的逻辑层编码方式可将其中存储的二进制数据转换为约定的、可识别的形式，这种编码方式便确定了一个字段的类型。数据库根据数据所表示的客观事物特性的不同，并考虑存储的方便性、占用空间的大小，对字段类型进行了详细的分类，大类上可分为数值型数据字段和非数值型数据字段。对于数值型数据字段，也有多种类型，例如 SQL Server 数据库的数值型数据的存储类型有 int、smallint、numeric 等，它们最主要的区别就是其所能表示的数据范围和精度不同；对于非数值型数据，数据库采用不同的类型进行存储，如 char——存储字符型数据、bit——存储真假二值型数据、Image——存储图像数据等。数据类型之间最主要的区别就是其运算方式不同，例如“长度”是一种数值，其可能的运算方式包括大小的比较、算术运算等，因此，适宜于用数值型方式存储；而“姓名”则一般不会使用大小比较、算术运算等操作，仅是一种可识别的符号，因此，适宜于使用非数值型（字符串）方式存储。

在数据库物理实现中，字段的主要描述属性包括类型和格式，这也是字段之间进行区别的主要属性。图 1-1 是 SQL Server 进行字段定义时的界面。

cname	nvarchar(600)	☐
ename	nvarchar(400)	☑
spell	nvarchar(600)	☑
field	nvarchar(400)	☑
num	nvarchar(400)	☑
version	nvarchar(400)	☑
department	nvarchar(400)	☑
circumstance	nvarchar(400)	☑
synonym	nvarchar(400)	☑

图 1-1　典型的字段定义内容

图 1-1 中，第一列是字段名称，是字段的唯一标识，用于进行字段之间的区别；第二列是字段类型 + 格式，是字段的主要定义内容；第三列是是否允许为空，是对字段中数据内容的填写进行规定。可见，第二列构成了一个字段定义的主要内容，也是字段所存储数据类别的主要表征。

1.2.4 数据交换中的数据概念及其粒度

信息的价值是在交换中体现的,因此,从其他系统交换数据是信息系统数据的一个重要来源。如前所述,关系型数据库是目前应用系统中主流的数据存储方式。下面首先对关系型数据库之间的数据交换过程进行分析。

在关系型数据库的交换过程中,通常采用系统内部的专用交换接口,或者是异构系统交换接口。在专用交换接口实现时,交换数据集可能是一个 RecordSet 对象、DataSet 对象、JTable 对象、一组自定义顺序的数据或数据结构等。其格式是交换双方约定好的,虽然效率较高,不需要转换,但无法在异构系统之间进行交换且无法实现非预定交换。通用的、异构系统之间进行数据交换时,主流采用基于 XML 的数据格式进行交换,这在业界已形成共识。

无论是哪种模式,其目的都是将 A 数据库中的数据传递到 B 数据库中,其技术关键是将所要交换的数据及其识别信息进行完整描述。这样才能实现非预定交换,实现交换的自由性。

在交换过程中,单个数据是最基本的交换内容。交换数据集就是要进行单个数据交换的组织。从通用角度出发,本书提出一种包括三个层次的交换数据集组织方式。第一层次,采用以行为主的组织方式。由于单个数据自身信息的不完整性,例如,数据库 A 中的字段 A112 中存储了人员的身高数据,需要传递到目标数据库中,但大多情况下仅传递身高数据到目标数据库中是无意义的,目标数据库不知道身高数据是谁的数据。因此,一般情况下,数据及其识别信息(数据表的主键)需要一起传递,如果将数据和其识别信息分离,在入库时将增加复杂性。因此,交换数据集的数据结构以记录(一组相互关联的数据)为组织更为合理,便于数据的识别。第二层次,以相互独立的交换单元容纳多组关系数据。一个表的多条记录能够构成一个内部循环的交换单元,由于各个表的结构不同,放在一起将增加数据解析的复杂性,因此,将多个单元相互独立,在一个交换数据集中就可容纳多个表的数据。第三层次,在交换数据集和交换单元中都增加描述信息,使数据集能够自我描述。这样,在一个交换数据集中便可自由、完整地表示出包含多个数据关系(表)、多个属性(字段)中任意数据(记录)的一次交换。关系型数据库的交换数据集的数据结构如图 1-2 所示。

特定系统内部的专用交换数据接口虽然使用其规定的格式组织交换数据,但在概念上也具有和图 1-2 类似的结构。例如 Microsoft 的 Dataset 对象,里面包含多个表及关系,存储为 XML 格式时,与图 1-2 中的交换数据集具有类似的结构。

以上模型体现了交换数据组织的相关性(相关数据使用记录方式组织)、包容性(多个交换单元的数据共同交换)、灵活性(交换记录的数量和内容未受限定)、通用性(采用 XML 描述格式,适宜于异构系统之间的交换),因此,该模型同样也适用于其他的数据存储方式,例如文件存储、自定义格式存储等的数据交换。

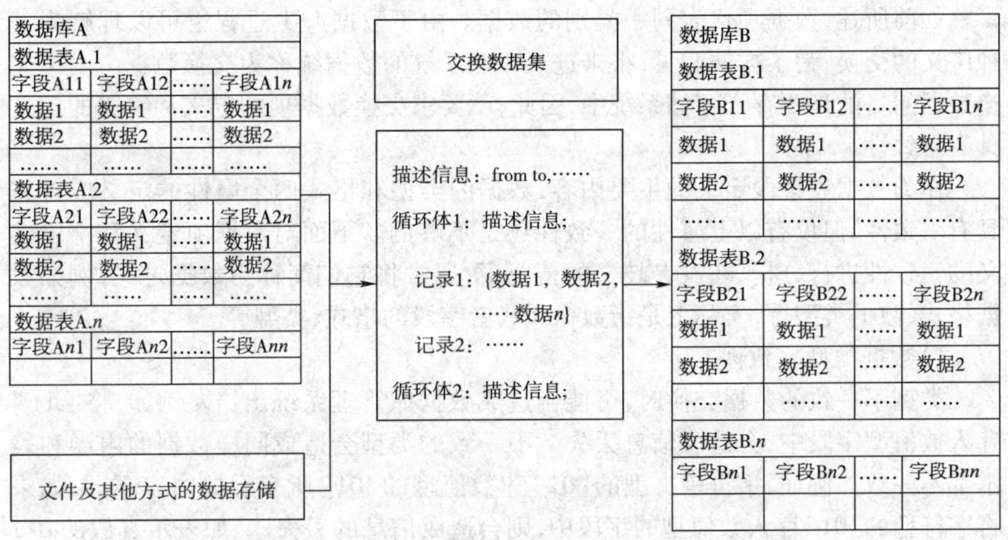

图 1-2　通用的交换模型示意图

下面是交换数据集的形式化描述。

理论上,无论交换方式如何,是一次交换还是多次交换,交换数据集都是一个数据集合 $P=\{P_{\mathrm{h}},C_i \mid i=1,2,\cdots,m\}$,其中 P_{h} 是交换数据集的头信息。本书不研究具体的交换格式,此处不给出其具体数据结构。m 是数据集中循环体的数量,$C_i=\{R_{ij} \mid j=1,2,\cdots,m_i\}$ 为一个循环体,与数据库中的表或视图对应,m_i 为第 i 个循环体中包含的记录数。$R_{ij}=\{d_{ijk} \mid k=1,2,\cdots,n_{ij}\}$ 为一条记录,与数据表或视图中的记录对应,n_{ij} 为第 R_{ij} 记录中包含数据的数量,d_{ijk} 是某个具体的数值,对应数据库中存储的内容。

这样,在交换时,如果将 $\{d_{ijk} \mid j=1,2,\cdots,m_i\}$ 存入数据库 B 的 B11 字段中,为了保证数据交换成功,则应要求 $\{d_{ijk} \mid j=1,2,\cdots,m_i\}$ 定义与数据库中该字段的定义具有一致性。可见,在交换中,交换数据集对应着数据集的概念,而其中的同一类数据 $\{d_{ijk} \mid j=1,2,\cdots,m_i\}$,则对应着数据项的概念。

1.3 数据标准化的内涵及意义

1.3.1 数据项标准化的内涵

1.3.1.1 数据项定义一致性的几个方面

如前所述,数据项代表同一类别的数据。由于数据产生过程也可以理解为一种广义的交换,为了方便起见,将未进入存储系统的数据统称为交换数据。由于交换数据的目的是要存入存储系统中,因此,就要求交换数据项的定义和字段的定义具有一致性。

作为数据表字段定义的主要内容,数据的类型和格式两个属性的定义应首先具有一致性,但仅有以上属性的一致性还是不够的。下面对数据项定义和字段定义的一致性进行分析,在没有歧义的情况下,通常将它们简称为数据定义,例如数据格式、数据类型等,实际上是指数据项或者字段的格式、类型等。

1)数据类型一致性

类型不一致的数据交换时,可能会造成数据库管理系统出错。例如,将"abc"存入数值型字段中,会造成信息丢失。不一致的类型会造成同样数据的内涵和表示都不一致。例如,字符串类型的"01"和数值型的"01"所表示的内容不同,如果将字符型的"01"存入数值型的字段中,则会造成信息的丢失;又如表示真假的0/1与数值字段中0/1具有不同的含义。因此,数据类型是数据的一种基本属性,决定了数据的编码和表示的含义。在交换中,虽然有些交换系统、平台可以实现多种类型之间的自动转换,但是,仅仅是形式上的转换,不同的类型之间极可能造成信息的丢失,两种数据类型定义具有一致性是交换顺利进行的基本保证之一。

2)数据格式一致性

在类型一致的情况下,格式的一致性也是一种基本的一致性要求。格式一致性指的是数据的长度、精度等一致,如果格式不同,则也可能造成信息的丢失。例如,把超出int型字段最大值的数据存入int型中,虽然类型相同,都是数值型的数据,但是会造成数据溢出。数据类型和格式一致,能够保证数据形式上的互操作性,即交换数据项能够顺利存入目标数据库中,如图1-3中间部分所示。

3)数据单位一致性

虽然在类型和格式一致的情况下,能够实现数据的交换,但还需要考虑单位是否一致。例如,在两个系统中都表达"路线长度"的字段,可能都使用int型表示,其格式和类型都一致,但如果两个数据使用单位不一致,则数据交换是无效的,将单位为 cm 和 m 的数据存储在一起,将造成系统理解错误。在数据存储时,并不带有单位,因此,需要对数据的单位进行约定和检查,否则会造成交换的歧义性。数据单位一致性,保证数据具有统一的量纲。

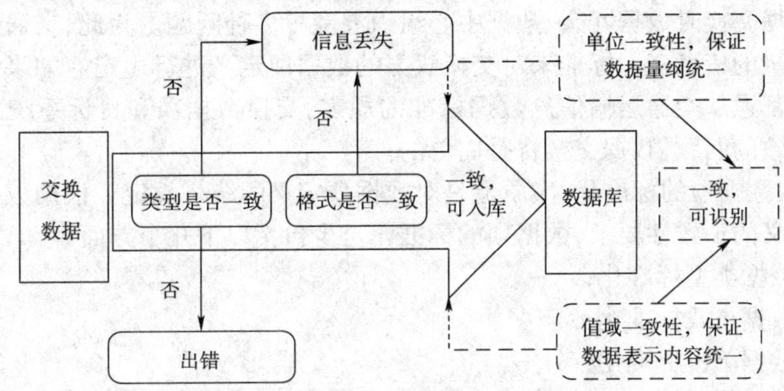

图 1-3　关系型数据库数据入库的一致性要求

4)数据值域一致性

为了让数据表示简单、易于理解以及具有统一性等,有些字段的内容使用代码表示。在有些情况下,需要将数据内容限定在一定的范围内。这些都是数据的值域所规定的内容,如果两个数据的值域不同,则在交换时也会出错。例如,同样存储内容“1”,如果存储的是代码,则代表的是代码 1 所对应的值,否则就是数值或者字符串“1”。数据值域一致性保证了数据所表示内容的含义的一致性,即其含义是一致的。

用通俗的话讲,如果数据项的定义和目标字段以上四个属性都具有一致性,则数据能够完整存入目标数据库中,和目标字段中的数据具有统一的单位,并且其表示的内容也是相同的,即该数据与本系统中的数据在形式和内容上都具有可比性,能够使用与本系统中相同的规则来正确解释该数据。例如,对于描述“路线长度”的数据“100”,单独来看其含义是不完整的,如果加上计量单位“km”,或者说明该数值所代表的代码为“3 344km”,则用户可以正确理解“100”所代表的含义。这时才可以说数据入库或者交换是成功的。

1.3.1.2　数据项标准化内容

保证交换数据项与目标数据库中数据定义的一致性是一项较为困难和烦琐的工作,这是由交换过程的私有特征决定的,也就是说交换发生频繁并且大多隐藏在系统内部,交换双方必须采用双方约定的数据定义进行交换。在信息系统开发过程中,这是一件非常耗时的工作。开发工具为了减轻工作量,并增加程序的健壮性,在交换数据进入数据库时,对数据库管理系统(DBMS)进行了复杂的逻辑判断和转换工作,但仍旧不能完全解决由于数据定义不一致带来的大量问题。另外,在同一数据的称谓方面,由于历史习惯、理解等方面的原因,同一数据存在多种名称,也造成数据交换时数据冗余、数据中心组织混乱等多种问题。为此,交通运输行业建立了大量的信息资源标准来对交换双方的数据项定义进行规定。如果交通运输信息系统都遵从交通运输信息数据标准的规定,交换数据项和目标系统之间就不存在不一致的问题,数据交换将是简单的。

因此,数据项的标准化,实质上是对数据项定义的统一规定。根据数据项定义和字段定义的一致性要求,数据项的标准化至少包括以下几个方面:

(1)数据类型标准化;

(2)数据格式标准化;

(3)数据单位标准化;

(4)数据值域标准化。

数据定义的以上四个属性的标准化,保证了数据交换具有可行性和有效性,是交换进行的必要条件,也是交换中数据一致性的最低要求。其中,类型和格式的一致性使得数据交换能够正常进行,是交换的基础,保证了数据存储的可行性。单位一致性保证了数据具有一致量纲,使数据之间具有可比性;值域一致性表达了数据内容的含义是一致的。这两个属性的一致性保证了数据交换的有效性。

1.3.2 数据集标准化的内涵

1.3.2.1 数据集的描述属性

数据项标准化是对单个类别的数据定义进行规定,数据集标准化是对数据集的属性进行规定。数学上,使用确定性、互斥性、完备性、纯粹性、无序性等属性描述集合元素之间的关系,使用交换律、结合律、分配率、德·摩根律、容斥原理等属性描述集合的运算性质。从共享交换角度,一个数据集的描述至少包括以下几个属性:

(1)数据集的完备性,即数据集中数据项的“约束”属性。该属性是针对数据集中的数据项进行规定,表明该数据项在数据集中是必选的还是可选的,可简单理解为填表时必填或者选填内容。

(2)数据集的可重复性,即数据集中数据项的“出现次数”属性。该属性对某个数据项在数据集中出现的次数进行规定。

(3)数据集的可识别性,即数据集的编码,例如采用 ASCII 码、UTF-16 或者 UTF-32 等。

(4)数据集的可读性,指数据集的格式,例如采用 XML 格式、专有格式等。

(5)数据集的压缩方式,用以提高传输效率。

(6)数据集的安全性,指数据集采用的加密方式。

1.3.2.2　数据集标准化的内容

对数据集以上属性的规定,保证了数据集内容完整、可识别、可理解、传输高效、安全,是数据集描述的最低和必要要求。因此,数据集的标准化实质上就是对数据集的以上必要属性进行统一规定,应包括以下几个方面:

(1)数据集约束标准化。

(2)数据集出现次数标准化。数据集的“约束”和“出现次数”属性是对数据集的内容进行规定,满足这两个属性规定的数据集具有符合要求的内容。

(3)数据集编码标准化。编码属性的标准化保证数据集的内容是可识别的,即数据能够从逻辑层向表示层正确转换。

(4)数据集格式标准化。格式属性的标准化保证数据集的内容是可理解的,用户能够正确解析数据集中的数据项及数据内容。

(5)数据集压缩标准化。压缩属性的标准化保证数据集的内容是可还原的。

(6)数据集加密标准化。加密属性的标准化保证数据集的内容是安全的,并可被合法的接收方解密。

1.3.3　数据项和数据集属性之间的关系

数据项的属性和数据集的属性之间的关系如图 1-4 所示。

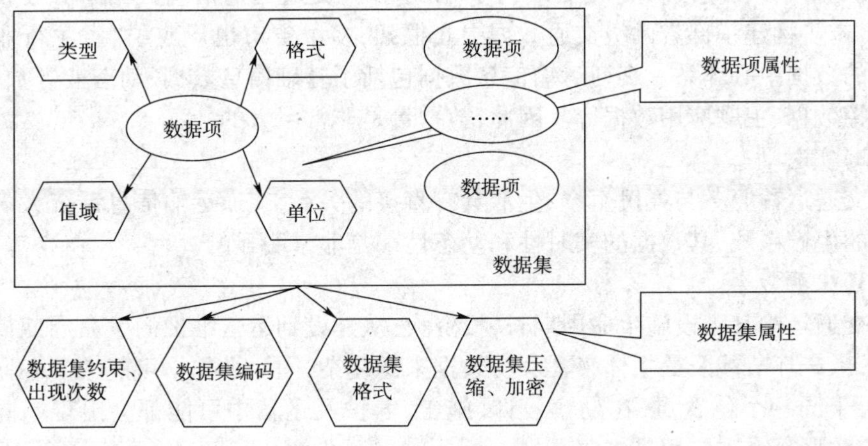

图 1-4　数据项的属性和数据集的属性之间的关系

1.3.4 数据标准化的意义

通过数据的标准化,不同系统之间的数据具有了一致性,具有以下重要意义:

(1)减少系统交换时所进行的数据之间的转换工作。虽然现在的大多数据平台都可以实现多种数据类型之间自动转换,但仍然可能存在数据丢失等问题,一致的定义保证了交换的顺利进行。

(2)使得非定制交换成为可能。交换数据携带完整、独立的信息,使得数据在公布出来以后,即可独立使用。这样,交换接口成为一种通用的、异步的接口,系统之间交换工作无须定制即可实现,对于消除信息孤岛具有重要的现实意义。

(3)使得大范围的数据挖掘和决策支持成为可能。如果数据具有不同的量纲和表示,则数据之间不具有可比性,数据挖掘难以进行。数据标准化使得数据的分布式自动存取成为可能,减少了整合的成本。

1.4 交通运输信息数据的特点

交通运输信息数据具有海量、实时动态、来源复杂的特征。

1)海量

交通运输业务范围广,产业链复杂,包括公路、水路、铁路、航空、邮政等,每个业务领域都有纵深的产业链;从业人员多,据统计,截至2012年,已取得交通运输职业资格证书的从业人员就有2 360多万,该数据中未包括铁路从业人员、大量的辅助从业人员和间接从业人员。“十一五”期间,交通运输信息数据中心建设初见成效,初步构建了部省两级交通数据中心框架,多个省市也形成了“省+行业/市”构建的数据中心体系。交通运输信息数据包括了基础信息数据、动态业务数据、视频监控数据、主题应用数据等。因此,数据量是非常巨大的。

2)实时动态

交通运输业务与人民生产、生活具有直接的关系,交通运输信息系统大多属于动态的生产系统,其数据的实时性和动态性都是非常明显的。

3)来源复杂

交通运输基础设施生命周期长,投资大,从建设到运营维护的生命周期持续几十年,生产环节涉及的主体多,因此,数据来源复杂,同一个数据可能来源不同。例如,对于同一个位置点,在勘察设计、施工、养护及运营中可能都会出现不同的表述,给数据融合和应用带来复杂性。

交通运输信息数据关系到社会生活的方方面面,关系到人民群众的切身利益,影响面大，因此，交通运输信息数据的重要性非常高。交通运输信息系统建设和数据交换时，应对数据的准确性、实时性以及交换的可靠性具有充分的认识。

交通运输信息数据的以上特点，使得交通运输信息数据交换主体多、环节多、周期长、内容复杂，也对交通运输信息数据的标准化工作提出了更高的要求。

1.5 交通运输信息数据标准化方法

1.5.1 编制交通运输信息数据标准

数据标准是数据标准化工作的基准，因此，编制高质量的数据标准，是数据标准化的基础性工作。

第2～4章对我国交通运输信息数据标准的编制概况进行了简要介绍，并对交通运输信息数据标准中存在的共性问题进行了讨论。

1.5.2 建立明确的交通运输信息数据关系

经过多年的编制，已经发布了100多项交通运输信息数据标准。但是，目前数据标准大多按照业务领域进行编制，交通运输业务领域之间的数据关系一直缺乏相应的研究和明确的规定。这样，随着标准的编制，虽然标准很多，信息系统建设也遵循了标准，但共享交换的目标仍然不能实现。因此，建立良好的数据标准体系，对于数据标准化具有关键的、决定性的作用。

本书第二篇将对交通运输信息数据项的定义标准及其关系的建立进行探讨，初步建立交通运输信息数据项标准之间的内在联系。

1.5.3 标准符合性检测

标准符合性检测是对交通运输信息系统中的数据与标准的符合性程度进行检测的活动。通过行业管理职能和手段落实标准符合性检测工作，能够保证交通运输信息系统的建设满足标准的要求，因此，标准符合性检测是数据标准化的支持和保证。

本书第三篇对交通信息数据标准符合性检测的原理、方法和工具开发进行了详细介绍，其中重点讨论了数据项标准的检测方法。

1.5.4 编制标准贯标工具软件

交通运输信息数据标准大多是为交通运输信息系统建设服务的，因此，数据标准如果配套相应的贯标工具软件,则在交通运输信息系统开发时,用户能够方便地遵守标准,并且减轻工作量。所以,标准化工具软件的编制,对于交通运输信息数据的标准化能够起到推动和促进的作用。

标准贯标工具软件是针对某个数据标准应用的方便性进行设计,本书没有涉及。由本书成员承担的标准编制项目,随着标准的编写都开发了相应的贯标软件,读者可以在课题组网站上下载试用。

1.6 本章小结

本章在对数据及其作用进行深入分析的基础上,从数据组织角度将数据分为独立数据、数据项和数据集三个粒度,将数据的标准化问题按照数据粒度不同分为数据项的标准化和数据集的标准化,并分别对其标准化的内涵和意义进行了分析。对交通运输信息数据海量、实时动态、来源复杂等特点进行了简要分析,提出了交通运输信息数据标准化的几类方法,包括编制交通运输信息数据标准、建立明确的交通运输信息数据关系、标准符合性检测以及编制贯标软件等。

第 2 章　交通运输信息数据标准编制和规划

2.1　交通运输部第一批需严格执行的交通运输信息化标准

信息化标准是确保交通运输行业信息化建设规范有序，支撑信息资源共享和交换，提升信息化服务效能，确保网络信息安全的基础技术手段。交通运输部高度重视交通运输信息化标准体系建设工作，组织编制了交通信息基础数据元、信息资源核心元数据、集装箱电子数据交换、电子收费等一批国家及行业交通运输信息化基础性标准，对行业信息化发展起到了重要的规范和引领作用。

为切实加强信息化标准贯彻应用和监督实施力度，交通运输部 2011 年组织研究确定了第一批需严格执行的交通运输信息化标准[2]，要求在交通运输信息化建设中，切实提高相关标准的执行力度，标准目录所列标准应视同强制性标准予以执行。交通运输行业信息系统建设项目或产品研发，应在设计、开发环节严格遵循标准，并在验收交付阶段开展相关标准的符合性审查或测评工作，不符合标准要求的应不予验收。标准符合性审查和测评工作按照谁主管、谁负责的原则予以开展，并由标准归口的标准化技术委员会予以技术支持。从事交通信息系统建设、应用、开发或服务的企事业单位应根据交通运输部有关政策，制定相应的信息系统建设管理制度，在信息系统的设计、施工、验收各环节上，对标准的执行情况进行自查，发现问题，及时纠正，确保标准的有效应用。

交通运输部发布的第一批需严格执行的交通运输信息化标准共计 46 项，具体标准名称和标准号如表 2-1 所示。

第一批需严格执行的交通运输信息化标准(2011-V1.0)　　表 2-1

序号	标　准　名　称	标准号
1	交通信息基础数据元　第 1 部分:总则	JT/T 697.1—2007
2	交通信息基础数据元　第 2 部分:公路信息基础数据元	JT/T 697.2—2007
3	交通信息基础数据元　第 3 部分:港口信息基础数据元	JT/T 697.3—2007
4	交通信息基础数据元　第 4 部分:航道信息基础数据元	JT/T 697.4—2007

续上表

序号	标 准 名 称	标准号
5	交通信息基础数据元　第 5 部分：船舶信息基础数据元	JT/T 697.5—2007
6	交通信息基础数据元　第 6 部分：船员信息基础数据元	JT/T 697.6—2008
7	交通信息基础数据元　第 7 部分：道路运输信息基础数据元	JT/T 697.7—2007
8	交通信息基础数据元　第 8 部分：水路运输信息基础数据元	JT/T 697.8—2008
9	交通信息基础数据元　第 9 部分：建设项目信息基础数据元	JT/T 697.9—2009
10	交通信息基础数据元　第 10 部分：交通统计信息基础数据元	JT/T 697.10—2009
11	交通信息基础数据元　第 11 部分：船舶检验信息基础数据元	JT/T 697.11—2009
12	交通信息基础数据元　第 12 部分：船载客货信息基础数据元	JT/T 697.12—2009
13	交通信息基础数据元　第 13 部分：收费公路信息基础数据元	JT/T 697.13—2009
14	交通信息资源核心元数据	JT/T 747—2009
15	公路水路交通信息资源业务分类	JT/T 748—2009
16	交通信息资源标识符编码规则	JT/T 749—2009
17	交通科技信息资源共享平台系统建设要求	JT/T 734—2009
18	交通科技信息资源共享平台信息资源建设要求　第 1 部分：核心元数据	JT/T 735.1—2009
19	交通科技信息资源共享平台信息资源建设要求　第 2 部分：分类与编码	JT/T 735.2—2009
20	交通科技信息资源共享平台信息资源建设要求　第 3 部分：数据元	JT/T 735.3—2009
21	道路运输管理与服务系统数据交换接口	JT/T 785—2010
22	长江电子航道图制作规范　第 1 部分：术语	JT/T 765.1—2009
23	长江电子航道图制作规范　第 2 部分：数据传输	JT/T 765.2—2009
24	长江电子航道图制作规范　第 3 部分：显示准则	JT/T 765.3—2009
25	长江电子航道图制作规范　第 4 部分：数据有效性检验	JT/T 765.4—2009
26	长江电子航道图制作规范　第 5 部分：数据保护	JT/T 765.5—2009
27	集装箱代码、识别和标记	GB/T 1836—1997
28	集装箱在船舶上的信息箱位坐标代码	GB/T 17272.1—1998
29	集装箱在船舶上的信息电传数据代码	GB/T 17272.2—1998
30	集装箱设备数据交换（CEDEX）一般通信代码	GB/T 17273—2006
31	物流信息分类与代码	GB/T 23831—2009
32	包装用于发货、运输和收货标签的一维条码和二维条码	GB/T 19946—2005
33	物流公共信息平台应用开发指南　第 1 部分：基础术语	GB/T 22263.1—2008
34	智能运输系统数据字典要求	GB/T 20606—2006

续上表

序号	标 准 名 称	标准号
35	智能运输系统体系结构服务	GB/T 20607—2006
36	智能交通系统通用术语	GB/T 20839—2007
37	交通管理信息属性分类与编码　城市道路	GB/T 21379—2008
38	交通管理地理信息实体标识编码规则　城市道路	GB/T 21381—2008
39	电子收费专用短程通信　第 1 部分:物理层	GB/T 20851.1—2007
40	电子收费专用短程通信　第 2 部分:数据链路层	GB/T 20851.2—2007
41	电子收费专用短程通信　第 3 部分:应用层	GB/T 20851.3—2007
42	电子收费专用短程通信　第 4 部分:设备应用	GB/T 20851.4—2007
43	电子收费专用短程通信　第 5 部分:物理层主要参数测试方法	GB/T 20851.5—2007
44	智能运输系统电子收费系统框架模型	GB/T 20135—2006
45	道路交通信息服务　信息分类与编码	GB/T 21394—2008
46	道路交通信息采集　信息分类与编码	GB/T 20133—2006

2.2　交通运输信息化标准体系表

交通运输信息化标准涉及信息化工作的方方面面,并且覆盖的交通运输业务领域广泛。为了指导和加强交通运输信息化标准的制定和修订工作,交通运输部于 2005 年颁布实施《交通信息化标准体系表》。随着交通运输行业的发展和信息化标准建设的进行,2005 年版的《交通信息化标准体系表》已经不能满足信息化标准发展的需要,因此,在原有体系表的基础上,对交通运输行业信息化标准进行重新梳理,修订并发布了《交通运输信息化标准体系表》(2013)[3](以下简称“体系表”)。以下对体系表的主要内容进行简要介绍。

体系表按照标准的对象、内容和级别三个要素对标准进行分类。标准等级的提高、领域的扩大和内容的不断充实形成了标准发展的三个维度。体系表针对交通运输行业,采用交通运输专业领域(对象,x 维度)、信息化内容(内容,y 维度)和标准层次(级别,z 维度)的三维结构,在每一维结构中又增加小门类,延伸了结构空间,大大扩展了体系表的存储容量,为标准体系的未来发展准备了广阔的空间,结构上体现了框架的先进性和科学性。

交通运输信息化标准的三个属性维度是相对独立的,它们之间相互结合而构成的立体区域就是交通运输信息化标准体系的内容范围。(x,y,z)坐标决定一个点,这个点在标准体系中一般是一个子体系。至于这个子体系有多大,这是由交通运输信息化的复杂程度和框架的分解深度(x,y,z 的精确度)共同决定的。总体来说,各个维度划分得越精细,其确定的范围也越小,得到的子体系的有序度也越高。目前,各层次的分类方法如下:

第一维度(x)分类:从交通运输行业的专业领域划分,具体包括公路建设与管理、水运建设与管理、运输及物流、安全应急、综合事务五个分类。

1)公路建设与管理 highway construction and management

范围涵盖《公路水路交通信息资源业务分类》(JT/T 748—2009)中 AA 公路建设、AB 公路管理及其他相关业务。

2)水运建设与管理 waterway construction and management

范围涵盖《公路水路交通信息资源业务分类》(JT/T 748—2009)中 BB 水运建设、BC 水运管理及其他相关业务。

3)运输及物流 transportation and logistics

范围涵盖《公路水路交通信息资源业务分类》(JT/T 748—2009)中 AC 道路运输、BA 水路运输及其他相关业务。

4)安全应急 safety emergency

范围涵盖《公路水路交通信息资源业务分类》(JT/T 748—2009)中 BD 水路交通安全及其他相关业务。

5)综合事务 general affairs

范围涵盖《公路水路交通信息资源业务分类》(JT/T 748—2009)中 BE 国际合作、BF 港澳台事务、C 交通科教、D 综合事务管理及其他相关业务。

第二维度(y)分类:从标准定义的信息化内容划分,信息化内容包括基础设施、信息应用、信息资源、信息安全和信息工程五个分类。进一步精细划分该维度,可将基础设施分为硬件设备、网络通信两个子分类,信息应用分为功能架构、性能要求、用户视图三个子分类,信息资源分为数据与数据元、分类及代码、数据交换三个子分类,信息安全分为物理安全、网络安全、主机安全、数据安全、应用安全五个子分类,信息工程分为工程管理、工程设计、工程实施三个子分类。

第三维度(z)分类:从标准层次定义,由基础标准和专用标准组成,反映了标准的适用范围。

1)基础标准 basic standard

基础标准是指具有广泛的适用范围或包含一个特定领域的通用条款的标准。基础标准在一定范围内可以直接应用,也可以作为其他标准的依据和基础,具有普遍的指导意义。

在本标准体系中，一定范围是指全国、交通运输或其他行业、交通运输行业下设专业领域。

基础标准主要包括术语、代码、一般要求、通用方法等。

2）专用标准 specialized standard

专用标准是为满足特定领域或应用而制定的规范、要求或标准。

在本标准体系中，特定领域或应用指交通运输行业或交通运输行业下设专业的某一应用方向。

专用标准主要包括产品标准、工艺标准、检测试验方法等。

三维的交通运输信息化标准整体体系结构如图 2-1 所示。该图引自体系表。

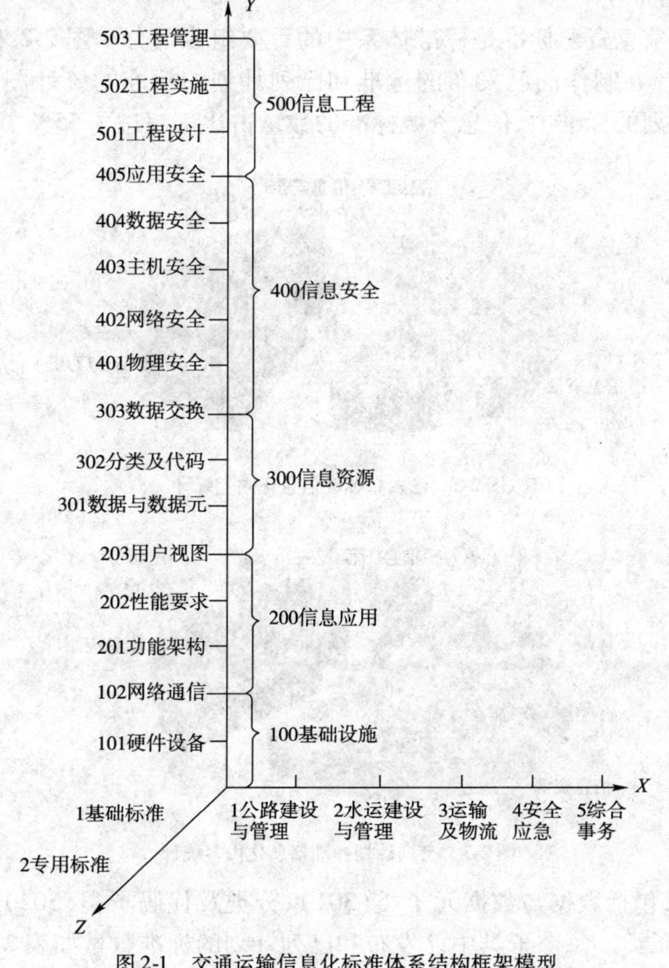

图 2-1　交通运输信息化标准体系结构框架模型

2.3 交通运输信息资源标准

2.3.1 信息资源标准编制和规划总体概况

如上所述,交通运输信息化标准分类的第一维度为专业领域维度,第二维度为信息化内容维度,第三维度为标准层次维度[3]。本书所说的数据标准,是指在标准内容上对交通运输信息数据进行规定的标准,因此,属于第二维度的范畴。对应第二维度中的分类可知,交通运输信息数据标准主要包括在第二维度的第300分类(信息资源标准)中。

交通运输信息资源标准是标准体系中的重要组成部分。图2-2和图2-3分别是文献[3]统计并制作的已发布的标准和已列计划的标准的统计图。可见,在已发布和已列计划的标准中,信息资源标准的数量占比都超过了55%。

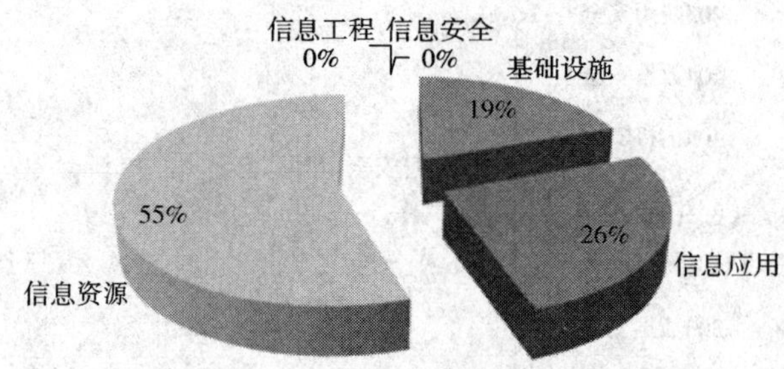

图2-2 已发布标准信息化内容统计

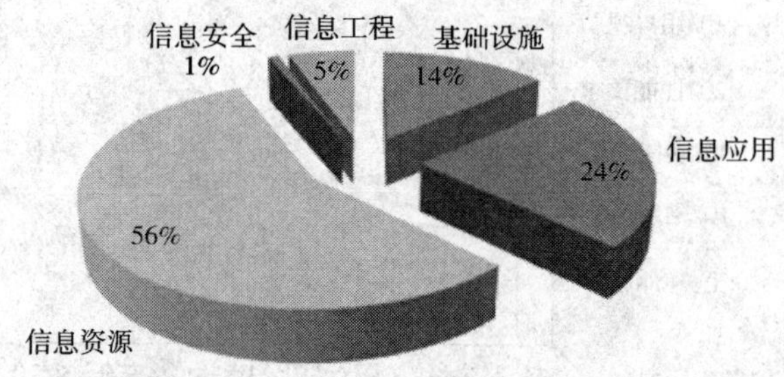

图2-3 已列计划标准信息化内容统计

300分类,包括数据与数据元子类(301)、分类及代码子类(302)、数据交换子类(303)三个子类。每个子类中已发布和已列计划的标准数量如表2-2所示。

信息资源标准子类分布(300 分类)　　表 2-2

序号	属　性	已发布标准		已列计划标准	
		数量	百分比(%)	数量	百分比(%)
300	信息资源	129	55	63	56
301	数据与数据元	35	15	29	26
302	分类及代码	49	21	7	6
303	数据交换	45	19	27	24

体系表主要采用专业领域维度对标准进行展示,信息资源标准主要分布在各专业领域中,图 2-4 显示了信息资源标准在体系表中的分布。

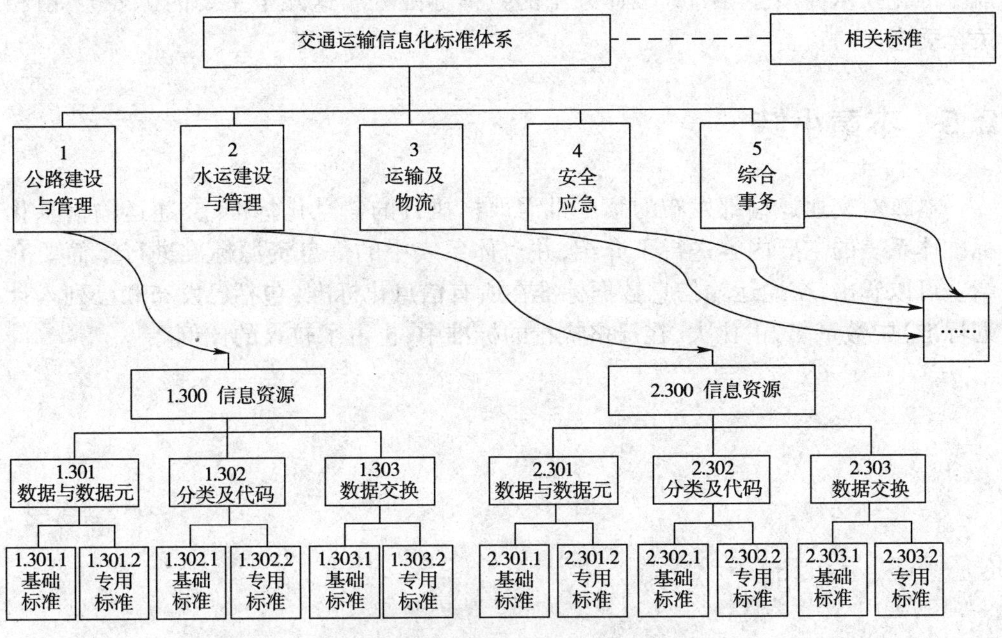

图 2-4　信息资源标准在体系表中的分布

2.3.2　交通运输信息数据标准的发展

体系表提出:信息资源标准的编制是交通运输信息化标准化的工作重点方向之一。这是因为,信息化中关键的问题就是对信息资源的开发和利用,保证信息资源的规范化和标准化是信息化成功最为关键的因素之一。因此,在今后相当长一段时间内,这类标准仍应作为交通运输信息化标准化工作的重点。已列计划的信息资源标准数量占总数量的比例达到 56% 也说明了这种趋势。

2.4 交通运输信息数据标准编制管理模式

现有标准编制管理主要采用自下而上的模式,各企事业单位、研究机构、标委会等在工程实践或者研究工作中,如果认为需要制定某个方面的标准,则向相应的专业标准化技术委员会或者直接向交通标准化主管部门提出标准立项申请,主管部门组织专家评审确定后进行立项编制,具体管理由各个标委会归口负责[4]。相关的交通运输信息化标委会包括全国智能运输标准化技术委员会、全国集装箱标准化技术委员会、全国物流信息管理标准化技术委员会、交通运输部信息通信和导航标准化技术委员会等。标准体系中的数据标准分属这几个主要的标委会,由相关标委会归口负责。

2.5 本章小结

本章对交通运输部发布的第一批需严格执行的信息化标准、交通运输信息化标准体系表的主要内容进行了介绍,并对体系表中的信息资源标准进行了简要介绍。可以看出,交通运输信息数据标准在所有信息化标准(包括已发布和已列入计划标准)中数量多,占比大,在严格执行的标准中,也占了较大的比例。

第 3 章 交通运输信息数据流程与标准化需求

3.1 概述

信息技术的发展带来信息化方式的改变。其中,数据产生、存储和交换的方式都会有所变化。这些变化对数据的标准化提出不同的要求。本章在对传统信息化方式中数据标准化需求简要叙述的基础上,对当前信息化阶段的交通运输信息化标准化的需求进行重点讨论。

3.2 信息技术发展不同阶段数据流程的变化

3.2.1 单机模式

在 20 世纪 90 年代中期互联网普及以前,我国大多交通运输信息系统都工作在单机模式下。在这个阶段,交通运输信息系统的目的主要是提高办公效率、帮助用户管理信息、进行计算机辅助设计和计算等。其影响范围是局部的,在整体上仍以传统手工工作为主,上下级之间的信息报送和传递仍以传统报表为主。在这个阶段,标准化的问题尚未显现出来。

随着各单位信息化的发展,各单位都建设完成各自的信息系统,从电子到纸质,再从纸质到电子的工作模式带来大量的重复劳动,管理部门对信息系统输出数据的格式进行了规定。在这个阶段,出现了大量的报送标准、交换格式要求等,交换方式以磁盘报送、邮件报送为主,标准化的要求开始显现。

3.2.2 网络系统模式

随着互联网的发展和普及,交通运输业务大多实现了信息化,日常办公、业务处理等大多采用计算机完成。交通运输系统之间的交互越来越多,要求系统之间能够相互进行数据的交换。这个阶段,要求信息系统之间具有能够相互理解和调用的接口、统一的数据格式、标准化的数据公布方法等。为适应这样的要求,交通运输部组织制定了《交通信息基础数据元》(JT/T 697)、《交通运输信息资源目录体系》以及各业务领域多个接口标准。这些标准为系统之间的交互提供了参考。

3.2.3 多级数据中心模式

随着我国社会经济的快速发展和人民生活水平的提高,对交通运输管理的要求不断提升,并且随着信息技术的快速发展,交通运输行业对于公众服务、决策支持等需求不断增加。因此,将信息进行集中,并进行动态更新和应用,成为近几年来交通运输信息化的重要方向。在信息集中的基础上,加强共享和交换,提高决策水平和公众服务能力,是"十一五"和"十二五"交通运输信息化建设的重点。

以上思路应用到交通运输信息系统的架构中,则形成了多级信息中心的交通运输体系结构。在当前的技术条件下,交通运输信息数据产生、存储和流转的一般过程如图 3-1 所示。这个过程对标准化也提出了新的要求。

3.2.4 云计算模式

在 2007 年,信息技术领导者谷歌和 IBM 提出一种大范围的分布计算的新兴范式,并且命名为云计算。云计算是一种新兴的应用模式,具有以下特点:

(1)云计算提供了最可靠、最安全的数据存储中心,用户不用再担心数据丢失、病毒入侵等麻烦。

(2)云计算对用户端的设备要求最低,使用起来也最方便。

(3)云计算可以轻松实现不同设备间的数据与应用共享。

(4)云计算为我们使用网络提供了几乎无限多的可能。

云计算在交通运输行业也有成功的应用,尤其是在一些为公众服务的应用中,取得了较好的效果。云计算模式的最大特点是数据的集中存储,因此,可以认为是多级数据中心的更高级模式。其标准化的要求除了数据中心建设和共享的要求外,还应考虑大集中模式下的信息安全、访问控制、更新和多源数据融合等方面的内容。

3.3 当前交通运输信息化发展阶段的数据流程及其标准化

我国地大物博,交通运输业务模式种类多,各省管理模式各具特色,局部应用云计算具有可能性,在当前多级数据中心尚未完全成功的情况下,全行业向云计算模式进行转移,实施具有相当的难度。因此,在较长的一段时间内,交通运输信息化将仍是以多级数据中心为主的模式。

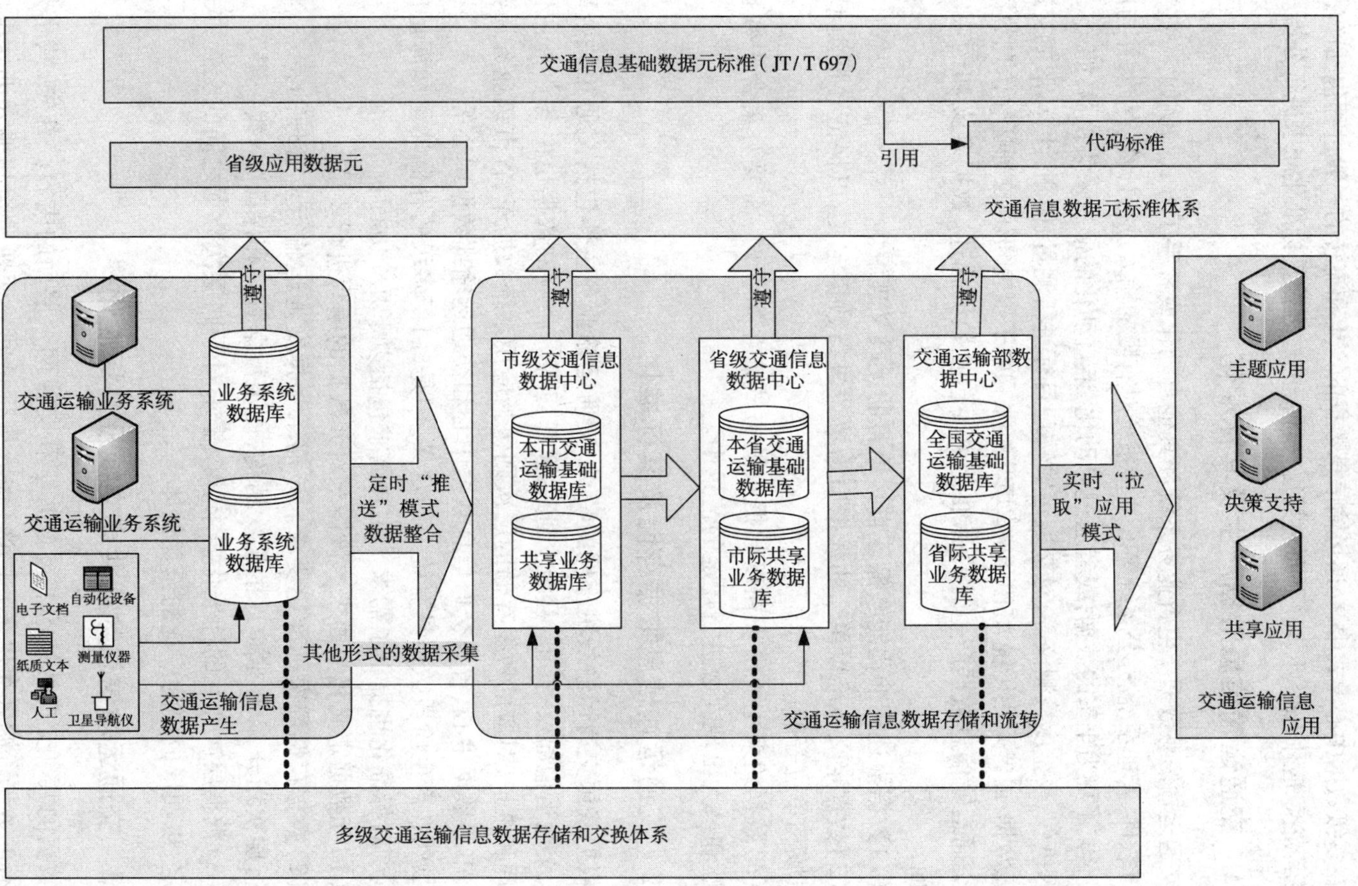

图 3-1　交通运输信息数据产生、存储和流转一般过程及标准化

在多级数据中心模式中,交通运输信息数据的产生和流转的一般过程包括产生、存储、共享交换、应用几个环节。下面对其每一环节的过程及其标准化需求进行分析。

3.3.1 交通运输信息数据产生及其标准化

交通运输信息数据产生自业务系统和其他自动化或者手工方式。例如,一些专用的计算软件、管理系统、办公系统等。这些系统对有限的输入进行计算、存储,并与用户交互,形成了更为丰富的数据;或者通过自动化/半自动化的信息采集仪器,如全站仪、核子密度仪、平整度检测仪等,对交通运输物理目标进行测量、检测、计算,形成交通运输信息数据;或者采用传统人工的方式填写纸张和电子报表,形成交通运输信息数据。

交通运输信息数据产生时的标准化主要包括数据描述、数据定义和约束等几个方面:

(1)数据描述标准化能够保证自然语言的无歧义理解。

(2)数据定义标准以单个的数据项为单位进行数据定义,以保证数据类型、格式、值域和单位等的一致性。

(3)数据约束主要出现在以数据集的方式产生数据时,需要对集合中数据的必要性和最大出现次数进行规定的情景中。

3.3.2 交通运输信息数据存储及其标准化

根据我国交通运输条块管理的特点,交通运输业务主体包括交通相关企事业单位、交通运输部及省、市、县级交通主管部门等。相应的数据也由各业务主体负责管理和维护,对应的数据存储的层次则包括应用系统数据库、省市级业务局数据中心、市级数据中心、省级交通信息数据中心和交通运输部数据中心等。

虽然在产生阶段数据具有统一的定义,但是,由于多级的存储体系和海量的存储特点,对标准化也提出了需求。主要需求包括以下几个方面:

(1)元数据定义相关要求。该需求对元数据的编写进行要求。

(2)数据存储层次标准化要求。该需求根据交通运输行业管理的特点,对数据进行层次划分,以形成良好的层次结构,便于数据管理和保证“一数一源”。

(3)数据层次交互的标准化要求。该需求对不同层次数据之间的交互方式进行规定,以便形成更为广泛的云存储体系。

3.3.3 交通运输信息数据共享交换及其标准化

数据的共享交换从技术上包含共享和交换两个层面的内容。首先,共享是指将自有的数据资源公布出来,并允许他人进行访问。交换是指和他人进行单向或双向的数据传递。共享不见得要发生交换,但交换的前提是共享。共享方是被动的,交换过程的双方都可能是主动的。

例如,数据拥有者利用网站将数据信息公布出来,这个过程是共享,如果拥有者没有提供接口进行访问,则双方不存在交换;如果拥有者提供了访问接口,则需求方可以通过该接口进行访问,这时双方便开始了数据交换。在事先约定好的交换中,其默认前提也是数据拥有者允许对方使用自己的数据。

数据共享交换在交通运输行业中存在广泛的需求,其标准化的需求也包含多个方面:

(1)数据共享方式的标准化;

(2)交换数据表示的标准化,包括数据集的编码、格式、加密、压缩等;

(3)数据交换方式的标准化;

(4)数据内容的标准化。

3.3.4　交通运输信息数据应用及其标准化

除了满足自身业务系统应用需求外,交通运输信息数据主要应用领域包括主题应用(包括公众服务、应急处置等)、统计分析、决策支持和共享应用,其用户对象包括交通运输业务主体和社会公众。

对于交通运输业务主体,其应用的主要模式包括共享数据模式和数据交换模式。在共享交换部分已经提出标准化的要求。对于社会公众,交通运输系统应能够提供各种形式的信息服务,满足社会公众对交通运输信息的需求,例如交通状况查询、出行方式和时间查询、预定等。

应用的标准化需求主要包括:

(1)服务方式和内容的标准化;

(2)决策支持方法的研究和标准化。

通过以上几个方面的标准化,能够最低限度地保证数据的标准化产生、流转和应用,发挥数据的效能。

3.4　本章小结

本章根据我国交通运输信息化的发展历程,将交通运输信息化分为单机模式、网络系统、多级数据中心、云计算等几个发展阶段,对各阶段的标准化要求进行了概要分析。结合我国交通运输信息化的发展,本章认为目前应做好以多级数据中心模式为主的标准化,并对当前阶段的数据标准化需求进行了较为详细的分析。

第4章 交通运输信息数据标准化存在问题分析

4.1 管理和规划方面的不足

如前所述,现有标准编制管理主要采用自下而上的模式。对于专用标准,由于标准之间交叉较少,这种模式运行良好。但是对于数据标准,由于交通运输专业领域之间的数据表述存在交叉,各专业领域数据标准在编制时,除了本领域的数据表述外,不可避免地涉及交叉领域的数据表述,尤其是当标准同时编制时,各编制组不了解对方的细节,则会产生标准不一致的问题。另外,由于管理体制的原因,多个专业标委会都涉及数据标准的编制,而标委会的专业领域的划分也难以一清二楚,造成标委会的工作业务范围重叠。例如,对于数据元标准,信息通信和导航标准化技术委员会归口编制了《交通信息基础数据元》(JT/T 697—2013)[5],全国智能运输系统标委会也编制《智能交通系统数据字典要求》(GB/T 20606—2006)[6]、《道路交通管理数据字典》(GB/T 29096—2012)[7]、《停车诱导信息集》(GB/T 26770—2011)[8]、《道路、水路货物运输基础数据元》(GB/T 26768—2011)[9]等系列数据元标准。在体系表中拟编制的21项301子类的标准中,大部分也是数据元标准。由于交通运输专业领域的广泛性,交通标准化主管部门难以对标准的细节进行把握,只能依赖编制单位自行把握。编制单位往往从自身标准建设需求出发,并不会去考虑交通运输信息化的整体。对已发布的相关数据元标准进行检测,发现其中存在较多的重复定义、不一致定义的问题,并且引用关系简单,缺乏一种层次关系。因此,对于数据标准,需要采用自上而下的管理模式,进行良好的规划,否则就会出现标准越多,数据关系越乱,共享交换就越困难的问题。当然,在具体标准编制管理方面,为了鼓励编制单位的积极性并考虑统筹管理,可以采用指定、申请或者两者相结合的模式。

在总体规划的研究方面,体系表从管理角度将现有的信息资源标准分为三类,将标准的层次分为基础标准和专用标准。作为标准体系,这样的分类清晰,概括全面,使交通运输各专业领域的读者对标准概貌能够具有完整的了解。但标准之间的内在关系却无法表现出来，尤其是数据标准数量众多，分散在专业领域维度中，给专业领域之间标准的一致性带来隐患。体系表最后提出将信息资源标准的建设作为交通运输信息化标准化工作的重点方向之一，但是未对具体的内容和方向进行规划和引导。

笔者所在的科研小组正在开展的“交通运输信息标准一致性检测关键技术研究”的科研项目，期望可以实现在立项时对标准草案与已有标准的一致性进行检测，并给出相应的一致性建议。对重复规定较多的草案，不予立项。研究成果将为交通运输标准化主管部门提供一种内容审查方法。但是，对于数据标准之间的内在联系，仍然无法建立。

交通运输部现行的 27 套统计报表制度从另外一个角度反映了部级的数据分类方法和数据需求，体现了一定的数据之间的关系，但交通运输统计工作主要是从国家有关经济运行分析要求出发开展[10]，不能全面反映部级管理、决策支持等方面的数据需求和数据关系。

综上所述，交通运输行业数据标准的总体规划方面缺乏成熟的、公认的体系，已经在较大程度上阻碍了数据标准的发展，给大范围的交通运输信息化工作和数据共享交换带来隐患，并且给管理职能的明确划分也带来了问题。

4.2　标准研究和建设方面的研究方向

4.2.1　交通信息数据元标准研究及其不足

交通信息数据项定义标准是交通运输信息数据产生过程中最重要和最基础的标准，现有标准体系中这类标准占了较大的比重。其中，《交通信息基础数据元》(JT/T 697)及其引用的分类和代码标准等是交通运输行业数据定义基础标准。数据元是指通过定义、标识、表示以及允许值等一系列属性描述的数据单元。

理论上，交通信息基础数据元应是对交通运输领域的基础性数据单元的描述，在其基础上增加领域限制可以衍生出细分领域的应用数据元，增加空间限制可衍生出空间限定的应用数据元，增加时间限制可衍生出时间限定的应用数据元等[11]。例如，“桩号”是交通运输业务中特有的称谓，具有特定的表示方法，因此，“桩号”就是一个交通信息基础数据元。基于该数据元可以衍生出许多应用领域的数据元，例如“晴雨通车路段起点桩号”、“断头路段起点桩号”、“G6 起点桩号”、“事故发生点桩号”等。

但在交通信息基础数据元的编制中，由于业务领域众多，编制人员分散，对基础数据元的认知水平各异，并未完全遵从以上规则，最主要的还是由于在建设之初，为了将数据元的建设能够与实际结合，使得许多应用数据元混杂在交通信息基础标准中，例如上述“桩号”衍生的部分应用数据元就是从《交通信息基础数据元　第2部分：公路信息基础数据元》(JT/T 697.2)中摘录的，这种情况一定程度上降低了标准的基础性。《交通信息基础数据元　第10部分：交通统计信息基础数据元》(JT/T 697.10)的编制说明中指出：本标准仅对统计指标的指标名称、计量单位和计算方法进行规定，对于时间限制和空间限制则不予明确规定。以“公路里程”数据元为例，仅对数据元名称(即“公路里程”)、计量单位(即“公里”)和计算方法进行规定，但对于该指标的时间限制即是月报还是年报，是2008年的公路里程的还是2006年的公路里程，以及对于该指标的空间限制即是北京市的公路里程还是湖南省的公路里程则不作规定。可见，各个编制组对标准的基础性的理解不一致。

以上情况造成了一个问题：由于交通信息基础数据元的基础性不够，在应用数据元进行编制时，无法进行纵向扩展，即根据基础数据元产生应用数据元，只能增加新的数据元进行横向扩充。在交通运输信息资源整合工程中，山东、浙江、陕西、辽宁等多个省份都建立了自己的数据元，但是这种建立不是在《交通信息基础数据元》(JT/T 697)标准上扩充的应用数据元，而是认为部颁标准不足而进行的扩充。另外，由于注册机制没有启动，造成各省在信息资源整合时，出现大量的重复定义和不一致定义的数据元。

理想的交通信息数据元模型应该是一种可扩展的、定义一致的、能够满足各类交通运输信息系统需求的层次模型。

《交通信息基础数据元》(JT/T 697)总则在修订[12]中，给出了部分抽象数据元。这些抽象数据元使得各个业务领域的数据元定义能够进行引用，提高了数据元表示的一致性。在修订中，给出了省级数据元扩展的编码规则，为扩展提供了便利。

在数据元层次结构研究方面，张绍阳等[13]提出并建立了“管理维度”分类标准，将数据元按照管理层次和业务领域进行分类，具有层次结构的初步思想，但对于数据元内部的一致性没有涉及。

《信息技术　元数据注册系统(MDR)》(GB/T 18391—2009)对数据元的概念、框架、理论等进行了较为详细的描述，但其前言指出：该标准没有定义元数据的层次或级别，是一个通用的描述框架，不解决其他的数据管理需要。各行业需要在其基础上进一步细化本身的数据管理规则[11]。刘永涛[14]根据该标准的上一版本给出了数据元的一种标准化模型,将数据元模型分为概念层、通用层和应用层,并对自上而下和自下而上数据元的建立方法进行了描述,对行业数据元的建立具有一定的作用,但也是一种通用的框架,对于交通信息数据元标准编制的组织管理仍缺乏针对性的参考。

BilongWen[15-16]使用语义树的方法直观、正式地建立了数据元概念之间的联系,包括属性、对象类和表示,在语义树的约束下,能够实现应用数据元的自动建立,并研究了基于语义树的数据元语义相似度算法。基于语义的方法属于实现层次的技术方法,在数据元建立时具有重要的参考作用,宏观管理上不具有参考作用。

可见,在交通运输领域,急需一种数据元定义类标准的体系,规范数据定义标准之间的关系,理顺现有标准之间的关系,为下一步数据定义类标准的建立提供规范,保证数据元标准的一致性。

4.2.2　交通运输信息数据存储层次标准研究及其不足

目前,部省两级交通运输数据中心框架形成了一批行业基础数据库,数据服务能力得到有效提升。但是,交通运输数据中心的建设远未完成。在《公路水路交通运输信息化"十二五"发展规划》中,明确提出需要完善部省两级数据中心体系,提升行业数据服务能力,加快交通运输行业信息资源目录体系建设,完善信息共享规则、标准和机制,提高数据资源共享水平,避免数据重复采集和无效采集。

在省级交通运输数据中心建立过程中发现:多个省份交通运输数据中心建立时,全盘复制业务系统数据库形成数据中心,使得数据缺乏有效组织,不能保证"一数一源",难以进行深入应用;另外,数据维护的长效机制难以建立,数据中心的数据无法盘活。

分析其主要问题,共享交换和综合应用没有有效开展应是首要原因,其原因在4.2.3节进行分析。但是,交通运输信息数据缺乏层次规范也是重要原因之一。首先,由于缺乏交通运输信息数据层次规范,数据中心开发单位根据自身的理解建立数据中心,验收单位往往只看初步设计中要求的功能是否达到,而对于内部的数据组织的质量,属于系统的可维护性的范畴,不好评价。这样,施工单位由于担心漏掉有用的数据项、不想延误工期、对数据组织的认知水平不够以及缺乏监管手段等原因,不愿在此处多下工夫,使得数据中心的质量下降,难以发挥长期效益。其次,由于未对数据进行深加工,数据中心的数据质量反而不如业务系统本身的数据库数据质量,在共享应用未有效开展以前,缺乏数据更新的动力。因此,数据中心的数据不能及时更新,反过来又限制了应用的开展。

多个省份的“交通运输信息资源整合与服务工程初步设计”中提出了对交通运输信息数据按照“基础数据库”、“业务数据库”、“主题数据库”进行分类的思想，对交通运输信息数据进行分层。马继军[17]在青海省交通信息数据中心的建设实践中，将其中的数据资源框架按照以上几个层次构建。王志伟[18]结合黑龙江省交通信息数据中心的建设工作，提出黑龙江省交通省级和业务局两级数据中心的设计构想，围绕数据资源体系、数据安全、数据存储、数据管控、数据交换和数据应用进行了设计。在数据存储中，分为主题数据库、数据仓库、元数据库和基础数据库几个部分进行设计。汪祖云[19]以北京市为例，提出了交通信息数据中心建设的总体框架，包括基础环境、业务系统数据库、共享交换平台、中心数据库、数据应用几个层次。Zheng Bing Zhou[20]对安徽省交通数据中心的数据层次进行了论述。但各省的工作基本上都是在初步设计层面进行的概念划分，在工程实施中缺乏具体的、可操作的要求，因此，未形成成熟的数据层次关系。

在道路运输数据体系研究方面，由山西省道路运输管理局承担的“道路运输信息化顶层设计”课题在内容上涉及道路运输信息化业务、数据、应用、安全等六大构架，但在数据框架方面，未能进行深入的规划。“十一五”期间实施的“部省道路运输信息系统联网系统”对各省到部数据中心的指标项进行了规定，共包括了 32 个指标项。目前，中国交通通信信息中心正在编制的《全国道路运输信息系统交换与共享规范》对地方基础运政系统、部省联网与交换系统、部应用系统及其他相关系统之间的接口等进行了规定，包括了接口的输入和输出参数的详细说明等，部分省份已经开始试点实施。指标项和规范都隐含了部级道路运输数据和省级道路运输数据的要求，但未进行进一步的细化和规范。

数据中心或数据仓库的建立虽然已经有较为成熟的方法论和研究[21-25]，但是，这些流程是从信息处理、存储、检索和应用等通用角度进行论述的，没有针对交通运输行业信息组织方法的具体理论。由浙江协同数据系统有限公司负责的交通运输科技项目“跨区域智能航运数据库群及交换平台关键技术研究”，提出采用开放组架构框架（TOGAF）进行航运数据资源库群的建设。该方法通过详细的方法论和一系列工具，开发业务、数据、应用和技术架构，有助于业务和 IT 需求的衔接，但也是一套通用框架，属于方法论的范畴。

综上所述，虽然已有一些较为成熟的方法论，但我国交通运输信息数据存储层次体系尚未形成共识。当前，交通运输信息数据中心的建设尚处在各自为政、质量严重依赖设计开发人员水平的阶段，缺乏相应的标准规范进行行业指导，对交通运输信息数据资源的积累非常不利。

4.2.3　交通运输信息数据交换标准及研究

共享和交换是发挥交通运输信息数据效能的唯一途径。这是交通运输部信息化工作的总体思路,也是交通运输行业领域专家的共识。共享交换工作任重而道远。目前,交通运输信息共享交换的标准规定主要包括以下几种:

1)专用的系统交换要求

代表性的标准包括《道路运输管理与服务系统数据交换接口》(JT/T 785—2010)、水路运输管理系统技术要求和接口规范、内河航道管理系统技术要求和接口规范、出租汽车服务管理信息系统共享交换等。这些接口规范对本业务领域的交换要求进行了规定,其交换需求是为了满足本业务领域的管理要求。

这种交换模式的优点是效率高,实现较为简单。但由于不同业务系统建设单位各自规划,独立建设,封闭运行,形成了"条状"的交换格局,各条之间形成了"数字鸿沟",无法满足日益增长的综合业务管理和政府决策数据支持的需要。

2)通用的交换方式

正在实施的"公路水路安全畅通和应急处置系统"、"交通运输经济运行监测预警与决策分析系统"等"十二五"交通运输信息化重点工程中配置了 ESB(Enterprise Service Bus,企业服务总线)。服务总线[22]提供和实施数据交换服务,其基本思想是将通过 SOA(Service Oriented Architecture,面向服务架构)实现交换功能,ESB 服务总线提供服务的寻址、路由、映射等功能。"道路运输信息系统部省联网工程"采用"东方通"的中间件产品实现数据指标的交换,中间件能够提供数据交换的映射、安全、监控、路由、协议转换等功能。

3)数据资源目录方式

交通运输部颁《公路水路交通信息资源目录体系总体框架》对数据中心的资源目录体系的建设提出了要求。在交通运输信息资源整合工程的建设中,重庆、四川等省市都建立了信息资源目录,期望实现信息的交换。资源目录体系能够实现所拥有信息资源的公示,但其本身不提供交换能力。

分析现有的交通运输信息化标准规定和工程中实际执行情况,无论是哪种交换方式,都无法解决交换系统封闭的问题。其主要原因在于交换内容及方式的"人治"特征,也就是说,如果需要某个系统的某些数据,则需要专门开发或者修改接口。第二种方式虽然灵活一些,可以通过配置的方式来实现,但仍不能摆脱人工参与。由于交换需求具有不断变化的特征,现有的几种模式都使得数据交换成本增大,久而久之,除非非常必要的交换,大家就都不会去触碰别人的系统了。即使是迫不得已的交换需求,其难度也非常大。在"十二五"多项交通运输信息化工程中,交通运输行业一些基本数据的采集动辄需要上千万的建设资金也从一个侧面反映了现有交换体制的问题。

电子政务中的共享交换模式研究对交通运输行业的交换也具有参考作用。张新宇[23]从协同学角度构建了电子政务系统中信息资源共享子系统与业务子系统的协同模型。郭晓丽等[24]提出基于数据元的DRM四层数据共享与交换模型,该模型采用基于数据元的公共数据描述,给出了语义模型的构建规则,提出基于服务的数据交换方式,从而使不同用户达到对数据理解的一致。郭向阳[25]提出基于数据库复制技术的数据交换平台研究与实现。

在交通运输行业,常志国等[26]提出建立交通信息基础数据元的XML模型,为交通运输信息系统的交换标准化奠定了基础。康红霞等[27]根据交通运输共享交换的信息资源特点和要求,提出一种数据交换模型和结构及数据交换方案。邹宇等[28]以贵州省为例,探讨了信息资源规划和数据交换共享平台的建设思路。正在进行的《交通信息化基础性标准研究(一期)》项目(项目编号:2012-364-223-500),提出了交通运输信息数据交换通用规则,该规则对交换报文的格式、表示、加密及压缩等进行了规定,但未涉及交换方式。正在研发部署的"道路运输联网与交换平台",提出采用Web Service模式实现全国道路运输信息系统之间以及和交通运输部管理系统之间的数据交换。这些交换模式的设计和实践对于更大范围的交换构建都具有一定的参考价值。

综上所述,在交通运输行业,各业务领域系统内部的交换已经制定了一些标准,并已发挥作用,但从整个行业来看,尚缺乏一种开放的共享机制并形成标准,以实现更大范围的安全、可控、畅通的共享,发挥交通运输信息数据的综合效益。

4.2.4 交通运输决策支持研究匮乏

信息化的核心价值一方面在于"效率",更重要的一方面是在于"效能"。效能是多层面的,单个业务部门、省市级的业务领域、行业甚至国家,不同层面的效能具有不同的含义。效能的体现方式的一个重要方面就在于决策支持能力的提高。虽然决策支持不属于数据规范方面的问题,但是,决策支持应是引导数据规范的重要动力之一。这是由于决策支持不仅需要本业务领域方面的数据,往往还需要其他相关方面的数据进行支撑,对数据的共享交换的程度和范围都提出很高的要求。因此,决策支持方面的研究和应用是推动数据规范工作的重要动力之一。

交通运输信息化"十二五"规划中的重大工程之一"交通运输经济运行监测预警与决策分析系统建设工程"也体现了交通运输部对决策支持方面的重视。该工程分两步执行。首先建立"交通运输统计信息系统",在此基础上建立"交通运输经济运行分析监测预警和决策分析系统”。实际上,从“交通信息资源整合与服务工程”起,交通运输的决策支持就已经成为信息整合的目标之一,大多省份在工程设计中都有“交通综合运行分析系统”的建设任务,但从各省的工程设计和执行情况来看,决策支持大多体现为简单的“统计”功能,较好的情况是使用联机分析处理(OLAP)技术进行数据的钻取、切片、切块和旋转等,实际上还是一种多维的复杂查询和统计技术。

出现这种情况是可以理解的。众所周知,决策支持模型的建立是困难的,决策过程涉及多方面利益的平衡,是一种高度抽象的思维活动,受到了政治、社会、文化等多方面的影响,因此,一个满意的模型的需要经过长期的研究、实践检验并与时俱进,才能保证其生命力。仅靠示范工程的设计解决决策支持的问题,其难度是可想而知的。

在学术研究领域,各类决策支持方法研究较多[29-30]。但是,由于数据的来源受限,绝大多数都是根据有限的数据进行的理论分析,随着交通运输信息化的深入开展,交通运输基础数据越来越多,这些决策支持方法和模型极少能够直接应用于现有系统中,并形成标准化的决策支持方法。

4.3　本章小结

本章对交通运输信息标准管理规划、研究和建设方面的不足进行了总结,并提出进一步的研究方向,包括交通信息数据元标准、数据存储层次标准、数据交换标准和决策支持研究等四个方面。

第二篇

交通运输信息数据标准研究

对交通信息数据项进行规定的标准主要以交通信息数据元标准为主，以及其引用的代码、编码标准等，本书将其统称为数据项定义标准。其中，数据元标准对数据的定义进行规定，代码和编码标准对某个具体数据项的值域进行规定。现有的数据元标准之间的关系较为简单，不利于形成易于维护、定义统一的标准体系。

本篇在对数据元标准进行概述的基础上，重点对数据元之间的关系进行了研究。其中，第 5 章对数据元标准基本概念进行了概述，并对交通信息数据元标准进行了简要介绍；第 6 章提出了一种交通信息数据元层次结构模型；第 7 章提出了一种面向对象的数据元结构模型，并以道路运输数据元为例建立了其结构模型；第 8 章提出了一种面向本体建设的数据元模型，将交通本体与数据元标准的建设进行了有机结合；第 9 章对交通运输信息数据其他类别的标准的建设思路进行了展望。

第 5 章　交通信息数据元标准

5.1　数据元基本知识

本章对本书后续章节所用到的数据元基本知识进行简要介绍,包括数据元的定义、结构模型、命名规则、分类及值域等。关于数据元的完整规定,读者可以参考《信息技术　元数据注册系统(MDR)》(GB/T 18391—2009)。

5.1.1　数据元定义及作用

数据元,是指通过定义、标识、表示以及允许值等一系列属性描述的数据单元。在特定的语意环境中被认为是不可再分的最小数据单元。

根据《信息技术　元数据注册系统(MDR)　第 3 部分:注册系统元模型与基本属性》(ISO/IEC 11179-3:2013)的规定,数据元是数据的原子单元,具有:①一个标识,例如数据元名称;②一个明确清晰的定义;③一个或多个对其进行表示的条目;④可选数量的值域代码;⑤在其他元数据中注册的数据元的同义词。

数据按照粒度可以分为不同的层级。图 5-1(引自 GB/T 18391.1—2009)是数据层级的简化表示,表明数据元所在的数据层级。如图中所示,数据元出现在数据库、文件和事务集中。数据元是一个组织管理数据的基本单元,因而它必然是组织内部数据库和文件设计、组织之间交流的事务集的组成部分。

在组织内部,数据库或文件由记录、段和元组等组成,而记录、段和元组则由数据元组成。数据元本身包含字符、图像、声音等多类数据。

一个组织需要将数据传输给其他组织时,数据元构成了事务集的基本单元。事务主要发生于数据库间或文件间,但组织间的文件和数据库结构(如记录或元组)并不一定相同。信息(数据加上理解)传输的公共单元是数据元。

当数据元提取出来以后,在注册机构注册,形成数据元库,经过一定时间的积累和完善后,应用系统数据层面的工作就是利用数据元库中的数据元组织数据结构,例如数据库的结构、数据交换格式等,从而保证系统建设时属性层面的数据是一致的,为各种共享和数据集成奠定基础。其作用表现在以下几个方面:

(1)统一数据的名称和定义;

(2)统一数据格式;

(3)有利于实现系统之间的数据交换;

(4)便于数据结构的建立等。

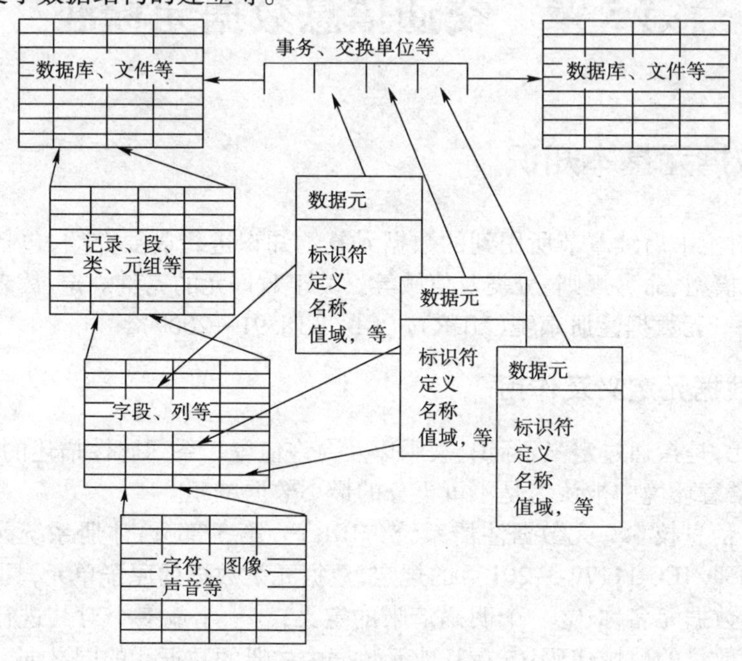

图 5-1　各数据层级的数据元

5.1.2　数据元的结构模型

数据元一般来说由三部分组成:

(1)对象类。它是思想、概念或真实世界中事物的集合,它们具有清晰的边界和含义,其特征和行为遵循同样的规则。对象类是人们希望研究、搜集和存储它们的相关数据的事物,如汽车、人、房屋、订单等。

(2)特性。它是对象类中的所有成员共同具有的一个有别于其他的、显著的特征。特性是人们用来区分和描述对象的一种手段。特性的例子包括颜色、性别、年龄、收入、地址等。

(3)表示。它描述了数据被表达的方式。表示与数据元的值域关系密切。一个数据元的值域是数据元的所有允许值的集合。

一个数据元概念是一个对象类与一个特性的组合。因此,一个数据元是由一个数据元概念和一个表示组成的。图 5-2 给出了数据元的结构模型。

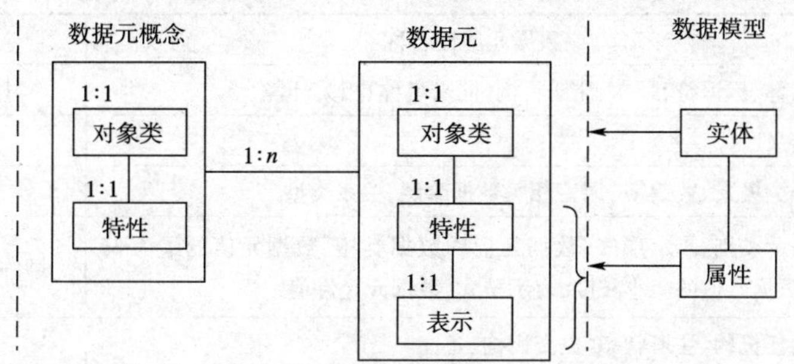

图 5-2　数据元的结构模型

数据元由数据元概念和表示两部分组成。当一个表示被联合到一个数据元概念时,就能够产生一个数据元。根据图 5-2 中所示,数据元和数据元概念之间存在多对一的关系,也就是一个数据元必须要有一个数据元概念,而一个数据元概念可以对应多个数据元。换句话说,多个数据元可以共享一个数据元概念。

数据元需要并且只能有一个表示。当数据元的概念模型相同而表示不同时,就是两个不同的数据元, 数据元中的表示是描述数据元中数据元概念中的特性的。也就是说,在数据元中,特性都具有且只有一个表示。

在数据元概念中对象类和特性之间是一对一的关系,一个对象类需要且只需要一个特性(或者特性类),一个特性只描述一个对象类。当一个特性和一个对象类建立关联时,就产生了一个数据元概念。

与实体关系类的数据模型相比,模型中的实体相当于数据元中的对象类,而实体的属性相当于数据元中的特性和表示。在面向对象的术语中,数据元概念还可以表示为对象类和特性的组合。另一方面,在实体/关系的术语中,数据元概念是实体的属性。

5.1.3　数据元的属性及其规则

数据元表示规范是通过描述数据元的一系列属性来实现的。常用的数据元属性参见表 5-1。纵列“约束”表示:在数据元字典中,一个属性是“必选(M)”,还是“条件选(C)”,或者是“可选(O)”。

下面对本书后续需要用到的数据元名称命名的语义和语法规则、数据元值的数据类型、数据元值的格式、数据元允许值等属性进行简要介绍。

5.1.3.1　数据元名称规则

每个数据元由一组成分构成,它们选自各自相关环境的结构设置。

数据元属性 表5-1

属性种类	数据元属性名称	约　束
标识类	名称、标识符、版本、注册机构、同义名称、相关环境	M、C、C、C、O、C
定义类	定义	M
关系类	分类模式、关键字(词)、相关数据参照、关系类型	O、O、O、C
表示类	表示类别、表示形式、数据元值的数据类型、数据元值的最大长度、数据元值的最小长度、表示格式、数据元允许值	M、M、M、M、M、C、M
管理类	责任机构、注册状态、提交机构、备注	O、C、O、O

数据元可以(一般)由其成分的名称构成,在一个名称中设置每个成分的含义(语义)和相对或绝对的位置(语法)。它们可以用分隔符来分界。每个成分值的集合或范围应当由一个机构严格管理。

命名规则包括名称语义规则和名称语法规则。

1)语义规则

语义内容涉及名称成分的含义,以及对其界定的分隔符。

(1)语义内容基本规则如下:

①对象类表示在一个领域内有关的事物。示例:费用。

②需要有一个且仅有一个对象类术语。

③特性术语应当从特性体系结构设置中产生,并表示出数据的类别。

④需要有一个且仅有一个特性术语。

⑤限定应由专业领域机构决定产生,当需要描述一个数据元并使其在特定的相关环境中唯一时,即可增加上限定术语。限定术语的顺序并不重要。限定术语是可选的。示例:预算周期。

⑥表示数据元的有效值集合由表示术语来描述。

⑦需要有一个且仅有一个表示术语。

(2)名称成分语义。名称中的成分由离散术语组成。名称成分一般包括对象类术语、特性术语、表示术语和限定术语。

①对象类术语。对象类术语是构成数据元名称的一个成分,它表示某一相关环境中的一项行为或一个对象,一般放在数据元名称的最左边。例如,在"人员的姓氏"、"费用预算周期合计总额"、"树的测量高度"、"成员的姓氏成分"等数据元中,"人员"、"费用"、"树"和"成员"是对象类术语。

②特性术语。一组特性术语是由一个特性分类中的一组名称成分构成的。这个组必须是由离散的(每个定义不能与其他定义相重叠)和完整的(全部的特性,

这个组表示了所有说明数据元所需的信息概念）词构成。例如，在上述数据元中，“姓氏”、“总额”和“高度”是特性术语。特性术语当然要出现在数据元的定义中。使用两个结构设置中的成分，提供了一种分类的补充方法。用数据元对象类和特性两个成分形成的一个名称，包含了有关数据元极为重要的信息，而且排除了当没有约定使用而被采用的不重要的或不合理的元素。

③表示术语。表示术语是一个数据元名称中描述数据元表示形成的一个成分。每个表示术语由一个受控单词表或一个分类体系形成。这类术语描述了数据元有效值集合的形式。通常这类表示术语可能与特性术语有部分重复，此时，可以从结构化名称中将一个术语或术语的一部分删除。例如，在上述数据元中，“测量”和“姓氏”是表示术语。注意“姓氏”是一个特性术语，为了表达得清楚，冗余的字可以删去。

④限定术语。如果必须对一个数据元进行唯一标识，可以将限定术语加到对象类术语、特性术语和表示术语上，这些限定术语也许是从一个相关环境规定的结构设置中产生的。在（确立）命名约定的规则中（时），建议对限定术语的数量予以限定。例如，在数据元“费用预算周期合计总额”中，成分“预算周期”是限定术语。

（3）分隔符语义。术语的成分由分隔符来界定。分隔符可以有语义含义，也可以没有语义含义。

①没有语义含义。可以用一项命名规则说明分隔符由一个空格或一个确切的特定字符（如一个连字符或下划线）组成，而不管各成分间的语义关系如何。这样的规则简化了名称的生成过程。

②有语义含义。语义含义能由分隔符表达，如将限定术语之间的分隔符和其他成分之间的分隔符设定为不同的分隔符。用这种方法，分隔符就把限定术语从名称的其他部分中清楚地标识出来了。

例如，在数据元“费用—预算_周期—合计—总额”中，在限定术语之间的分隔符是下划线，其他名称成分之间的分隔符是连字符。

2）语法规则

语法规则详细说明了一个名称中各成分的排列。这一排列可能是相对的或者绝对的，或者两者兼有。相对排列是依据其他成分确定该成分。如在一个约定中的一项规则，可能要求一个限定术语必须总是出现在被限定术语的前面。绝对排列是确定该成分的固定位置。例如，一项规则可能要求特性术语总是一个名称的最后成分。

（1）针对数据元英文名称的语法规则如下：

①名词仅用单数形式，动词（若有的话）为现在时。

②名称的各个成分间和多个单词术语之间用空格分隔。不允许用特殊字符。

③名称中所有单词是组合在一起的。

④允许使用缩写词、首字母缩略词和大写首字母。

(2)针对数据元中文全拼的格式如下:

数据元中文全拼由中文名称中的每一个汉字的拼音组成,拼音中间用连字符"-"连接,并全部使用小写。

(3)名称语法规则如下:

①对象类术语应处于名称的第一(最左)位置。

②限定术语应位于被限定成分的前面,限定名称的顺序不应用于区别数据元名称。

③特性术语应处于第二位置。

④表示术语应处于最后位置。假如表示术语中有任何字与特性术语中的字重复,则删去冗余字。示例:费用预算周期合计总额。

(4)唯一性规则。同一相关环境的所有名称应是唯一的。

5.1.3.2 数据元值类型

表5-2为数据类型可能的取值列表,但不限于表中所列。

数据类型可能的取值列表 表5-2

数据类型	说明
字符型(string)	通过字符形式表达的值的类型
数字型(number)	通过"0"到"9"数字形式表达的值的类型
日期型(data)	通过YYYYMMDD的表达形式表达的值的类型,符合GB/T 7408
日期时间型(datatime)	通过YYYYMMDDhhmmss的表达形式表达的值的类型,符合GB/T 7408
布尔型(boolean)	两个且只有两个表明条件的值,如On/Off、True/False
二进制型(binary)	上述无法表示的其他数据类型,如图像、音频等

5.1.3.3 数据元值格式

定义:从业务的角度规定的数据元值的格式需求,包括所允许的最大和/或最小字符长度、数据元的表示格式等(一个汉字占两个字符)。

数据格式中使用的字符含义如下:

(1)a=字母字符。

(2)n=数字字符。

(3)an=字母数字字符。

(4)m(m=为自然数)=定长m个字符(字符集默认为GB 2312)。

(5)ul=长度不确定的文本=从最小长度到最大长度,前面附加最小长度,后面附加最大长度。

(6)YYYYMMDDhhmmss="YYYY"表示年份,"MM"表示月份,"DD"表示日期,"hh"表示小时,"mm"表示分钟,"ss"表示秒,可以视具体实际情况组合使用。

(7)","为区分数字字符个数与小数点后数字位数的分隔符,即","前为数字字符个数,","后为小数点后数字字符个数。

例1:an5 表示定长5个字母数字字符。

例2:an3..8 表示最大长度为8、最小长度为3的不定长字符。

例3:n..8,4 表示该数值最大长度为8位整数、4位小数。

5.1.3.4 数据元值域

数据元通常有一个允许值的集合。这个允许值的集合被称为值域。

数据元从不表示为一个单个的数值,因为它是一个类(如数据值完整的集合),而不是一个单个事例。例如,"人员标识符"是一个数据元,它的值域由一个特定企业中允许值的一个完整列表来描述。值域可以通过以下五种方式给出:

(1)通过名称给出,即直接指出值域的名称,比如数据元"两字母国家代码"的值域是《世界各国和地区名称代码》(GB/T 2659)中的全部两字母代码。

(2)通过参考资料给出,比如数据元"产品条码"的值域是已经在物品编码中心注册的所有产品的条形码。

(3)通过一一列举的方式给出所有可能的取值以及每个值对应的实例或含义。

(4)通过规则间接给出,比如数据元"无线电频率"的值域是3kHz~300GHz,并且遵循IEC-50的规范。

(5)无要求。

5.1.4 数据元的分类

对数据元进行分类有几个目的:分类可帮助用户从众多的数据元中找出某个单一的数据元;方便对数据元进行数据管理分析;通过继承使原本借助其他属性(如名称和定义)不能完整表述的语义内容得以表达。

数据元的若干成分导致了对分类的需求。主要的成分包括对象类、特性、表示、值域、数据元概念以及数据元本身。属性的使用应使各分类模式与数据元选定的成分联系起来。记录一个数据元任何成分的分类信息可能用到"被分类成分标识符"、"被分类成分名称"、"分类模式类型"、"分类模式名称"、"分类模式版本"、"分类模式项类型"、"分类模式项值"等属性。每个成分与分类模式的关联使用可以使数据元应用的相关方能够更好地运用分类模式。

规范的数据元的分类模式一般包括主题词、关键词、分类法和本体论。其主要作用在于:派生和形成抽象数据元和应用数据元;确保适当属性和属性值的继承;从参照词汇表中派生名称;消除歧义;辨识上位类、同位类和下位类的数据元概念;辨识数据元概念和数据元之间的关系;辅助模块化设计的名称和定义的开发。

1)关键词

关键词作为基本属性可应用于对象类、特性、表示、数据元和数据元概念。关键词是用于数据元检索的一个或多个有意义的字词。

2)主题词

主题词能够与数据元和数据元概念关联起来。

3)分类法和本体论

分类法是基于概化或特化以及集、子集和集隶属关系数学概念的概念或分类单元的层次结构。本体论是关于分类单元的网状结构,目的在于为自然界某些部分提供模型,由关于对象的类别、对象特性以及自然界中该部分对象间可能联系的理论组成。一个本体论可以包括对分类单元的解释以及对符合语法规则的使用做出限定的正式通则。分类法和本体论中的分类单元可能与下列已分类的数据注册成分相关联:对象类、特性、表示类和数据元概念。

5.2 数据元研究和发展现状

5.2.1 国外研究现状

国际上在数据元的理论研究方面,从20世纪60年代末开始起步。其间,国际标准化组织(ISO)成立了数据元及其编码表示工作组(TC97/WG-K),后升级为"数据元表示法"分技术委员会(TC97/SC14)。SC14调查了各国以及国际间已应用或准备应用的数据元编码的内容和结构,制定了有关描述数据元和数据交换中涉及数据元表示法的国际标准以及数据标准协调一致问题,制定了有关指南和规范。已经公布的标准包括《信息技术 组织和组织各部分标识用的结构 第1部分:组织标识方案的标识》(ISO/IEC 6523-1:1998)、《信息技术 组织和组织各部分标识用的结构 第2部分:组织标识方案的登记》(ISO/IEC 6523-2:1998)、《基于坐标的地理位置标准表示方法》(ISO 6709:2008)、《信息技术 人的性别表示法》(ISO/IEC 5218:2004)、《安全技术 检验字符系统》(ISO/IEC 7064:2003)、《信息技术 用于数据交换的数据元表示和组织的导则 编码方法和原则》(ISO/IEC

9789:1994)。

ISO/IEC 11179.1-6 对信息技术数据元的规范和标准化框架、数据元分类、基本属性、数据定义格式的规则和指南、命名和标识规则、数据元的注册等进行了详细规定。近几年,ISO 对 ISO/IEC 11179 进行了重新制定,仍分为 6 个部分,分别为《信息技术　元数据注册系统(MDR)　第 1 部分:框架》(ISO/IEC 11179-1:2004)[31]、《信息技术　元数据注册系统(MDR)　第 2 部分:分类》(ISO/IEC 11179-2:2005)[32]、《信息技术　元数据注册系统(MDR)　第 3 部分:注册系统元模型与基本属性》(ISO/IEC 11179-3:2013)[33]、《信息技术　元数据注册系统(MDR)　第 4 部分:数据定义的形成》(ISO/IEC 11179-4:2004)[34]、《信息技术　元数据注册系统(MDR)　第 5 部分:命名和标识原则》(ISO/IEC 11179-5:2005)[35]、《信息技术　元数据注册系统(MDR)　第 6 部分:注册》(ISO/IEC 11179-6:2005)[36]等。

5.2.2　国内研究现状

我国于 1983 年成立了全国计算机与信息处理标准化技术委员会数据元表示分技术委员会,委员会积极参与各项国际标准化活动,多年来取得了丰硕的成果。交通基础数据元采用的国家标准包括:《标准化工作导则　第 1 部分:标准的结构和编写规则》(GB/T 1.1—2009)、《标准体系表编制原则和要求》(GB/T 13016—2009)、《服务标准化工作指南　第 1 部分:总则》(GB/T 15624.1—2003)、《国际贸易单证格式标准编制规则》(GB/T 17298—2009)、《标准编写规则　第 3 部分:信息分类与编码》(GB/T 20001.3—2001)、《信息分类和编码的基本原则与方法》(GB/T 7027—2002)等。

在数据元建立方法研究方面,欧阳毅[37]以信息系统的数据重构过程为背景,围绕快速、准确提取数据元的需求,对面向信息系统需求的数据元提取方法进行了总结与归纳。高贵锦[38]等提出了用数据元自底向上维护数据标准的方法,结合数据元在专利电子申请中的具体应用,设计了数据元的元数据属性,给出了一套对数据元进行描述和维护以及基于其上信息抽取的方法,定义了数据元到 XMLSchema 的映射规则,设计了 XMLSchema 辅助生成的算法。

在行业应用方面,金水高[39]等对公共卫生行业的数据元进行了研究;王殷等对产品数据管理方面的数据元采用国际规范,采用自顶而下的顺序建立了数据元字典;魏宏[40]等在电子政务方面探讨了数据元的概念和应用;孙翠羽[41]等参考国际标准化组织(ISO/TC211)元数据标准、美国联邦地理数据委员会(FGDC)的 CS-DGM 以及中国可持续发展信息共享元数据标准,制定了能够描述测绘空间数据的元数据标准,并设计实现了测绘空间数据元数据管理系统。

5.3 交通信息数据元标准介绍

5.3.1 已经发布和已列计划的交通信息数据元标准

交通运输部在信息标准化建设方面的工作主要包括:制定了《交通行业信息标准体系表》[3];2005 年底颁布了《交通信息基础数据元系统》[42];2007 年 10 月颁布了《交通信息基础数据元》前 5 部分并进行了宣贯,随后颁布了其他 7 个部分的数据元;2013 年对 JT/T 697 进行了全面修订,并增加了“城市客运”分类。数据元标准为规范行业信息化建设、促进行业信息资源有效整合提供了重要手段。各省在信息化示范工程中,也制定了省级的规范,如山东省交通信息资源中心数据元标准、江苏省交通信息数据库建设规范等,为各省的信息化建设工作提供了有益的指导。

已经发布的交通信息数据元标准如表 5-3 所示。

已经发布的交通信息数据元标准　　表 5-3

序号	标准名称	标准号
1	交通信息基础数据元　第 1 部分:总则	JT/T 697.1—2007
2	交通信息基础数据元　第 2 部分:公路信息基础数据元	JT/T 697.2—2007
3	交通信息基础数据元　第 3 部分:港口信息基础数据元	JT/T 697.3—2007
4	交通信息基础数据元　第 4 部分:航道信息基础数据元	JT/T 697.4—2007
5	交通信息基础数据元　第 5 部分:船舶信息基础数据元	JT/T 697.5—2007
6	交通信息基础数据元　第 6 部分:船员信息基础数据元	JT/T 697.6—2008
7	交通信息基础数据元　第 7 部分:道路运输信息基础数据元	JT/T 697.7—2007
8	交通信息基础数据元　第 8 部分:水路运输信息基础数据元	JT/T 697.8—2008
9	交通信息基础数据元　第 9 部分:建设项目信息基础数据元	JT/T 697.9—2009
10	交通信息基础数据元　第 10 部分:交通统计信息基础数据元	JT/T 697.10—2009
11	交通信息基础数据元　第 11 部分:船舶检验信息基础数据元	JT/T 697.11—2009
12	交通信息基础数据元　第 12 部分:船载客货信息基础数据元	JT/T 697.12—2009
13	交通信息基础数据元　第 13 部分:收费公路信息基础数据元	JT/T 697.13—2009
14	交通信息基础数据元　第 14 部分:城市客运信息基础数据元	已报批
15	交通科技信息资源共享平台信息资源建设要求　第 1 部分:核心元数据	JT/T 735.1—2009

续上表

序号	标 准 名 称	标 准 号
16	交通科技信息资源共享平台信息资源建设要求　第 3 部分:数据元	JT/T 735.3—2009
17	出租汽车服务管理信息系统　第 3 部分:信息数据元	已报批
18	道路、水路货物运输基础数据元	GB/T 26768—2011
19	道路、水路货物运输地理信息基础数据元	GB/T 26767—2011
20	道路交通信息服务　浮动车数据编码	GB/T 29105—2012
21	道路交通信息服务　浮动车历史数据交换存储格式	GB/T 29099—2012
22	道路交通管理数据字典　交通信号控制	GB/T 29098—2012
23	道路交通管理数据字典　交通网络	GB/T 29097—2012
24	道路交通管理数据字典　交通检测器	GB/T 29095—2012
25	公路运输主要统计指标分类与代码	JT/T 444—2001
26	水路运输主要统计指标分类与代码	JT/T 438—2001
27	港口主要统计指标分类与代码	JT/T 437—2001
28	道路运政管理信息系统　信息结构体系	JT/T 414
29	停车诱导信息集	GB/T 26770—2011
30	运输信息及控制系统　车载导航系统　通信信息集要求	GB/T 23434—2009
31	道路交通信息采集　事件信息集	GB/T 20134—2006
32	道路交通管理数据字典　交通事件数据	GB/T 29096—2012
33	智能运输系统　数据字典要求	GB/T 20606—2006
34	道路交通运输　地理信息系统　数据字典要求	GB/T 28970—2012

根据体系表,已列计划的数据元标准为 29 项。此处不再详列。

5.3.2　交通信息基础数据元基本属性

数据元表示规范是通过描述数据元的一系列属性来实现的。JT/T 697.1 总则对数据元常用属性、分类编号结构、业务领域缩写等进行了规定。下面对其进行简要介绍。

常用的数据元属性参见表 5-4。纵列“约束”表示:在数据元字典中,一个属性是“必选(M)”,还是“条件选(C)”,或者是“可选(O)”。

数据元分类编号结构如图 5-3 所示。图 5-3 中:

第一、二位为字母,代表所属业务领域(类别),按照业务领域名称或简称的汉语拼音第一个字母缩写组成,具体规定见表 5-5。

数据元属性　表 5-4

数据元属性	约束	出现次数	数据元属性	约束	出现次数
分类编号	M	1:1	关键字	O	0:*n*
数据元名称	M	1:1	关系	O	0:*n*
英文名称	M	1:1	数据元类型	M	1:1
中文全拼	M	1:1	数据格式	O	0:1
版本	M	1:1	值域	M	1:1
注册机构	M	1:1	计量单位	O	0:1
同义名称	O	0:*n*	状态	M	1:1
相关环境	T	0:*n*	备注	O	0:1
定义	M	1:1			

注:1. M——必备,O——可选,T——条件可选。

2. “0:1”——不出现或出现一次;“1:1”——出现且仅出现一次;“0:*n*”——不出现或出现 *n* 次。

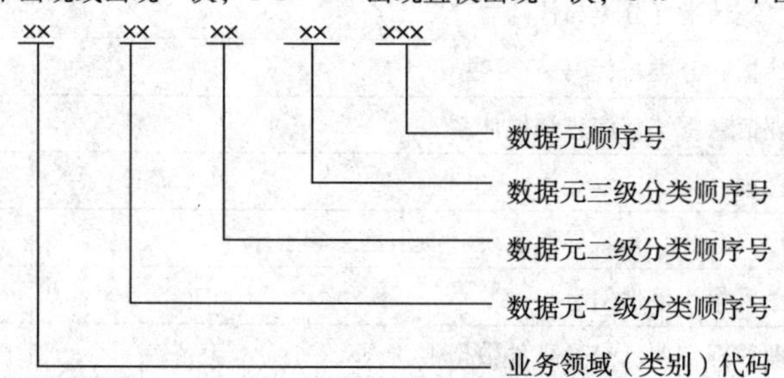

图 5-3　数据元分类编号结构

交通运输业务领域缩写　表 5-5

业务领域	字母代码	业务领域	字母代码
公路	GL	水路运输	SY
港口	GK	交通统计	TJ
航道	HD	建设项目	JX
船舶	CB	船舶检验	CJ
船员	CY	船载客货	CZ
道路运输	DY	收费公路	SG

第三、四位为数字,代表数据元所属一级分类顺序号。

第五、六位为数字,代表数据元所属二级分类顺序号。

第七、八位为数字,代表数据元所属三级分类顺序号。

第九、十、十一位为数字，代表某一级分类下的数据元的序号，从 001 开始顺序编码。

一、二、三级分类顺序号从左向右顺序排列，每级分类顺序号从 01 开始。某级无分类时，则该级编号为 00，该级分类名称为空。

5.4　本章小结

本章对数据元的基本知识进行了简要介绍，并对国内外数据元的研究和发展现状进行了总结，对交通运输部已经发布和已列计划的数据元标准进行了概述。

第6章　基于层次结构的数据关系模型

6.1　引言

交通运输信息数据具有海量、实时动态、来源复杂等特点。良好的、一致的交通运输数据定义对于交通运输信息数据的有序管理和共享具有重要的作用,《交通信息基础数据元》(JT/T 697)的颁布为解决交通运输信息基础数据定义的不一致问题提供了标准依据。

《信息技术　元数据注册系统(MDR)　第2部分:分类》(GB/T 18391.2)(对应国际标准 ISO/IEC 11179-2)中提出了数据元的四种分类模式概念[11],包括主题词、关键词、分类法与本体论。大多数行业的数据元分类都采用分类法进行。在《交通信息基础数据元》(JT/T 697)中,进一步对分类法进行了细化,采用了面、线结合的分类方法对数据元进行分类。其中,业务领域采用面分类法,每个类别下设一级、二级和三级分类。这种分类方法业务领域清楚,按照树形结构来组织,便于数据元的查找,但树形结构只是指数据元的分类组织形式,而数据元之间的关系没有进行明确的定义,使得定义重复,数据元的数量大,并且不同的业务领域之间存在相当数量的交叉。例如,在各个业务领域中都规定有人员姓名、单位名称、日期等相似的数据元。张绍阳等[13]提出的数据元二维分类方法综合使用了专业维度和管理维度这两种分类方法,水平方向为专业维度分类,垂直方向为管理维度分类,专业维度分类基本沿用《交通信息基础数据元》(JT/T 697)的分类方法。但是该方法仅从数据元的应用角度进行组织,数据元之间的重复仍然存在。林垚[43]对交通科学数据共享工程的数据元进行了分类设计,设置了公路、铁路、水运、民航和其他五个大组,并将在应用系统或数据库中有重复、高频率出现、无二义性的数据元集中起来,形成公用数据元,从一定程度上提高了数据元定义的简洁性,但未彻底解决问题。

本章提出建立交通信息数据元层次结构,使得数据元之间的关系更加明确,在一定程度上消除了数据元之间存在的冗余。

6.2　交通信息基础数据元层次结构建立

6.2.1　数据元三层结构模型基本概念

交通信息基础数据元定义的核心目的之一就是为交通运输行业信息化系统的建设进行一致的数据类型、格式、单位和值域定义。从这个角度出发,如果将具有相同类型、格式、单位和值域的同一类数据元所共同表达的核心概念抽取出来进行统一规定,其同类数据元在定义、归类以及数据元应用时都可以直接引用,则会大大减少数据元的数量,保持数据元的一致性。基于这样的思想,本章提出了用三层模型来建立交通信息基础数据元的层次结构。数据元层次结构模型如图 6-1 所示。

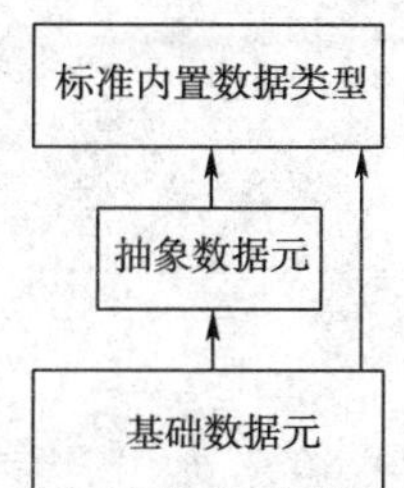

图 6-1　交通信息基础数据元层次结构模型

第一层为标准内置数据类型层,如整型、字符型、日期型等基本类型。

第二层为抽象数据元层。抽象数据元是从交通信息基础数据元中抽取出来的共性数据元,不具有业务领域数据元的明确含义,但是表达了业务领域数据元的特性,故将其称为抽象数据元。例如 JT/T 697.2 中规定的基础信息数据元“路线起点桩号”、“路段止点桩号”、“圆曲线止点桩号”、“断裂桩号”、“交叉口桩号”、“桥梁中心桩号”等,经分析发现它们具有相同的数据类型、格式、计量单位和值域,并且都是表达一个地址的标识。将上述基础数据元归为一类,提取其共性成分,形成一个抽象数据元——“桩号”,该数据元具有与上述同类的其他桩号数据元相同的类型、格式、计量单位和值域。将“桩号”抽象数据元类型定义为数字型,在编程语言中将其继承自 Float 内置数据类型,这样便形成了一个“桩号”类数据元的层次结构模型,如图 6-2 所示。这便是层次结构的朴素思想。6.2.2 节将从理论上对抽象数据元层的建立进行分析。

第三层为基础数据元层。该层的数据元是交通信息基础数据元中规定的数据元,是交通运输业务领域中不可再分的数据单元。

6.2.2　抽象数据元层的建立

从上述结构可见,三层结构建立的核心在于抽象数据元层的建立。下面对数据元名称进行分析并总结抽象数据元的建立方法。

数据元名称中一般包括对象类词、特性词、表示词和限定词[5]。例如,在数据元

"安检类型代码"中,"安检"为对象类词,"类型"是该数据元的特性词,"代码"是该数据元的表示词。对象类词表示数据元所属的事物或概念,表示某一语境下的一个活动或对象,是数据元中占支配地位的部分,数据元名称中应有一个且仅有一个对象类词;特性词表示数据元的对象类的显著的、有区别的特征,数据元名称中应有一个且仅有一个特性词;表示词是数据元名称中描述数据元表示形成的一个成分,描述了数据元有效值集合的格式,数据元名称中应有一个且仅有一个表示词。一般情况下,对象类词应处于名称的第一(最左)位置,特性词应处于第二位置,表示词应处于最后位置。

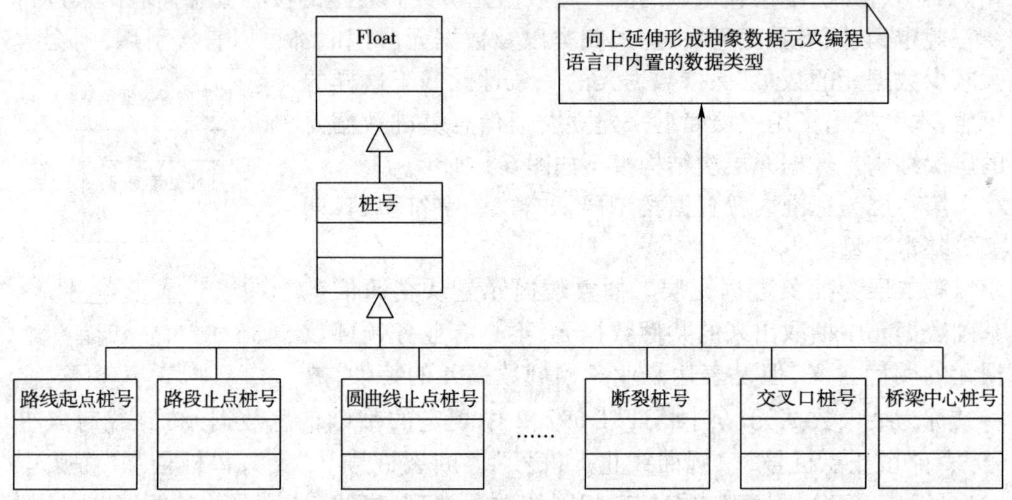

图 6-2 桩号类数据元的层次结构模型

为了建立抽象数据元,本节提出以下断言:"在特定的条件下,不同对象的同一特征具有相同的表示形式"。其中,"特定的条件"在此处是指"交通运输领域"以及其他的限制条件。这个断言具有成立的场景,例如"平均行驶速度"、"平均行程速度"等速度类数据元,它们都表达了一个共同的概念,即某对象移动快慢的度量,其中"速"是特性词,"度"是表示词。在交通运输领域,速度都是指宏观物体的速度,如车辆、飞机、行人等,区别于其他领域如光学、电学、物理学等中的速度,这些物体的速度可以进行统一的表示。又如,前面所举的"桩号"的例子,"桩"是道路设施的一个特性,"号"是其表示形式。对于所有的道路设施来讲,其"桩的号码"都可以统一表示。因此,这种情况下的抽象数据元的建立可以概括为:将不同对象类中的相同的"特性词 + 表示词"抽取出来,形成抽象的表示,并对该抽象表示的其他属性进行定义,则可以形成抽象数据元。

有一些情况不能采用以上规则建立抽象数据元,例如"实验室和研究中心级别和类型是否变更"、"是否经营性教练场"等数据元,它们共同的表示词是"是否",

特性词隐含在其中，直觉上可以形成抽象数据元。但其定义表面上看好像不符合数据元名称定义规则，无法直接利用上述规则。仔细分析可以发现，这是由于语言习惯造成的，将后一个数据元翻译为标准表达应该是“教练场（对象词）的经营性质（特性词）是否经营性的（表示词）”。对于这些表示词，由于其值域非常明确，无论是何种对象的何种特征，其表示方法都是一致的。因此，这种情况下的抽象数据元可以直接将其“表示词”抽取出来建立抽象数据元。

本节利用上述两种规则建立抽象数据元层，当然，与抽象数据元含义有关的其他规则也可应用于抽象数据元层的建立。

6.2.3　交通信息基础数据元层次结构的建立

依照上述方法，本节对交通信息基础数据元按照层次结构模型进行抽象层次的建立，形成了单位名称信息、时间信息（日期、年度、月份、时间等）、联系信息（地址、邮政编码、电话、网址、电子邮箱等）、位置信息（桩号、经度、纬度等）、度量单位（速度、长度、宽度、高度、车道数、转角、半径、超高值、加宽值、金额、流量等）、人员信息（姓名、性别、年龄、出生日期、职称、职务、学历等）等抽象数据元。根据基础数据元的定义对抽象数据元的类型、格式、值域、单位等进行定义，并对其所使用的编程语言环境的数据类型进行规定，最终形成交通信息基础数据元的层次结构模型。

表 6-1、表 6-2 是基于三层结构抽象出来的部分抽象数据元及其部分属性。

时间信息抽象数据元　　表 6-1

抽象数据元名称	定义	类型	格式	备注
日期	事件发生的日期	日期型	YYYYMMDD	
年度	日期的年度	字符型	n4	
时间	事件发生的时间	日期时间型	YYYYMMDDhhmm	

联系信息抽象数据元　　表 6-2

抽象数据元名称	定　义	类型	格式	备注
地址	人员或机构的通信地址或住址	字符型	an..100	
邮政编码	人员或机构的邮政编码	字符型	n6	
电话	人员或机构的办公电话、传真等各类固定电话	字符型	an..18	
网址	个人或机构的网址	字符型	an..50	
机构名称	机构的法定名称	字符型	an..100	
电子邮箱	电子邮箱名称	字符型	an..50	

在交通运输部科技项目"交通运输信息数据与标准规范符合性检测关键技术及规范"研究中,项目组按照层次结构模型抽取交通信息基础数据元,共抽取73项抽象数据元,所代表的交通信息基础数据元达4 000多项,占数据元总数的55.35%。

6.3 数据元层次结构在交通运输信息数据标准符合性检测中的应用

交通运输信息数据标准符合性检测是指根据国家、交通运输行业信息化相关数据标准(主要指数据元标准)及项目设计文件,对交通运输信息化建设项目中软件系统的数据字典、数据库结构、数据库内容等与标准的符合程度进行检测的活动,主要检测内容包括数据的格式、类型、单位和值域等。通过检测,能为用户提供标准化建议,从而提高交通运输行业信息化的标准化水平。

从检测内容可知,要进行检测,首要任务就是将用户的数据项标识与标准的数据元利用其标识属性进行标准化对应。目前,由于数据元的主要标识属性就是数据元名称,因此,将用户的数据项名称与数据元标准名称对应是标准符合性检测的基础和关键。

例如,在数据元标准中规定了"路线起点桩号"数据元的格式、类型、单位、值域等,用户的数据字典中定义了"路线起始桩号"字段,要检测该用户的定义是否遵守了数据元标准,需要对用户给出的数据名称和标准中该数据元名称进行对应,才能利用该标准的规定对用户数据的其他方面进行检测。在项目研究中,采用了编辑距离、增加语境的改进方法、基于语义的对应方法等多种方法提高对应率。本节提出了一种基于数据元层次结构的数据名称对应方法。下面对其进行简要介绍。

将用户数据项名称和标准数据元名称对应时可能出现如下情况:

(1)在标准库中找到了用户数据项应遵守的标准数据元。即在名称对应时,运用其他名称对应技术可以较为准确地将被检测的用户数据名称与标准中某一个基础数据元对应。这时,就可利用该标准数据元对该数据项进行检测。

(2)在标准库中找不到相应的标准数据元。即在名称对应时,其他名称对应技术不能准确地从标准库中找到相应的基础数据元。这种情况下,可以利用抽象数据元对其进行检测。检测方法如下:

①对于大多数情况,抽象数据元名称都在数据元名称的最后,例如"桩号"抽象数据元,因此,可将抽象数据元名称与用户数据项名称的末位进行匹配,如果匹

配,则表明该数据项可以使用该抽象数据元检测。例如,用户数据项名称为“引线开始桩号”,在标准中未对该数据项进行规定,这时便可使用“桩号”抽象数据元对其进行判断。

②对于抽象数据元不在数据名称最后的情况,例如“是否”抽象数据元,需要在该抽象数据元的记录中设置标记,比较时,在用户数据项的名称中搜索抽象数据元名称,如果找到,则可利用该抽象数据元对该数据项进行检测。

对于上述两种情况都不能找到抽象数据元的数据项,可认为该数据项未采标。

在“交通运输信息数据与标准规范符合性检测系统”中,采用了抽象数据元的数据项名称对应方法。检测实例如图 6-3 所示。实例的“行政区划表”中共 7 个数据项,其中“录入人”、“更新时间”、“更新人”等数据项采用抽象数据元进行检测,“行政区划名称”、“行政区划编码”采用基础数据元直接进行检测,“ID”为未采标数据项。

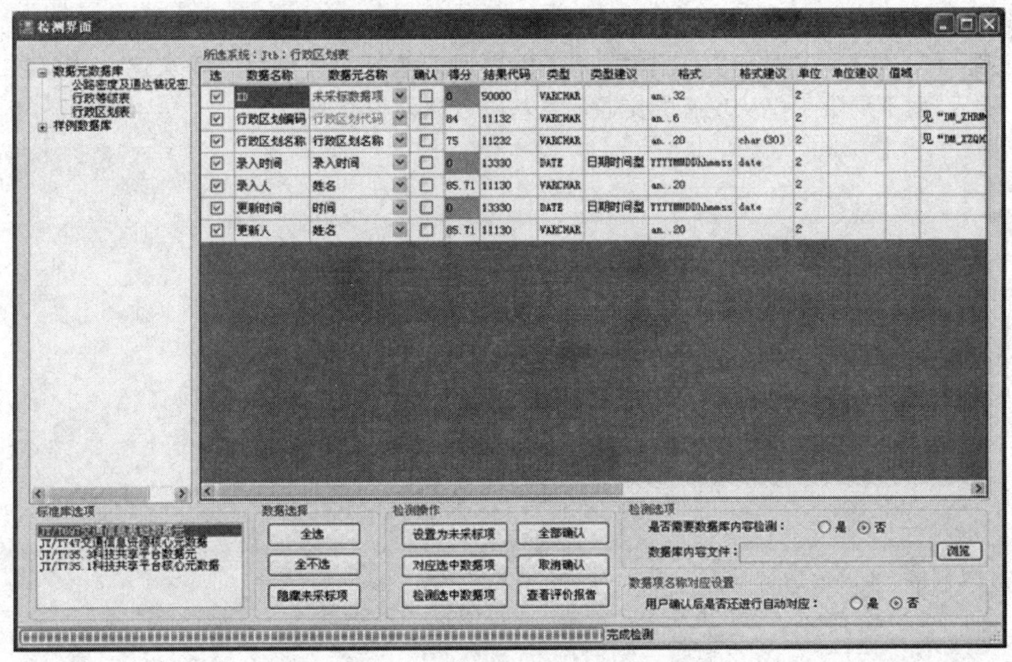

图 6-3　交通运输信息数据标准符合性检测实例

在试点工程中,对交通运输部“公路水路建设市场诚信及工程质量发布系统”中的某个子系统的数据库进行了标准符合性检测。该系统共使用了 1 007 个数据项,初步剔除编制不规范和不完整的数据项,有效数据项为 863 项。使用系统提供的语义对应方法,能够对其中的 562 项数据进行检测,检测率为 65.12%。进一步使用本节提出的基于抽象数据元的数据名称对应方法,系统能够对其中的712项数据项进行检测,检测率达82.50%,检测率提高了17.38%,进一步提高了检测系统的检测能力。通过检测,系统为这些数据项推荐了标准的格式、类型、单位和值域,从而大幅提高了被检系统的标准符合性。

6.4 本章小结

(1)本章在分析现有交通信息数据元及其分类方法中存在的问题的基础上,提出了交通信息基础数据元层次结构模型,对已经颁布的JT/T 697标准进行了层次结构的建立,抽取的73个抽象数据元覆盖了JT/T 697标准中55.35%的交通信息基础数据元。

(2)将该结构在交通运输信息数据标准符合性检测中进行了应用。试点工程使得标准符合性检测的数据名称和数据元名称的对应率提高了17.38%。

(3)在进一步的研究工作中,将考虑交通运输行业信息化的需求建立抽象数据元,而不局限于仅从现有的交通信息基础数据元中抽取。

第 7 章　面向对象的数据元重构研究

7.1　引言

本章以道路运输信息数据元为例，提出一种面向对象的数据元分类方法，并据此对道路运输信息基础数据元进行重构。道路运输信息基础数据元的分类方法目前有两种，一种是《道路运政管理信息系统　信息结构体系》(JT/T 414)中的分类方法，一种是《交通信息基础数据元　第 7 部分：道路运输信息基础数据元》(JT/T 697.7)中的分类方法。下面首先对这两种分类方法进行介绍。

7.2　JT/T 414 中的数据表结构

实际上 JT/T 414 并没有定义数据元，而是对道路运输业务系统中的表及其字段进行了规定。但是，根据数据元的定义可知，数据元在数据库系统中就对应了相关表的字段，JT/T 414 中的表是按照关系数据库 3NF 建立的，表的建立按照业务系统的分类进行，在 JT/T 697.7 数据元的建设过程中，也大量采用了 JT/T 414 的数据表字段的定义，因此，可以将 JT/T 414 中的数据结构当作是一种道路运输数据元的分类。JT/T 414 的数据表结构如表 7-1 所示。

JT/T 414 数据表结构　　表 7-1

业务领域	一级分类	二级分类
经营业户	基本指标	业户标识
		工商税务标识
		财务标识
		人事标识
		经营标识
		规费缴纳
		证照发放

续上表

业务领域	一级分类	二级分类
经营业户	基本指标	案件稽查
		质量信誉考核
		企业等级评定
		检查考核
		变更标识
	客运业户	基本标识
		人事标识
	货运业户	基本标识
		人事标识
	危货业户	基本标识
		人事标识
	维修业户	基本标识
		人事标识
	客运站业户	基本标识
		设备设施信息
		人事标识
		班线信息
	货运站	基本标识
		设备设施信息
		人事标识
	机动车驾驶培训机构	驾驶培训学校信息
		教练场信息
		人事标识
	国际运输业户	国际客运标识
		国际货运标识
		人事标识
营运车辆	基本指标	车辆标识
		营运标识
		证照发放
		维修信息

续上表

业务领域	一 级 分 类	二 级 分 类
营运车辆	基本指标	二级维护
		技术等级评定
		客车类型与等级评定
		规费缴纳
		案件稽查
		交通事故信息
		投保信息
		年审信息
		变更标识
客运线路	物理线路信息	基本标识
	经营线路	基本标识
		标志牌标识
设备	设备标识	基本信息
人员	基本标识	共用信息
	从业人员	营运驾驶员
		危货押运、装卸管理员
		教练员
		考核员
		维修技术人员
	执法人员	基本信息
		培训记录
		处罚信息
		奖励信息
		执法证信息
	管理人员	基本信息
		培训记录
		处罚信息
		奖励信息
稽查	行政立案	立案报告
	调查取证	询问笔录

续上表

业务领域	一级分类	二级分类
稽查	调查取证	车辆暂扣凭证
		勘验笔录
		抽样取样凭证
		鉴定意见
		证据登记保存
		调查报告
		违法行为通知书
	听证处理	听证会通知书
		听证会笔录
		听证会报告书
	处罚决定	（当场）处罚决定书
		（非当场）处罚决定书
	处罚执行	当场交款委托书
	结案	结案报告
	复议与诉讼	复议
		诉讼
	送达回证	基本信息
票证	票证管理	基本标识
		入库情况
		结存情况
		领取发放情况
		核销情况
运价	基本信息	运价类别
		计价标准
		计价类别
		运价价目
规费	基本指标	规费标识
	征收标准	
	规费征收	规费缴纳
		规费退费
		缴讫证补换

续上表

业务领域	一级分类	二级分类
道路运输管理机构	基本信息	机构标识
		部门标识

7.3　JT/T 697.7 中的道路运输基础数据元分类

JT/T 697.7 中的道路运输基础数据元分类如表 7-2 所示。

JT/T 697.7 中的道路运输基础数据元分类　　表 7-2

业务领域	一级分类	二级分类
基本信息	管理机构信息	
	管理人员信息	基本信息
		执法证信息
	管理业务申请人及违法案件当事人等相关人员信息	管理业务申请人及相关人员信息
		违法案件当事人及相关人员信息
	经营业户信息	基本信息
		道路运输经营业户专项信息
	车辆基础信息	
	从业人员信息	从业人员基本信息
		从业人员驾驶证信息
		从业人员专业技术证书信息
	设备基本信息	
	管理业务办理流程信息	
	管理业务办理文书信息	
	管理业务办理依据信息	
	管理业务办理公示信息	
	救济程序信息	听证信息
		行政复议信息
		诉讼信息
行政许可信息	行政许可通用信息	
	行政许可申请信息	行政许可申请基本信息
		行政许可申请专项信息

续上表

业务领域	一级分类	二级分类
行政许可信息	行政许可受理信息	
	行政许可审查信息	
	行政许可决定信息	
	行政许可证牌发放及相关信息	
日常管理信息	经营业户管理信息	企业质量信誉等级评定信息
		道路客运站站级核定信息
		企业等级登记信息
	车辆管理信息	车辆年度审验信息
		车辆技术等级评定信息
		车辆二级维护登记信息
		车辆交通责任事故登记信息
		承运人责任险登记信息
		客车等级类型划分及等级评定信息
		车辆异动变更信息
	从业人员管理信息	从业人员资格申请与认证信息
		从业人员异动变更信息
		从业人员诚信和计分考核信息
		从业人员交通事故登记信息
		从业人员继续教育培训信息
		从业人员奖励信息
	证件管理信息	证照通用信息
		证照补换信息
	客运班线管理	
	票证管理	票证基本信息
		票证入库信息
		票证结存信息
		票证领取发放信息
		票证核销信息
	档案变更信息	
	状态管理信息	

续上表

业务领域	一级分类	二级分类
行政处罚信息	行政处罚立案信息	
	行政处罚调查取证信息	行政处罚询问及笔录信息
		行政处罚勘验及结果信息
		违法车辆暂扣信息
		抽样取证及证据登记保存信息
		鉴定及结果信息
		违法行为调查报告信息
		违法行为通知及反馈处理信息
	行政处罚决定信息	
	行政处罚执行信息	
	行政处罚结案信息	
规费征收管理信息	规费征收规则信息	
	规费征收信息	
	规费退费信息	
	缴讫证补换信息	

7.4　两种分类方法对比

由表7-1和表7-2可知，JT/T 697.7 和 JT/T 414 中采取了不同的分类方法。JT/T 414 按照业务领域进行分类，将运管业务按照经营业户、客运线路、设备、案件受理等分成了10个大类；JT/T 697.7 根据《中华人民共和国道路运输条例》的规定，将数据元分为基本信息、行政许可、行政处罚、日常管理、规费征收等5类。两种分类方法各有优缺点。

JT/T 414 中数据字段具有较多冗余，与数据元的定义不符，但是该标准中的业务范畴与实际工作对应较好，在信息系统建设过程中具有较好的指导作用。

JT/T 697.7 能较好地反映道路运输管理职能，按照职能建模、流程建模、环节建模等过程进行数据元的抽取和筛选，在数据元的定义和梳理上具有更好的科学性，但在分类中难以体现业务特点和面向对象的特征。例如，“日常管理”中的“道路运输状态”信息分类与对象本身的其他属性分离，在引用时需要各处去寻找，难以进行应用。

为此,本章基于面向对象的优点和在系统开发中的普遍应用,提出一种面向对象的数据元分类方法。

7.5 面向对象的数据元分类方法

7.5.1 面向对象的程序设计概述

软件技术总是处于不断发展变化中,新工具、新技术相继产生。同时,当软件产品在未完成时、未被使用时或者带着各种各样的错误发布时,问题就会出现。另外,用户需求的改变一直以来是软件开发中的一个重要问题。种种问题导致了软件开发的高风险性,称为软件危机。

面向对象的程序设计(OOP)是一种较好地解决程序设计工作中存在的问题的新方法。在面向过程的程序设计方法中,问题被看作是一系列将被完成的任务,如读、计算和打印。许多函数用于完成这些任务。问题的焦点集中于函数,但是函数所操作数据的变化的影响却无法衡量。面向对象的方法将问题分解为一系列实体——这些实体被称为对象(object),然后围绕这些实体建立数据和函数。其主要特点包括:程序设计的重点在于数据而不是过程;程序被划分为所谓的对象;数据结构为表现对象的特性而设计;函数作为对某个对象数据的操作,与数据结构紧密结合在一起;数据被隐藏起来,不能为外部函数访问;对象之间可以通过函数沟通;新的数据和函数可以在需要的时候轻而易举地添加进来。通常,在面向对象的程序设计风格中,你会将一个问题分解为一些相互关联的子集,每个子集内部都包含了相关的数据和函数。同时,你会以某种方式将这些子集分为不同等级,而一个对象就是已定义的某个类型的变量。当定义了一个对象,就隐含地创建了一个新的数据类型。

面向对象的程序设计方法在软件开发中取得了巨大的成功,大多数系统使用面向对象的方法是合适的,尤其是在复杂系统中。因此,使用面向对象的方式进行道路运输业务系统的编程,能够更好地模拟现实业务的发生过程,其优越性毋庸赘述。实际上,道路运输业务系统的设计也大量采用了面向对象的方法。因此,从面向对象的角度进行道路数据元的分类,具有明显的优越性。

(1)道路运输业务系统中的各个用户类别能够更好地理解数据元结构,对自身业务范畴的数据元更好地理解和解释,对不属于本领域的业务数据元进行引用,即数据由谁负责,那么谁就去关心它,从而最大限度地达到"一数一源"的目标。

(2)由于数据元分类和编程方法一致,因此以面向对象模式建立的数据元,能够更直接地应用于业务系统建设中。

7.5.2　面向对象的数据元结构

在面向对象的程序设计的概要设计阶段,需要对问题域中的类进行抽取。类可以分为实体类、控制类、边界类。实体类保存要放进持久存储体的信息。持久存储体就是数据库、文件等可以永久存储数据的介质。实体类可以通过事件流和交互图发现。通常每个实体类在数据库中有相应的表,实体类中的属性对应数据库表中的字段。控制类是用于针对一个或多个用例的行为进行建模的类。边界类表示系统与系统外的某个实体(个人或另一系统)之间的接口。其作用是促成系统与外界交换信息,并使系统不受外界环境变化的影响。数据元主要是对实体的名称、属性、表示等进行规范,因此,数据元建设重点关注实体类以及实体和实体之间的关系类,控制类和边界类在业务系统中实现。

一般从问题域的各种流程等抽象出其中的实体类(entity class),实体类之间为松耦合关系。实体之间发生的业务关系,使用关联类来表达。例如,行政许可是管理机构和经营业户之间的交互,这种交互使用行政许可类来标识;又如营运线路是经营业户和客运线路之间的一种关系,使用营运线路类来标识。

因此,针对问题域抽取实体类和关联类,建立类的关系图,对这些类按照数据元的规则进行描述,便可得到数据元分类的面向对象关系。

概括来讲,面向对象的数据元分类方法是基于面向对象的思想,对道路运输业务领域中的实体类和关联类进行抽取,形成数据元的业务分类,将实体类及关联类的属性按类别进行分类,形成数据元的下级分类,从而构成面向对象的数据元的组织形式。在这样的分类中,数据元就是类的属性,便于在应用系统开发中应用数据元,也利于补充从应用中产生的新的数据元。

7.5.3　道路运输业务领域基类抽取

7.5.3.1　基类抽取原则

1)类的抽取原则

一般来讲,类的抽取过程较为复杂,需要根据所要研究的问题领域,根据用例、序列图或者集体讨论等方式进行候选类的发现,然后经过不断筛选及优化,最终进行确定。但是在本项目中不可能对道路运输业务领域的所有系统进行需求建模,为了实现类的抽取,本项目在前人对业务的理解的基础上进行类的抽取,即基于 JT/T 414 和 JT/T 697.7 中类的划分进行抽取,并建立类之间的关系。

2)属性定义原则

属性的定义按照标准规范编制中“已有标准优先”的原则,尽量采用 JT/T 697.7 中的定义,作为类的属性。

7.5.3.2　实体基类抽取

JT/T 414 按照业务类别将道路运输总体业务分为经营业户、营运车辆、客运线路、设备、人员、稽查、票证、运价、规费、道路运输管理机构共 10 个类别,较好地反映了道路运输的业务状态。我们在以上分类的基础上进行实体基类的设计。

在以上类别中,经营业户、营运车辆、客运线路、设备、人员、道路运输管理机构都具有实体类的特性,表达了一类客观存在的事物,具有相应的属性,可独立地在不同的业务流程中进行流转,因此,可将其归结为实体基类。

另外,随着业务范围的不断扩大,道路运输设施的管理也进入信息化管理的范畴,因此,在基类中增加“设施类”。

初步抽象出的实体基类包括:

(1)经营业户类;

(2)营运车辆类;

(3)客运班线类;

(4)人员类;

(5)设备类;

(6)设施类;

(7)道路运输管理类。

在基类的基础上,下面对其基类之间的关系类、派生类及基类属性进行设计,并将这些属性与 JT/T 697 中的数据元相对应。

7.5.4　道路运输业务基类关系及其属性设计

道路运输的行为主体包括从业人员及经营业户、道路运输管理机构、社会公众三类,道路运输业务主要发生在经营业户和道路运输管理机构之间,社会公众主要通过多种渠道了解道路运输信息。经营业户和道路运输管理机构之间是管理与被管理、服务与被服务的关系,道路运输管理和服务的客观存在的对象包括经营业户、人员、营运车辆、设备、设施等。道路运输管理业务内容包括行政许可、行政处罚、救济、规费征收、业务办理等。基于此,下面对经营业户、人员、营运车辆、设备、设施、客运线路以及道路运输管理业务类进行设计,以便形成更加明确的分类关系。

7.5.4.1　基类属性设计原则

(1)如果 JT/T 697 数据元分类和基类存在对应关系,则将相应的数据元添加为类的属性。

(2)如对应关系不明确,就要按照数据元的含义将其添加为对应的基类属性。

(3)如果数据元在基类中没有相关属性分类,则对基类添加相应的属性类别,然后再将数据元添加进去。

7.5.4.2　经营业户类图

按照《中华人民共和国道路运输条例》,道路运输经营是指道路旅客运输经营和道路货物运输经营;道路运输相关业务包括站(场)经营、机动车维修经营、机动车驾驶员培训等。经营业户是从事道路运输经营或者道路运输相关业务的主体,因此,将经营业户定义为凡是从事道路运输经营以及道路运输相关业务的单位或个人。

经营业户是道路运输管理的主要内容之一,因此,道路运输管理中的行政许可、行政处罚、业务办理等都与经营业户相关。其总体类图使用如图 7-1 所示。

备注:把检测站、道路运输站场等归入经营业户符合 JT/T 697 的思路,JT/T 697 中将这些类别的数据元都归入经营业户专用信息。

为了方便书写,下面在进行类的属性设计时,“——”以前的表示该实体基类的属性分类,即某类属性的总称,后面部分表示该类别属性对应的 JT/T 697.7 中的数据元编号。例如:工商税务标识——包括“经营业户基本信息 DY010401022 ~ 027”,表示工商税务标识的属性引用“经营业户基本信息数据元形成,其分类编号为 DY010401022 ~ DY010401027”。

1)经营业户类属性(表 7-3)

经营业户类的基本信息、工商税务标识、财务标识等属性,包括了 JT/T 697.7 “经营业户基本信息 DY010401”中的部分和“经营业户状态信息 DY0308001 ~ 002”。

工商税务标识——包括“经营业户基本信息 DY010401022 ~ 027”。

经营标识——包括“行政许可通用信息 DY020100001 ~ 005”,放到此处是由于该信息主要由业户类使用,是业户的一个基本信息。

证照发放——包括“道路运输证照管理信息 DY030401001 ~ 05、DY030402001 ~ 004”及“证照状态 DY030800017”。

质量信誉考核——包括“企业质量信誉考核 DY030101001 ~ 009”。

质量等级评定——包括“企业等级评定 DY030103001 ~ 003”。

道路运输管理机构:业务
-业务申请方信息
-业务办理流程信息
-业务办理文书信息
-业务办理公示信息
-业务办理依据信息
注释1:因此,有了"业务申请经营业户名称"则其他信息可以省略。
例如,业务申请方电话、邮件等一系列冗余信息
{"业务申请方"="经营业户名称"
业务申请方数据元别名"业务申请经营业户名称"}
关联标识还包括:
维修标志牌号码——维修业户
班线经营许可证明编号——客运业户
{"经营业户名称"="道路运输经营主体"}
经营业户
-业户基本标识
-业户状态
-工商税务标识
-财务标识
-经营标识
-证照标识
-质量信誉考核
-企业等级评定
道路运输管理机构:行政许可
-行政许可通用信息
-行政许可申请信息
-行政许可受理信息
-行政许可审查信息
-行政许可决定信息
-行政许可证牌发放信息
-许可证号
{"经营业户名称"="案例处罚对象名称"}
-案件登记号
道路运输管理机构:行政处罚
-行政处罚立案信息
-行政处罚调查取证信息
-行政处罚决定信息
-行政处罚执行信息
-行政处罚结案信息
货运业户
客运业户
危货业户
维修业户
道路运输站场
国际运输业户
驾驶培训机构
检测站业户
运输服务业户
公交业户
出租业户
长途客运业户
货运站业户
客运站业户

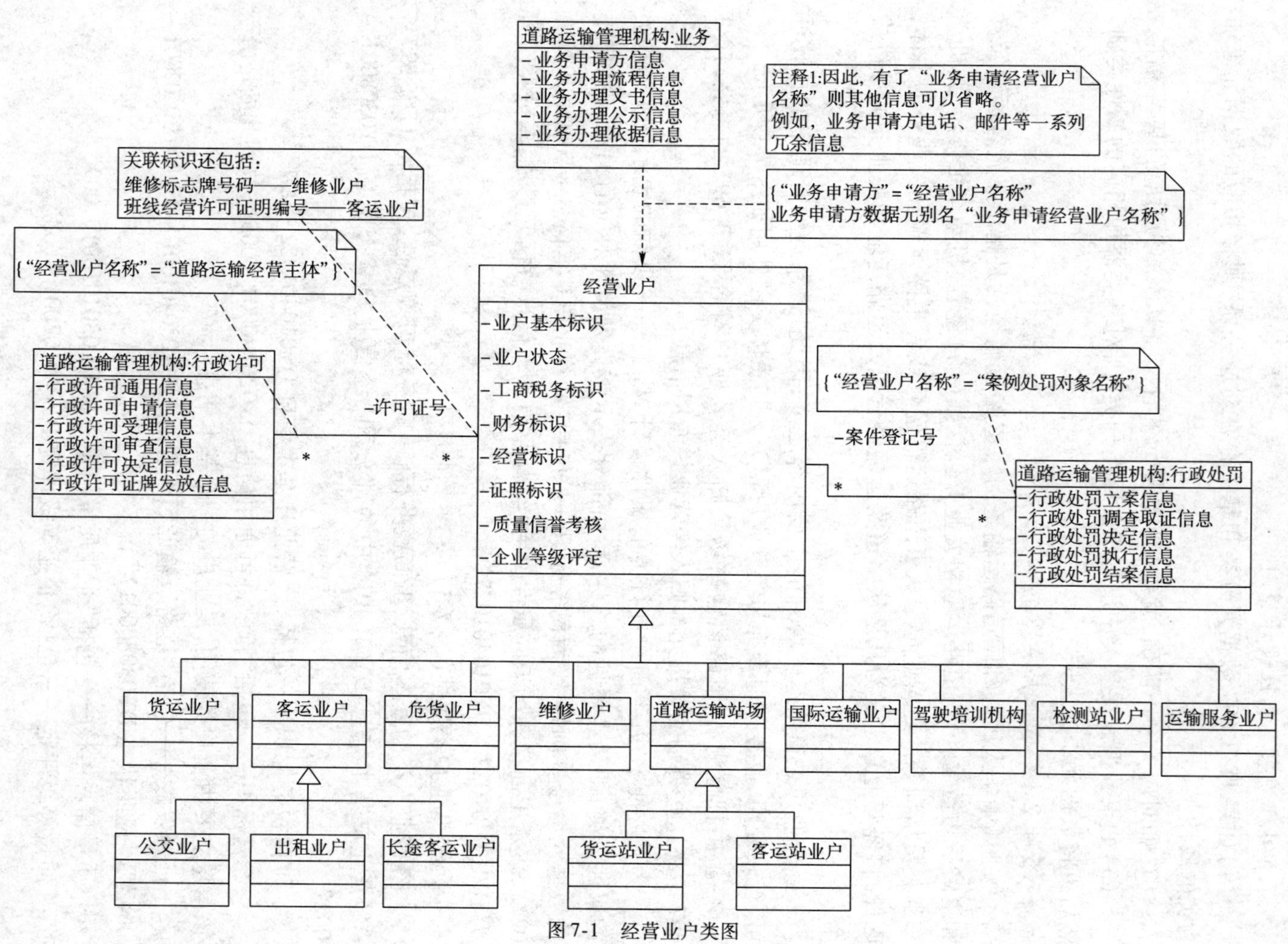

图 7-1 经营业户类图

经营业户类属性表　　表 7-3

分类	属性名称	分类编号	分类	属性名称	分类编号
1	业户基本标识		2	业户状况	
	经营业户名称	DY010401001		业户状况	DY030800001
	企业组织机构代码证号	DY010401002		业户状况代码	DY030800002
	总公司名称	DY010401003	3	工商税务标识	
	母公司名称	DY010401004		经营业户工商注册号	DY010401022
	经营业户通信地址	DY010401005		经营业户工商注册发证日期	DY010401023
	经营业户邮政编码	DY010401006		经营业户国税税务登记号	DY010401024
	经营业户行政区划	DY010401007		经营业户国税发证日期	DY010401025
	经营业户行政区划代码	DY010401008		经营业户地税税务登记号	DY010401026
	经营业户经济类型	DY010401009		经营业户地税发证日期	DY010401027
	经营业户经济类型代码	DY010401010	4	财务标识	
	经营业户法定代表人姓名	DY010401011		经营业户开户银行	DY010401028
	经营业户法定代表人身份证件类别	DY010401012		经营业户银行账户	DY010401029
	经营业户法定代表人身份证件类别代码	DY010401013		经营业户银行账号	DY010401030
	经营业户法定代表人身份证件号码	DY010401014		经营业户注册资本	DY010401031
	经营业户法定代表人照片	DY010401015		企业投资者名称	DY010401032
	经营业户负责人姓名	DY010401016		企业投资者国籍	DY010401033
	经营业户联系电话	DY010401017		企业投资者国籍代码	DY010401034
	经营业户传真	DY010401018		企业投资用货币名称	DY010401035
	经营业户移动电话	DY010401019		企业投资用货币字母代码	DY010401036
	经营业户电子信箱	DY010401020		企业投资用货币数字代码	DY010401037
				企业投资用货币总额	DY010401038
	经营业户网址	DY010401021	5	经营标识	

续上表

分类	属性名称	分类编号	分类	属性名称	分类编号
	申请经营范围	DY020100001		企业质量信誉考核项目代码	DY030101002
	申请经营范围代码	DY020100002			
	经营期限	DY020100003		企业质量信誉考核项目分值	DY030101003
	经营期限自	DY020100004			
	经营期限至	DY020100005		企业质量信誉考核项目限值	DY030101004
6	证照发放				
	证照有效期限自	DY030401001		企业质量信誉考核累计分值	DY030101005
	证照有效期限至	DY030401002			
	证照初次发放日期	DY030401003		企业质量信誉考核年度	DY030101006
	证照初次领取日期	DY030401004			
	证照介质类型	DY030401005		企业质量信誉考核日期	DY030101007
	证照补换原因	DY030402001			
	证照换证前号码	DY030402002		企业质量信誉等级	DY030101008
	证照补换发日期	DY030402003		企业质量信誉等级标识	DY030101009
	证照补换发领取日期	DY030402004			
	证照状态	DY030800017	8	质量等级评定	
7	质量信誉考核			企业等级	DY030103001
	企业质量信誉考核项目	DY030101001		企业等级代码	DY030103002
				企业等级评定日期	DY030103003

2)客运业户类属性(表7-4)

包括"行政许可专项信息DY020202001～004"。

客运业户类属性表　　表7-4

分类	属性名称	分类编号	分类	属性名称	分类编号
	现有高级营运客车数	DY020202001		现有中级营运客车数	DY020202003
	现有高级营运客车座位数	DY020202002		现有中级营运客车座位数	DY020202004

3)危货业户类属性(表7-5)

包括"行政许可通用信息DY020100006～007"和"行政许可专项信息DY020202025～027"。

危货业户类属性表

表 7-5

分类	属性名称	分类编号	分类	属性名称	分类编号
	申请运输范围	DY020100006		危货车辆是否安装行驶记录仪或定位系统	DY020202026
	申请运输范围代码	DY020100007			
	危货车辆是否配备有效通信工具	DY020202025		危货车辆是否从事经营性运输	DY020202027

4）维修业户类属性（表 7-6）

包括“道路经营业户专项信息 DY010402036 ~037”。

维修业户类属性表

表 7-6

分类	属性名称	分类编号	分类	属性名称	分类编号
	机动车维修经营业户维修类别	DY010402036		机动车维修经营业户维修类别代码	DY010402037

5）道路运输站场类属性（表 7-7）

包括“场站信息 DY010402022 ~035”。

道路运输站场类属性表

表 7-7

分类	属性名称	分类编号	分类	属性名称	分类编号
	道路运输站场建站日期	DY010402022		道路运输站场地址	DY010402029
	道路运输站场竣工日期	DY010402023		道路运输站场占地面积	DY010402030
	道路运输站场验收日期	DY010402024		道路运输站场建筑面积	DY010402031
	道路运输站场投资规模	DY010402025		道路运输站场平面图	DY010402032
	道路运输站场批准文号	DY010402026		道路运输站场正面照片	DY010402033
	道路运输站场行政区划	DY010402027		道路运输站场侧面照片	DY010402034
	道路运输站场行政区划代码	DY010402028		道路运输站场位置和特点	DY010402035

6）客运站业户类属性（表 7-8）

包括“道路经营业户专项信息 DY010402006 ~013”、“客运站拟投入运行的时间 DY020202024”和“日常管理中客运站站级核定 DY030102001～003”。

客运站业户类属性表 表 7-8

分类	属性名称	分类编号	分类	属性名称	分类编号
	客运站名称	DY010402006		客运站服务方式	DY010402012
	客运站代码	DY010402007		客运站规模类别	DY010402013
	客运站设计年度平均日旅客发送量	DY010402008		客运站拟投入运营的时间	DY020202024
	客运站旅客最高聚集人数	DY010402009		客运站级别	DY030102001
				客运站级别代码	DY030102002
	客运站日均发车班次	DY010402010		客运站站级核定日期	DY030102003
	客运站发车位数	DY010402011			

7)货运站业户类属性(表 7-9)

包括“道路经营业户专项信息 DY010402014～021”。

货运站业户类属性表 表 7-9

分类	属性名称	分类编号	分类	属性名称	分类编号
	货运站名称	DY010402014		货运站高度	DY010402018
	货运站代码	DY010402015		货运站换算货物吞吐量	DY010402019
	货运站级别	DY010402016			
	货运站级别代码	DY010402017		货运站仓库面积	DY010402020
				货运站仓库有效面积	DY010402021

8)驾驶培训机构类属性(表 7-10)

驾驶培训学校信息——“道路运输业户专项信息 DY010402038～040”。

教练场信息——“道路运输业户专项信息 DY010402041～042”。

驾驶培训机构类属性表 表 7-10

分类	属性名称	分类编号	分类	属性名称	分类编号
1	驾驶培训学校信息			机动车驾驶培训机构教学用训练场	DY010402040
	机动车驾驶培训机构教室总面积	DY010402038	2	教练场信息	
				是否经营性教练场	DY010402041
	机动车驾驶培训机构理论教室面积	DY010402039		机动车驾驶培训机构教练场面积	DY010402042

9)国际运输业户类属性(表 7-11)

基本标识——"道路运输行政许可专项信息 DY020202028 ~032"。增加基本标识类别,由于业户专项信息包含了客运和货运,所以将其统一放入基本标识中。

国际客运标识——"道路运输行政许可专项信息 DY020202022 ~023"。

国际运输业户类属性表 表 7-11

分类	属性名称	分类编号	分类	属性名称	分类编号
1	基本标识			境外道路运输企业业务范围	DY020202032
	外国运输公司名称	DY020202028			
	境外道路运输企业常驻代表机构的名称	DY020202029	2	国际客运标识	
	境外道路运输企业驻在期限	DY020202030		客运班线途经边境口岸	DY020202022
	境外道路运输企业驻在地点	DY020202031		国际客运班线班次	DY020202023

10)检测站业户类属性(表 7-12)

检测站业户类属性表 表 7-12

分类	属性名称	分类编号	分类	属性名称	分类编号
	检测站名称	DY030202001		检测站编号	DY030202002

7.5.4.3　营运车辆类图

车辆是道路运输的主要工具,因此,车辆管理也是道路运输管理的主要内容之一。《道路运输管理工作规范》对车辆的管理进行了详细的规定,包括客运车辆、货运车辆、危货车辆、教练车辆、国际运输车辆等的要求,并对车辆的维修、二级维护和检测等进行了规定。

根据管理内容,可以对营运车辆的类图进行设计,如图 7-2 所示。

备注:大部分省份都是由检测站根据国家规定,直接给出车辆的技术等级;少数省份需要道路运输管理部门根据综合性能检测站的检测结果给出,例如天津。所以,考虑大多数的情况,将车辆技术等级作为营运车辆和检测站之间的关联类。另外,由于检测信息数据元属于较为细粒度的管理信息,在现有的数据元中未进行抽取,否则以"检测信息"替代"车辆技术等级"作为关联类更为合适。

经营业户包:检测站业户
车辆技术等级
*
-车辆（挂车）号牌
*
-经营业户名称
二级维护信息
营运车辆
-车辆标识
-投保信息
-年审信息
-变更标识
-车辆事故
-营运标识
经营业户包:维修业户
1..*
1
-车辆（挂车）号牌
-经营业户名称
-车辆（挂车）号牌
车辆事故
1
0..*
维修信息
关联标识还包括:
班车客运标志牌编号
包车客运标志牌编号
临时客运标志牌编号
-缴讫证号
*
1
-道路运输证号
1
1
货运车辆
-
教练车辆
-
客运车辆
-客运车辆技术等级
危货车辆
教练车辆
道路运输管理机构:规费征收
-规费征收规则信息
-规费征收信息
-规费退费信息
-缴讫证补换信息
道路运输管理机构:行政许可
-行政许可通用信息
-行政许可申请信息
-行政许可受理信息
-行政许可审查信息
-行政许可决定信息
-行政许可证牌发放信息
公交车辆
出租车辆
长途客运车辆

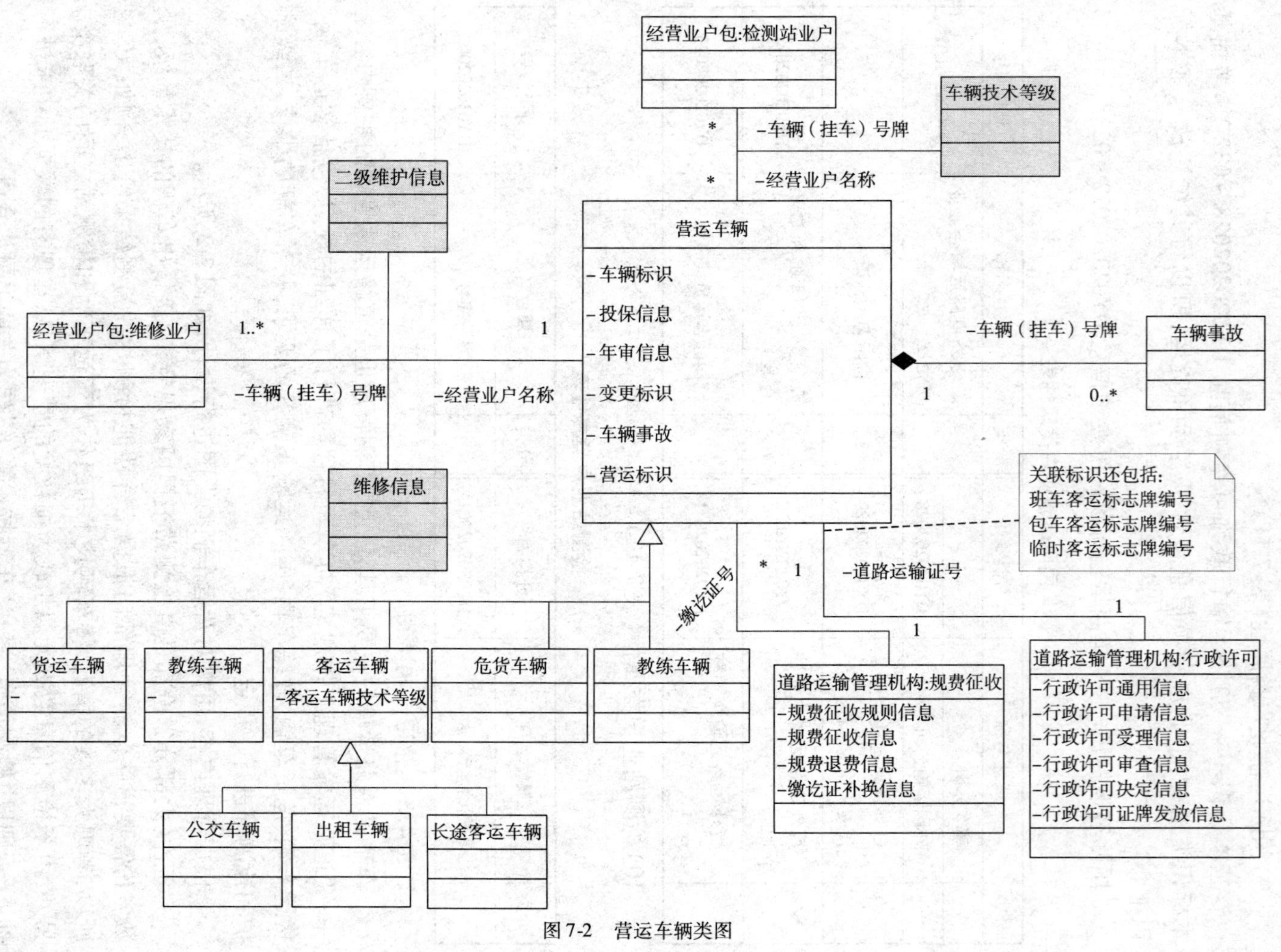

图7-2　营运车辆类图

1)营运车辆类属性(表 7-13)

车辆标识——“道路运输车辆基本信息 DY010500001～031”和“车辆状况及代码 DY030800003～004”。

投保信息——“车辆承运人责任险登记信息 DY030205001～006”和“车辆投保状态 DY030800016”。

年审信息——“车辆年度审验信息 DY030201001～006”。

变更标识——“车辆异动变更信息 DY030207001～006”。

营运车辆类属性表　　表 7-13

分类	属性名称	分类编号	分类	属性名称	分类编号
1	车辆标识			车辆轴距	DY010500024
	车辆(挂车)号牌	DY010500001		车辆车长	DY010500025
	车牌颜色	DY010500002		车辆车高	DY010500026
	车牌颜色代码	DY010500003		车辆车宽	DY010500027
	车辆类型	DY010500004		车辆车轴数	DY010500028
	车辆类型代码	DY010500005		车辆后轴钢板弹簧片数	DY010500029
	车辆厂牌	DY010500006			
	车辆厂牌型号	DY010500007		车辆悬架形式	DY010500030
	车身颜色	DY010500008		车辆准牵引总质量	DY010500031
	车辆发动机号	DY010500009		车辆状况	DY030800003
	车辆车架号	DY010500010		车辆状况代码	DY030800004
	车辆识别 VIN 码	DY010500011	2	投保信息	
	车辆核定载客位	DY010500012		承运人责任险投保日期	DY030205001
	车辆(挂车)吨位	DY010500013			
	车辆箱位	DY010500014		承运人责任险投保金额	DY030205002
	车辆罐体容积	DY010500015			
	车辆燃料类型	DY010500016		承运人责任险保险机构	DY030205003
	车辆燃料类型代码	DY010500017			
	车辆发动机功率	DY010500018		承运人责任险保险单号	DY030205004
	车辆出厂日期	DY010500019			
	车辆购车日期	DY010500020		承运人责任险有效期起	DY030205005
	车辆首次登记日期	DY010500021			
	车辆落户日期	DY010500022		承运人责任险有效期止	DY030205006
	车辆照片	DY010500023			

续上表

分类	属性名称	分类编号	分类	属性名称	分类编号
	车辆投保状态	DY030800016	4	变更标识	
3	年审信息			车辆异动变更类型	DY030207001
	车辆审验年度	DY030201001		车辆异动后的业户名称	DY030207002
	车辆年度审验意见	DY030201002			
	车辆年度审验结果	DY030201003		车辆异动后的运管机构	DY030207003
	车辆年度审验日期	DY030201004			
	车辆年度审验有效期至	DY030201005		车辆异动日期	DY030207004
				车辆恢复运输日期	DY030207005
	车辆下次年度审验日期	DY030201006		车辆证照回收情况	DY030207006

2）二级维护类属性（表7-14）

二级维护——“车辆二级维护登记信息DY030203001～008”和“车辆二级维护状态DY030800015”。

二级维护类属性表 表7-14

分类	属性名称	分类编号	分类	属性名称	分类编号
	车辆二级维护单位	DY030203001		车辆本次二级维护日期	DY030203006
	车辆二级维护合同号	DY030203002			
	车辆二级维护发票号	DY030203003		车辆下次二级维护日期	DY030203007
	车辆二级维护结算清单号	DY030203004		车辆下次二级维护里程	DY030203008
	车辆竣工出厂合格证号	DY030203005		车辆二级维护状态	DY030800015

3）车辆事故类属性（表7-15）

包括“车辆交通责任事故登记信息DY030204001～007”。

车辆事故类属性表 表7-15

分类	属性名称	分类编号	分类	属性名称	分类编号
	车辆事故发生日期	DY030204001		车辆交通责任事故责任	DY030204005
	车辆交通责任事故地点	DY030204002		车辆交通责任事故责任代码	DY030204006
	车辆事故类别	DY030204003			
	车辆事故类别代码	DY030204004		车辆损失情况	DY030204007

4）车辆技术等级类属性（表 7-16）

包括“车辆技术等级评定信息 DY030202003～010”。

车辆技术等级类属性表　　表 7-16

分类	属性名称	分类编号	分类	属性名称	分类编号
	车辆检测结果	DY030202003		车辆技术等级代码	DY030202008
	车辆检测技术等级	DY030202004			
	车辆检测技术等级代码	DY030202005		车辆技术等级评定日期	DY030202009
	车辆检测日期	DY030202006		车辆下次技术等级评定日期	DY030202010
	车辆技术等级	DY030202007			

5）客运车辆类属性（表 7-17）

包括“客车类型与等级评定 DY030206001～003”

客运车辆类属性表　　表 7-17

分类	属性名称	分类编号	分类	属性名称	分类编号
	客车类型与等级	DY030206001		客车类型划分与等级评定日期	DY030206003
	客车类型与等级代码	DY030206002			

7.5.4.4　人员类图（图 7-3）

1）从业人员类属性（表 7-18）

基本信息——“从业人员基本信息 DY010601001～023”。

驾驶证信息——“从业人员驾驶证信息 DY010602001～008”。

专业技术信息——“专业技术证书信息 DY010603001～009”。

从业资格申请与认证信息——“DY030301001～015”。

异动变更信息——“DY030302001～002”和“DY030800005～006”。

诚信和积分考核信息——“从业人员诚信和积分信息 DY030303001～012”。

奖励信息——“DY030306001～005”。

交通事故信息——“从业人员交通事故等级信息 DY030304001～008”。

培训信息——“从业人员继续教育培训信息 DY030305001～005”。

2）管理人员类属性（表 7-19）

基本信息、培训信息、奖励信息、纪律处分信息——包括“管理人员 DY010201001～046”。

3）执法证类属性（表 7-20）

包括“执法证信息 DY010202001～015”和“从事执法日期 DY010201047”。

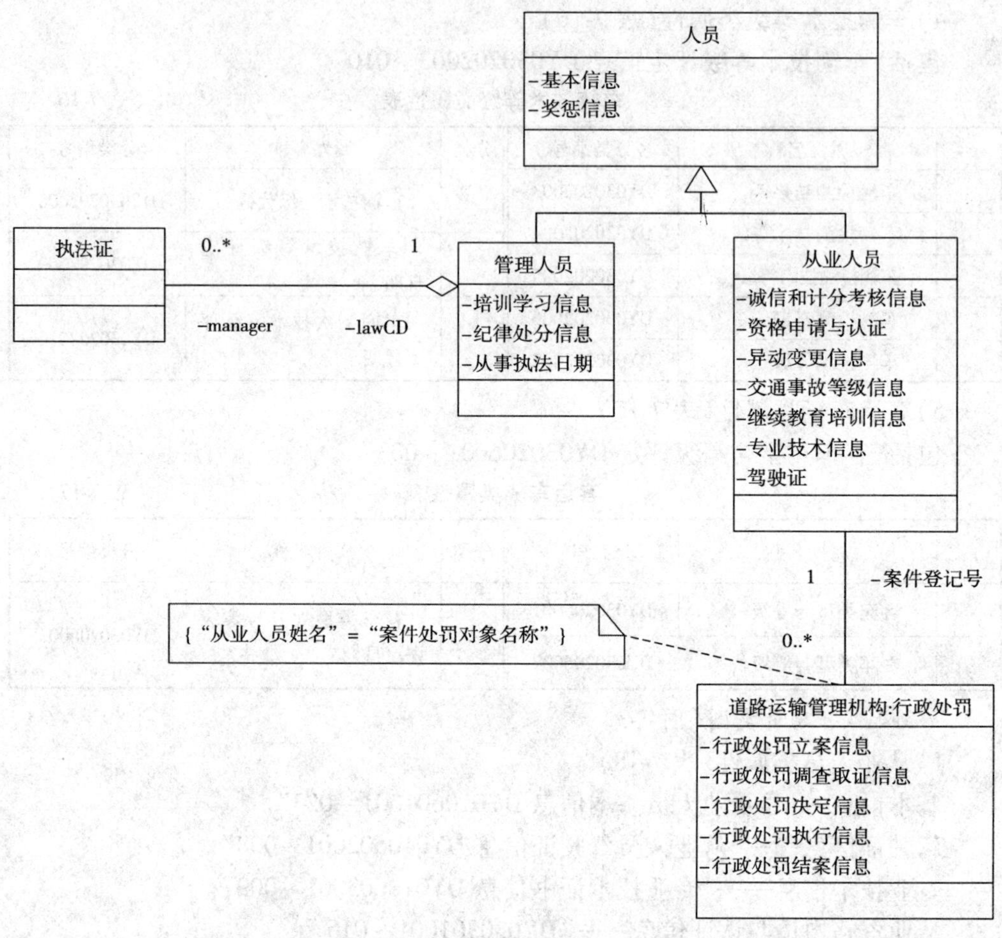

图 7-3 人员类图

从业人员类属性表 表 7-18

分类	属性名称	分类编号	分类	属性名称	分类编号
1	基本信息			从业人员身份证件类别代码	DY010601006
	从业人员姓名	DY010601001			
	从业人员性别	DY010601002		从业人员身份证件编号	DY010601007
	从业人员性别代码	DY010601003			
	从业人员出生日期	DY010601004		从业人员照片	DY010601008
	从业人员身份证件类别	DY010601005		从业人员民族	DY010601009
				从业人员民族代码	DY010601010

续上表

分类	属性名称	分类编号	分类	属性名称	分类编号
	从业人员籍贯	DY010601011		专业技术等级证书发放日期	DY010603005
	从业人员联系电话	DY010601012		专业技术证书有效期始	DY010603006
	从业人员移动电话	DY010601013		专业技术证书有效期止	DY010603007
	从业人员通信地址	DY010601014		专业技术证书有效期限	DY010603008
	从业人员电子信箱	DY010601015		专业技术证书发证机关	DY010603009
	从业人员邮政编码	DY010601016	4	从业资格申请与认证信息	
	从业人员工作单位	DY010601017		从业资格申请人交通事故情况	DY030301001
	从业人员学历	DY010601018		从业资格申请人资格审查意见	DY030301002
	从业人员学历代码	DY010601019		申请的从业资格类别	DY030301003
	从业人员专业技术职务	DY010601020		申请的从业资格类别代码	DY030301004
	从业人员专业技术职务代码	DY010601021		从业资格考试日期	DY030301005
	从业人员健康状况	DY010601022		从业资格考试准考证号码	DY030301006
	从业人员健康状况代码	DY010601023		从业资格考试科目名称	DY030301007
2	驾驶证信息			从业资格考试科目成绩	DY030301008
	从业人员驾驶证号	DY010602001		从业资格考试培训单位	DY030301009
	准驾车型	DY010602002		从业资格考试考核员姓名	DY030301010
	准驾车型代码	DY010602003		从业资格考试考核员人数	DY030301011
	初次领取驾驶证日期	DY010602004			
	驾驶证有效期始	DY010602005			
	驾驶证有效期止	DY010602006			
	驾驶证有效期限	DY010602007			
	驾驶证发证机关	DY010602008			
3	专业技术信息				
	专业技术证书名称	DY010603001			
	专业技术证书编号	DY010603002			
	专业技术等级	DY010603003			
	专业技术等级代码	DY010603004			

续上表

分类	属性名称	分类编号
	从业资格证字	DY030301012
	从业资格证号	DY030301013
	从业资格类别	DY030301014
	从业资格类别代码	DY030301015
5	异动变更信息	
	变更后的运管机构名称	DY030302001
	变更后的业户名称	DY030302002
	从业人员状况	DY030800005
	从业人员状况代码	DY030800006
6	诚信和积分考核信息	
	从业人员诚信和计分考核周期	DY030303001
	从业人员诚信和计分考核开始日期	DY030303002
	从业人员计分考核限值	DY030303003
	从业人员计分日期	DY030303004
	从业人员计分项目	DY030303005
	从业人员计分项目代码	DY030303006
	从业人员计分分值	DY030303007
	从业人员计分考核累计分值	DY030303008
	从业人员计分考核计分人	DY030303009
	从业人员诚信考核等级	DY030303010
	从业人员诚信等级代码	DY030303011
	从业人员诚信考核评定日期	DY030303012
7	奖励信息	
	从业人员奖励机构	DY030306001
	从业人员获奖类型	DY030306002
	从业人员获奖类型代码	DY030306003
	从业人员获奖原因	DY030306004
	从业人员获奖日期	DY030306005
8	交通事故信息	
	从业人员交通责任事故发生时间	DY030304001
	从业人员交通责任事故发生地点	DY030304002
	从业人员交通责任事故原因	DY030304003
	从业人员交通责任事故死亡数	DY030304004
	从业人员交通责任事故伤人数	DY030304005
	从业人员交通责任事故责任	DY030304006
	从业人员交通责任事故责任代码	DY030304007
	从业人员交通责任事故经济损失	DY030304008
9	培训信息	
	从业人员培训日期	DY030305001
	从业人员培训学习内容	DY030305002
	从业人员培训成绩	DY030305003
	从业人员培训机构	DY030305004
	从业人员培训结业证书编号	DY030305005

管理人员类属性表　　表 7-19

分类	属性名称	分类编号	分类	属性名称	分类编号
1	基本信息			管理人员所学专业	DY010201024
	管理人员姓名	DY010201001		管理人员所学专业代码	DY010201025
	管理人员类别	DY010201002		管理人员参加工作日期	DY010201026
	管理人员类别代码	DY010201003		管理人员工作单位	DY010201027
	管理人员性别	DY010201004		管理人员通信地址	DY010201028
	管理人员性别代码	DY010201005		管理人员邮政编码	DY010201029
	管理人员出生日期	DY010201006		管理人员联系电话	DY010201030
	管理人员身份证件类别	DY010201007		管理人员移动电话	DY010201031
	管理人员身份证件类别代码	DY010201008	2	培训信息	
	管理人员身份证件号码	DY010201009		管理人员培训开始日期	DY010201032
	管理人员照片	DY010201010		管理人员培训学习内容	DY010201033
	管理人员民族	DY010201011		管理人员培训学习成绩	DY010201034
	管理人员民族代码	DY010201012		管理人员培训结业日期	DY010201035
	管理人员籍贯	DY010201013		管理人员培训结业证书编号	DY010201036
	管理人员学历	DY010201014	3	奖励信息	
	管理人员学历代码	DY010201015		管理人员获奖日期	DY010201037
	管理人员职务	DY010201016		管理人员奖励机构名称	DY010201038
	管理人员职务代码	DY010201017		管理人员获奖原因	DY010201039
	管理人员专业技术职务	DY010201018		管理人员获奖类型	DY010201040
	管理人员专业技术职务代码	DY010201019		管理人员获奖类型代码	DY010201041
	管理人员健康状况	DY010201020	4	纪律处分信息	
	管理人员健康状况代码	DY010201021			
	管理人员毕业院校	DY010201022			
	管理人员毕业日期	DY010201023			

续上表

分类	属性名称	分类编号	分类	属性名称	分类编号
	管理人员纪律处分日期	DY010201042		管理人员纪律处分类型	DY010201045
	管理人员纪律处分机构名称	DY010201043			
	管理人员纪律处分原因	DY010201044		管理人员纪律处分类型代码	DY010201046

执法证类属性表 表 7-20

分类	属性名称	分类编号	分类	属性名称	分类编号
	执法证号	DY010202001		执法证审验结果	DY010202009
	执法证初领日期	DY010202002		执法证审验结论	DY010202010
	执法证有效期起	DY010202003		执法证补证日期	DY010202011
	执法证有效期止	DY010202004		执法证补证原因	DY010202012
	执法证发证机关	DY010202005		原执法证号	DY010202013
	执法证发证日期	DY010202006		执法证换证日期	DY010202014
	执法证审验日期	DY010202007		执法证换证原因	DY010202015
	执法证审验年度	DY010202008		从事执法日期	DY010201047

7.5.4.5 客运班线类图(图 7-4)

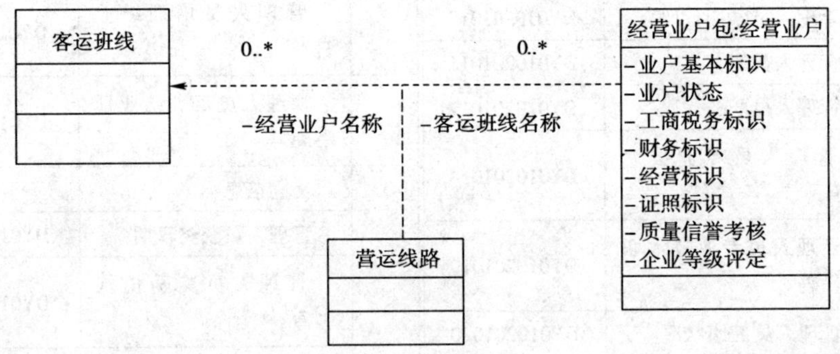

图 7-4 客运班线类图

1)客运班线类属性(表 7-21)

客运班线——“行政许可专项信息 DY020202013 ~ 015”、“客运班线管理 DY030500001 ~ 018”。

客运班线类属性表　　表 7-21

分类	属性名称	分类编号	分类	属性名称	分类编号
	客运班线营运里程	DY020202013		客运班线类型	DY030500008
	客运班线高速公路里程	DY020202014		客运班线类型代码	DY030500009
				客运班线始发地名称	DY030500010
	客运班线高速公路里程百分比	DY020202015		客运班线始发地代码	DY030500011
				客运班线终到地名称	DY030500012
	客运班线名称	DY030500001		客运班线终到地代码	DY030500013
	客运班线代码	DY030500002		客运班线途经主要地点	DY030500014
	是否农村客运班线	DY030500003			
	是否旅游客运班线	DY030500004		客运班线里程	DY030500015
	是否公交客运班线	DY030500005		客运班线高速里程	DY030500016
	客运班线经营区域	DY030500006		客运班线营运状态	DY030500017
	客运班线经营区域代码	DY030500007		客运班线营运状态代码	DY030500018

2)营运线路类属性(表 7-22)

包括“行政许可专项信息 DY020202005 ~ 012、016 ~ 021”、“班车线路状况和代码 DY030800007 ~ 008”。

将线路行政许可放置于此,其目的在于这些许可内容应是客运线路的属性,在许可管理中仅用到这些属性。

营运线路类属性表　　表 7-22

分类	属性名称	分类编号	分类	属性名称	分类编号
	始发地客运站	DY020202005		客运班线日发班次	DY020202016
	始发地客运站代码	DY020202006		客运班线申请经营年限	DY020202017
	终到地客运站	DY020202007			
	终到地客运站代码	DY020202008		客运班车类别	DY020202018
	客运班线途经停靠站点	DY020202009		客运车辆购置状态	DY020202019
	客运班线途经主要地点	DY020202010		客运班线经营方式	DY020202020
				对开客运经营者名称	DY020202021
	客运班线途经干线公路	DY020202011		班车线路状况	DY030800007
	是否已经签订道路客运站进站意向书	DY020202012		班车线路状况代码	DY030800008

7.5.4.6　设备类图(图7-5)

设备类属性(表7-23):包括"道路运输设备基本信息 DY010700001～021"、"道路运输设备状况和代码 DY030800011～012"。

设备类属性表　　表7-23

分类	属性名称	分类编号	分类	属性名称	分类编号
	设备名称	DY010700001		设备保管人	DY010700013
	设备代码	DY010700002		设备计量检定单位	DY010700014
	设备型号	DY010700003		设备计量检定证书号	DY010700015
	设备出厂编号	DY010700004		设备计量检定日期	DY010700016
	设备生产厂家	DY010700005		设备计量检定有效期	DY010700017
	设备出厂日期	DY010700006		设备转让日期	DY010700018
	设备购置日期	DY010700007		设备转让单位	DY010700019
	设备购置价格	DY010700008		设备报废日期	DY010700020
	设备使用年限	DY010700009		设备报废原因	DY010700021
	设备数量	DY010700010		道路运输设备状况	DY030800011
	设备计量单位	DY010700011		道路运输设备状况代码	DY030800012
	设备技术状况	DY010700012			

7.5.4.7　设施类图(图7-6)

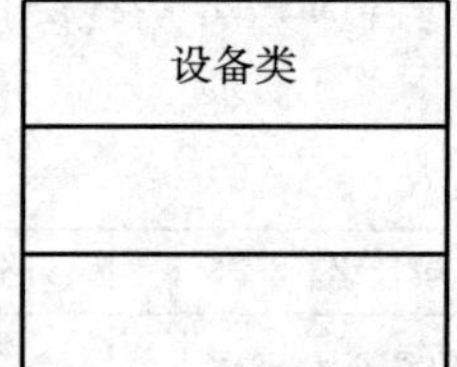

图7-5　设备类图

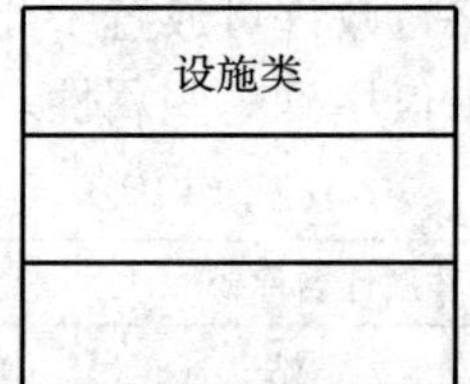

图7-6　设施类图

设施类属性(表7-24):包括"道路经营业户专项信息 DY010402001～005、009、010"。

设施类属性表　　表7-24

分类	属性名称	分类编号	分类	属性名称	分类编号
	基础设施名称	DY010402001		基础设施所有权形式	DY010402005
	基础设施代码	DY010402002		基础设施状况	DY030800009
	基础设施计量单位	DY010402003		基础设施状况代码	DY030800010
	基础设施数量	DY010402004			

7.5.4.8　道路运输管理类图(图 7-7)

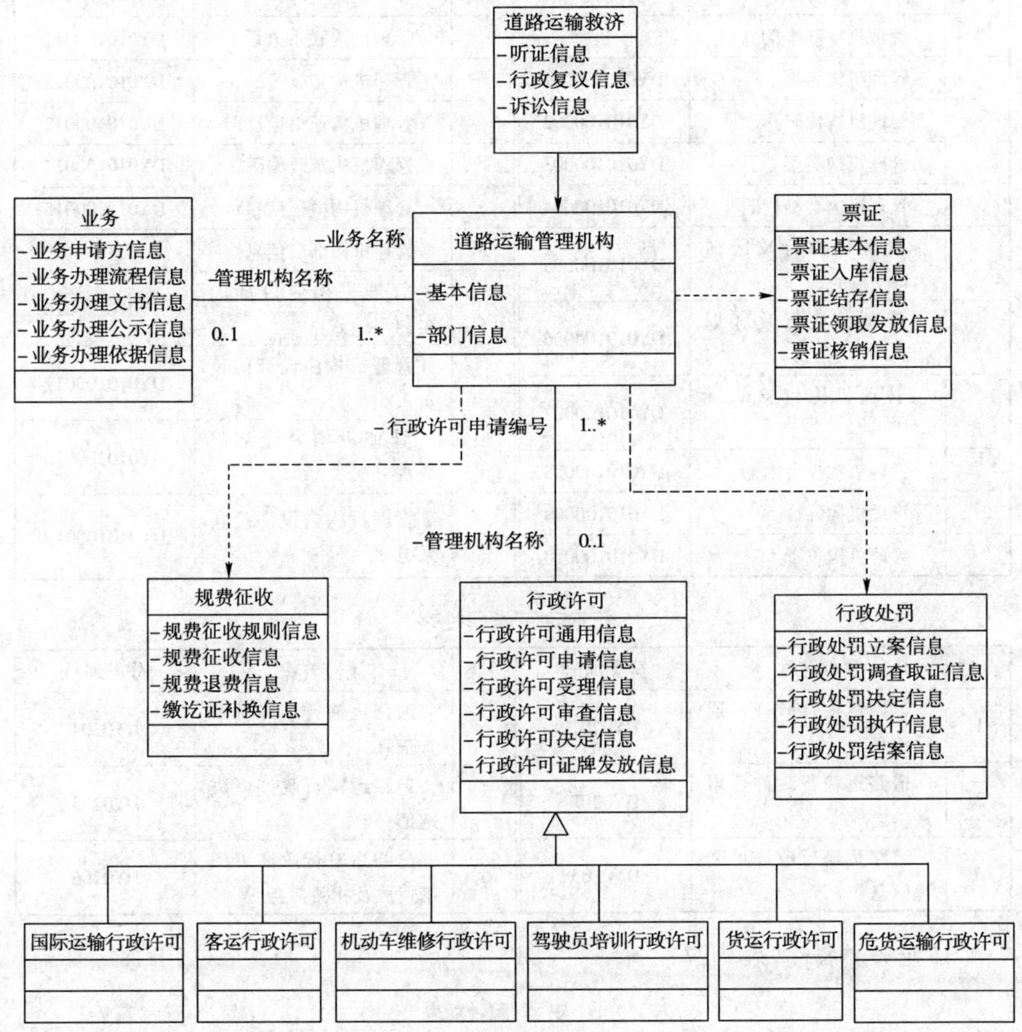

图 7-7　道路运输管理类图

1)道路运输管理机构类属性(表 7-25)

2)行政许可类属性(表 7-26)

限于篇幅,下面几个类的属性中只列出了该类的属性分类,其具体属性即数据元未列出。具体参考道路运输信息基础数据元。

道路运输管理机构类属性表 表 7-25

分类	属性名称	分类编号	分类	属性名称	分类编号
1	管理机构基本信息			管理机构联系电话	DY010100011
	管理机构名称	DY010100001		管理机构传真	DY010100012
	管理机构代码	DY010100002		管理机构通信地址	DY010100013
	管理机构类型	DY010100003		管理机构邮政编码	DY010100014
	管理机构类型代码	DY010100004		管理机构电子信箱	DY010100015
	管理机构行政区划名称	DY010100005	2	管理机构部门信息	
	管理机构行政区划代码	DY010100006		管理机构内设部门名称	DY010100016
	管理机构应急值班电话	DY010100007		管理机构内设部门负责人	DY010100017
	管理机构投诉电话	DY010100008		管理机构内设部门职责	DY010100018
	管理机构网址	DY010100009		管理机构内设部门联系电话	DY010100019
	管理机构负责人	DY010100010			

行政许可类属性表 表 7-26

分类	属性名称	分类编号	分类	属性名称	分类编号
1	道路运输行政许可通用信息	DY0201	4	道路运输行政许可审查信息	DY0204
2	道路运输行政许可申请信息	DY0202	5	道路运输行政许可决定信息	DY0205
3	道路运输行政许可受理信息	DY0203	6	道路运输行政许可证牌发放及相关信息	DY0206

3)业务类属性(表 7-27)

业务类属性表 表 7-27

分类	属性名称	分类编号	分类	属性名称	分类编号
1	业务申请人信息	DY010301	4	道路运输管理业务办理依据信息	DY0110
2	道路运输管理业务办理流程信息	DY0108	5	道路运输管理业务办理公示信息	DY0111
3	道路运输管理业务办理文书信息	DY0109			

4)道路运输救济类属性(表 7-28)

道路运输救济类属性表　　表 7-28

分类	属性名称	分类编号	分类	属性名称	分类编号
1	听证信息	DY011201	3	诉讼信息	DY011203
2	行政复议信息	DY011202			

5)行政处罚类属性(表 7-29)

行政处罚类属性表　　表 7-29

分类	属性名称	分类编号	分类	属性名称	分类编号
1	道路运输行政处罚立案信息	DY0401	4	道路运输行政处罚执行信息	DY0404
2	道路运输行政处罚调查取证信息	DY0402	5	道路运输行政处罚结案信息	DY0405
3	道路运输行政处罚决定信息	DY0403			

6)票证类属性(表 7-30)

票 证 类 属 性 表　　表 7-30

分类	属性名称	分类编号	分类	属性名称	分类编号
1	票证基本信息	DY030601	4	票证领取发放信息	DY030604
2	票证入库信息	DY030602	5	票证核销信息	DY030605
3	票证结存信息	DY030603			

7)规费类属性(表 7-31)

规 费 类 属 性 表　　表 7-31

分类	属性名称	分类编号	分类	属性名称	分类编号
1	规费征收规则信息	DY0501	3	规费退费信息	DY0503
2	规费征收信息	DY0502	4	缴讫证补换信息	DY0504

通过以上类图的建立和基本属性的分类,将 JT/T 696.7 中的数据元按照现有的分类方法进行了全部归类,但从业务关系来看,尚缺乏一部分数据元描述业务之间的关系以及对业务本身的完整描述。在下章将对缺少的数据元进行详细分析。

7.6　面向对象的道路运输基础信息数据元分类

基于以上业务分析,将客观存在的对象单独建立分类,形成独立的业务分类;

将管理过程产生的信息归并到道路运输管理类,形成道路运输基础信息数据元按照面向对象的分类方法。按照这样的原则,票证类虽然与道路运输管理关系密切,但由于其客观存在的属性,将其单独形成一个类别。最终形成的分类如表7-32所示。

道路运输基础信息数据元面向对象分类　表7-32

面向对象分类	一级分类	二级分类	三级分类
经营业户信息1	基本信息101	业户标识10101	
		工商税务标识10102	
		财务标识10103	
		经营标识10104	
		质量信誉考核10105	
		企业等级评定10106	
		业户状况10107	
	客运业户102	长途客运业户10201	
		出租业户10202	
		公交业户10203	
	货运业户103		
	危货业户104		
	维修业户105		
	道路运输站场106	站场基本信息10601	
		客运站10602	
		货运站10603	
	检测站107		
	驾驶培训机构108		
	国际运输业户109		
	运输服务业户110		
营运车辆信息2	车辆基本信息201	车辆标识20101	
		车辆投保信息20102	
		车辆年审信息20103	

续上表

面向对象分类	一级分类	二级分类	三级分类
营运车辆信息 2	车辆基本信息 201	车辆变更标识 20104	
		技术等级评定 20105	
		二级维护信息 20106	
		车辆事故信息 20107	
		营运标识 20108	
	客运车辆 202	长途客运车辆 20201	
		出租车辆 20202	
		公交车辆 20203	
	货运车辆 203		
	危货车辆 204		
	教练车辆 205		
客运线路信息 3	客运班线物理线路信息 301		
	客运班线经营线路信息 302		
	公交线路信息 303		
道路运输人员信息 4	人员基本信息 401	人员标识 40101	
		人员奖惩信息 40102	
	从业人员 402	从业人员基本信息 40201	
		从业人员资格申请与认证信息 40202	
		从业人员异动变更信息 40203	
		从业人员继续教育培训信息 40204	
		从业人员交通事故登记信息 40205	
		从业人员诚信和计分考核信息 40206	

续上表

面向对象分类	一级分类	二级分类	三级分类
道路运输人员信息 4	从业人员 402	从业人员专业技术信息 40207	
		驾驶证信息 40208	
		驾培人员信息 40209	
		企业管理人员 40210	
	行业管理人员 403	管理人员基本信息 40301	
		管理人员培训学习信息 40302	
		管理人员纪律处分信息 40303	
		执法证信息 40304	
道路运输管理业务 5	管理机构信息 501	基本信息 50101	
		部门信息 50102	
	业务办理信息 502	业务申请人信息 50201	
		业务办理流程信息 50202	
		业务办理文书信息 50203	
		业务办理公示信息 50204	
		业务办理依据信息 50205	
	行政许可信息 503	行政许可通用信息 50301	
		行政许可申请信息 50302	
		行政许可审查信息 50303	
		行政许可受理信息 50304	
		行政许可决定信息 50305	
		许可证牌发放信息 50306	
	行政处罚信息 504	行政处罚立案信息 50401	
		行政处罚调查取证信息 50402	行政处罚询问及笔录信息 5040201
			行政处罚勘验及结果信息 5040202
			违法车辆暂扣信息 5040203
			抽样取证及证据登记保存信息 5040204
			鉴定及结果信息 5040205

续上表

面向对象分类	一级分类	二级分类	三级分类
道路运输管理业务 5	行政处罚信息 504	行政处罚调查取证信息 50402	违法行为调查报告信息 5040206
			违法行为通知及反馈处理信息 5040207
		行政处罚决定信息 50403	
		行政处罚执行信息 50404	
		行政处罚结案信息 50405	
	道路运输救济程序信息 505	听证信息 50501	
		行政复议信息 50502	
		诉讼信息 50503	
	道路运输证件管理信息 506	证照通用信息 50601	
		证照补换信息 50602	
	道路运输规费征收管理信息 507	规费征收规则信息 50701	
		规费征收信息 50702	
		规费退费信息 50703	
		缴讫证补换信息 50704	
	道路运输档案变更信息 508		
道路运输票证管理 6	票证基本信息 601		
	票证入库信息 602		
	票证结存信息 603		
	票证领取发放信息 604		
	票证核销信息 605		
道路运输设备基本信息 7			
道路运输基础设施信息 8			

7.7 本章小结

本章在对 JT/T 414 和 JT/T 697.7 中道路运输数据分类的基础上,提出一种面向对象的道路运输数据元分类方法,并将现有的数据元和所提取的实体类的属性进行了对应,便于系统开发时进行引用。

第 8 章　基于本体的交通信息数据元模型

8.1　引言

本体是对共享概念模型的明确的规范说明[44]。本体对于实现智能化、知识发现、共享和重用等方面都具有重要的理论和应用价值,包括四层含义[45]:概念模型、明确、形式化和共享。“概念模型”是指通过对客观世界的一些现象的抽象得出相关的概念的模型,是客观世界对象的集合;“明确”是指所使用的概念以及使用概念的约束都有明确的定义;“形式化”是指本体应该是计算机可读的、可处理的;“共享”是指本体反映的是某一领域中公认的概念集。

数据元是数据表示的最小单元,它用一组数据相关的属性来描述数据的定义、标识、表示、应用范围以及允许值等。一个数据元是由实体类、属性和表示组成的。从两者的概念上可以看出,它们都是对客观世界中的实体的描述,因此,具有内在的联系和相似性。而交通本体的研究对于实现交通智能化、知识发现等具有重要的价值。随着《交通信息基础数据元》(JT/T 697)和部分交通信息应用数据元的发布和推广应用,数据元在交通运输信息化的基础数据的采集和积累方面起到越来越重要的作用,并将产生长期的影响。分散的研究将影响信息化建设的连贯性并造成建设的浪费。

在通用领域,Bilong[15-16]提出了基于 XML 的数据元语义描述方法,将数据元作为复合概念,领域本体中的概念作为原子概念,用领域本体中原子概念描述数据元的语义,并采用 XML 格式描述数据元语义,建立了从本体到数据元的单向关系,但未考虑基于数据元的本体建立方法。Salguero[46]提出一个包含整体数据集成过程的框架,使用本体定义语言表达数据源模式和集成模式,也是一种本体的应用研究。在交通运输领域,Merdan[45]将本体论引入到了多代理(Multi-Agent)交通系统体系结构中,实现了多个代理之间的基于本体的相互沟通;李阳[47]等将本体理论引入到智能交通系统中实现语义集成,提出了智能交通系统中的本体框架,但没有涉及交通本体建模;同济大学[48]将本体理论引入到公交信息查询中,实现了智能查询。可见,以上文献中本体的建立都是站在理想化的角度,脱离了现有以数据元为核心的信息化基础和标准的规定,使得本体的应用和现有标准之间存在不一致,限制了本体的大范围应用。

本章在对分析本体和数据元内在关系的基础上,提出并建立基于交通信息数据元的交通运输本体,并对交通信息基础数据元标准的建设提出建议,使数据元的应用能够与本体在知识发现、智能化等方面的优势结合,并有利于信息化建设的延续性。

8.2 本体和交通信息数据元模型的关系分析

8.2.1 两种模型的逻辑结构对应关系分析

本体一般分为以下几个类别[49]:

(1)顶级本体。用于研究通用的概念,如时间、空间等,独立于特定的问题领域。

(2)领域本体。研究与一个领域相关的术语或词汇。

(3)任务本体。定义通用任务或推理活动,可以用顶级本体中定义的词汇来定义自己的词汇。

(4)应用本体。描述特定的应用,既可以引用特定领域中本体的概念,也可以引用出现在任务本体中的概念。

本体模型的逻辑结构如图 8-1 中的左半部分所示。

交通信息数据元模型虽然没有明确的规定,但根据《交通信息基础数据元 第1部分:总则》(JT/T 697.1)的规定和作者参与的交通运输部《交通信息化基础性标准研究(一期)》项目,可以总结为以下几个层次:

(1)抽象数据元层。第 6 章提出交通信息抽象数据元的概念,用来对交通信息基础数据元中不同对象的同一类特性及表示(即对象的属性)进行统一规定,例如时间、姓名、单位名称等,其中大部分是通用的、独立于交通运输对象的概念。

(2)交通信息基础数据元层。交通信息基础数据元对交通运输行业中特定的、基本的对象的属性数据的定义、类型和格式等进行了规定。

(3)各级应用数据元层。部、省市及业务系统等各级交通运输应用数据元是在交通信息基础数据元的基础上,针对具体应用领域进行的扩展规定。

由以上几个类别构成的交通信息数据元的逻辑结构如图 8-1 中的右半部分所示。

从上述模型逻辑结构的定义可以看出,本体模型和交通信息数据元模型在逻辑结构上具有较为明确的对应关系，图 8-1 中间虚线部分表示了两种模型之间的对应关系。

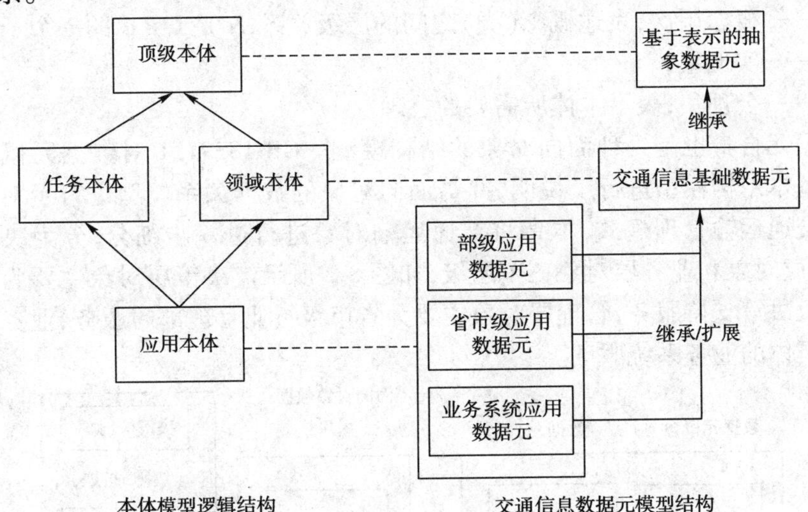

图 8-1　本体模型和交通信息数据元模型逻辑结构对应关系

其中，在本体模型中除了任务本体没有相应的数据元层次对应外，其余的本体和数据元层次之间具有较好的对应关系。

8.2.2　两种模型的组成元素对应关系分析

Perez 等人将本体模型归纳出五个基本的建模元语[50]。

(1)类或概念：指任何事物，如工作描述、功能、行为、策略和推理过程。从语义上讲，它是对象的集合，一般采用框架结构进行定义，其中包括概念的名称，以及与其他概念之间关系的集合，并用自然语言对概念进行描述。

(2)关系：在领域中，概念之间的交互作用。

(3)函数：一类特殊的关系。

(4)公理：表示永远成立的声明。

(5)实例：代表元素。从语义上讲，实例就是对象。

则本体的逻辑结构可以用七元组表示：

$$O = (C, A^C, R, A^R, H, I, X) \tag{8-1}$$

式中：C——概念集，即本体中所有的相关概念；

A^C——每个概念的属性集，如果 c_i 是概念集 C 中的一个概念，那么它的属性可表示为 $A^C(c_i)$，不同的概念有不同的属性；

R——关系集；

A^R——每个关系的属性集；

H——概念层次，表述概念(类)之间的层级关系，H 是 $C\times C$ 的一个子集；

I——实例集；

X——公理集，表示本体所需要的公理。

数据元自身也是一种面向对象的结构模型。GB 18391.1 对数据元概念和数据元的基本结构模型进行了说明，并与面向对象的数据关系模型进行了对应。根据我国交通运输管理模式，本章将交通运输对象进行进一步细分，分为决策层对象、管理层对象和业务层对象三个层级，如图 8-2 所示。决策层对象主要为交通运输部相关决策支持服务，管理层对象主要为省市级行业管理部门服务，业务层对象主要为具体的业务系统服务。

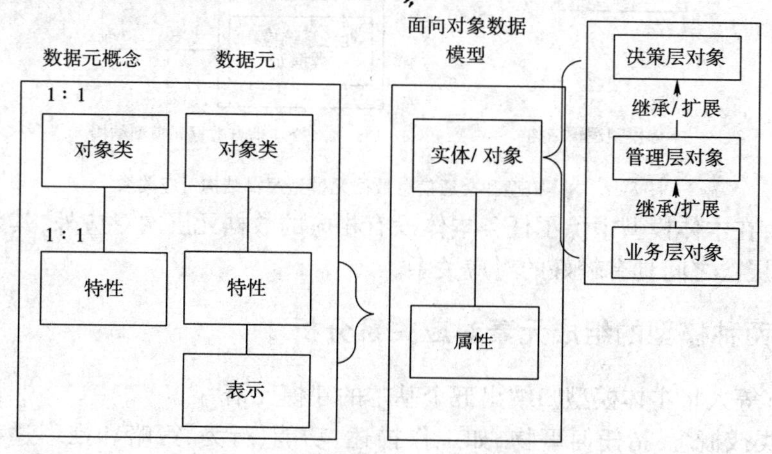

图 8-2 面向对象的数据元基本结构模型

结合图 8-1 所示的交通信息数据元的逻辑模型，面向对象的数据元的组成元素可以描述如下：

设交通对象集为 $T=\{T_{\mathrm{d}},T_{\mathrm{m}},T_{\mathrm{b}}\}$，其中，$T_{\mathrm{d}}$ 为部级决策对象集，T_{m} 为省市级管理对象集，T_{b} 为业务对象集，设 B_{de} 为交通信息基础数据元集，D_{de} 为应用数据元集，则由图 8-2 可知，一个数据元可由对象及其属性构成，如下式表示。即：

$$\forall p\in\{B_{\mathrm{de}},D_{\mathrm{de}}\},p=t+s_t \tag{8-2}$$

其中，$t\in T,s_t\in S_t,S_t$ 表示对象 t 的属性集。

设 A_{de} 为抽象数据元集，由于抽象数据元对交通对象具有共性的属性进行规定，因此，属性集可分为抽象数据元和特有的属性两部分，记为 $S_t\subseteq A_{\mathrm{de}}\cup S_{t0}$。$S_{t0}$ 表示对象 t 不具有抽象数据元表示词的属性集合，简称为独立属性集。

将对象之间的关系集记为 R,设 $S=\{S_t \mid t\in T\}$ 为交通运输对象所有属性的集合,则交通信息数据元面向对象的层次逻辑结构可以用下面的四元组表示。

$$P=\{A_{\mathrm{de}},T,S,R\} \tag{8-3}$$

对两种模型形式化定义中的组成元素进行比较,可得如表 8-1 所示的对应关系表。

本体和交通信息数据元模型对应关系　　表 8-1

本体模型中的组成元素	交通信息数据元模型的组成元素
概念集 C	交通对象集 T、抽象数据元集 A_{de}
概念的属性集 A^C	对象的属性集 S
关系集 R	关系集 R
关系属性集 A^R	无
概念层次 H	无,但 A_{de}、B_{de}、D_{de} 的内置层次具有概念层次的含义
实例集 I	数据元集 P
公理集 X	无

8.2.3　两种模型元素之间关系的相似性分析

本体概念之间基本的关系共有四种,在数据元中都能找到相应的关系表示方法,如表 8-2 所示。

两种模型元素之间关系对应表　　表 8-2

本体概念之间关系	描　述	对应数据元之间的关系
part-of	表示概念之间部分与整体的关系	Compose-of
kind-of	表示概念之间的继承关系	Derive-from
instance-of	表示实例与概念之间的关系,类似面向对象中对象与类的关系	无。该关系对应的是数据元实体和数据元概念之间的关系
attribute-of	表示某个概念是另一个概念的属性	无。该关系对应数据元中对象和特性之间的关系。数据元之间无此关系

除了表 8-2 中的几种数据元之间的关系外,数据元关系还包括替代关系(replace-of)和连用关系(link-with)。替代关系表明当前数据元替代了另外一个数据元,属于管理内容,不属于概念之间的内在关系。连用关系表明当前数据元与其他数据元之间共同使用的情景,属于应用范畴,也不表达概念之间的内在关系。因此,数据元之间的内在关系是本体关系的子集,即 $R_{\text{数据元}}\in R_{\text{本体}}$。

总之,数据元和本体之间在逻辑结构、组成元素及元素之间关系等几个方面都具有良好的对应关系。本体由于需要进行推理,还包括了公理集、关系属性集等,但是在内在的结构中,本体模型完全涵盖了数据元模型,可以说数据元模型是本体模型的子集。

8.3 基于交通信息数据元的本体建立方法

从上节讨论的交通信息数据元逻辑模型可知,数据元的建立也应遵循其内在的规律,按照交通运输对象的梳理、属性的建立及表示的一致规定循序渐进展开。但是由于在数据元建设之初,相关理论未能转换为明确的规定,并且初期数据元的建设主要是为具体的业务系统服务,使得现有交通信息数据元成为一种平面结构,缺乏基础模型的建设和模型之间的关联设计。本节首先对交通信息数据元进行重构,在此基础上讨论基于交通信息数据元的交通运输本体建设。

8.3.1 交通信息数据元的重构

重构是指将现有的交通信息数据元的结构转换为式(8-3)表示的面向对象层次结构。由式(8-3)可知,重构的工作重点包括抽象数据元集 A_{de}、交通对象集 T、对象之间的关系 R 和属性集 S 的建立。重构的主要工作内容如图 8-3 所示。

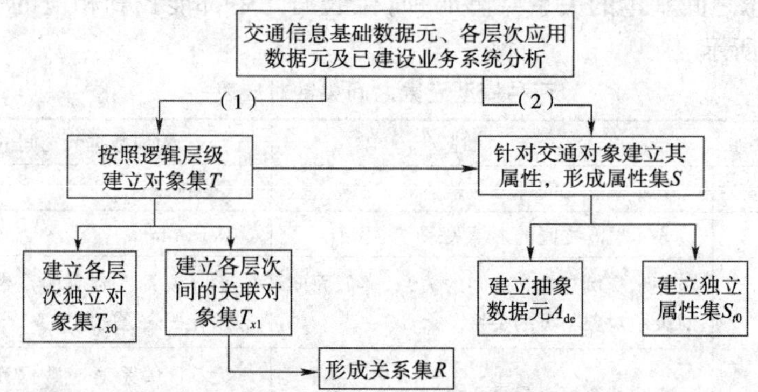

图 8-3 交通信息数据元重构工作内容

(1)交通对象集 T 和关系集 R 的建立。交通对象集 T 是数据元重构的一个重要组成部分。由于面向对象软件开发方法的主流性,该工作对于交通信息化软件系统的开发具有重要的作用。T 的每个子集都包括两个部分,即 $T_x = T_{x0} + T_{x1}$,其中 T_{x0} 为该层次独立对象集,即和其他层次没有关系,T_{x1} 是和其他层次具有关联关系的对象,最基本的关联关系为继承关系,即 $t_{b1} \rightarrow t_{m1} \rightarrow t_{d1}$,其中→表示继承关系。各层的对象集应从相应的数据元集或相关的业务系统中抽取,并分析提炼其中的继承关系。继承关系是关系集 R 的主要内容。具体工作方法可将数据元名称中的“对象词”全部提取,利用对象词建立交通对象集和关系集。

(2)在交通对象集建立的基础上,进行属性集 S 的建立。由 S_t 的定义可知,S_t 的建立中主要包括独立属性集 S_{t0}的和抽象数据元集 A_{de}的建立。交通对象属性要遵从管理要求并不断发生变化,例如对于“经营业户”对象,需要对其哪些属性进行定义,是根据管理需求确定的,因此,S 集的建立可从各层次的数据元集和业务系统中进行抽取。同样,抽象数据元集 A_{de}的建立也可从当前的数据元集中抽取具有共性的表示词形成。

通过以上过程,可以得到式(8-3)所表示的面向对象的数据元关系模型。该模型对于交通信息数据元标准的建设具有重要意义:首先使得数据元建设标准统一,解决标准间冲突的问题;其次,减少数据元建设的工作量,对于父对象定义过的数据元(即该对象类的某个属性),子对象无须进行定义;最后,由于面向对象的数据元结构和主流的编程方法一致,因此,面向对象的数据元结构能够更直接地应用于业务系统建设中。

8.3.2　基于数据元标准的交通信息本体构建方法

为了保证领域本体的科学性和标准性,本体的构建要遵循明确性、客观性、完整性、一致性、最大单向可拓展性[51]的原则。其中明确性、客观性是指本体的自然描述语言应该是明确的、客观的语义定义;完整性是指给定的定义是完整的,能够表达语义的特定含义;一致性是指推理产生的结论与术语本身的含义不会产生矛盾;最大单向可拓展性是指在向本体库中添加新本体时,不需要对已有本体库进行修改。在对领域本体进行建立的时候,工作的重点在于建立概念集、属性集和实例集。对于概念集的设计要充分考虑实例的分类和概念间关系的层次结构。基于重构的数据元集能够很好地满足以上原则。

目前构建本体的常用方法有七步法[52]、骨架法[53]、IDEF5[54]法等,其中七步法是用来创建领域本体的主要方法。本节在七步法和骨架法的基础上,结合交通信息数据元的层次模型和表 8-1 中给出的对应关系,提出了建立交通信息数据元本体的基本流程,如图 8-4 所示。

8.4　道路运输领域本体建设实例

本节基于道路运输领域的数据元,使用 Protégé 进行道路运输领域本体模型的创建。限于篇幅,本节重点帮助读者理解建立的流程,而非所有内容的详细列表。

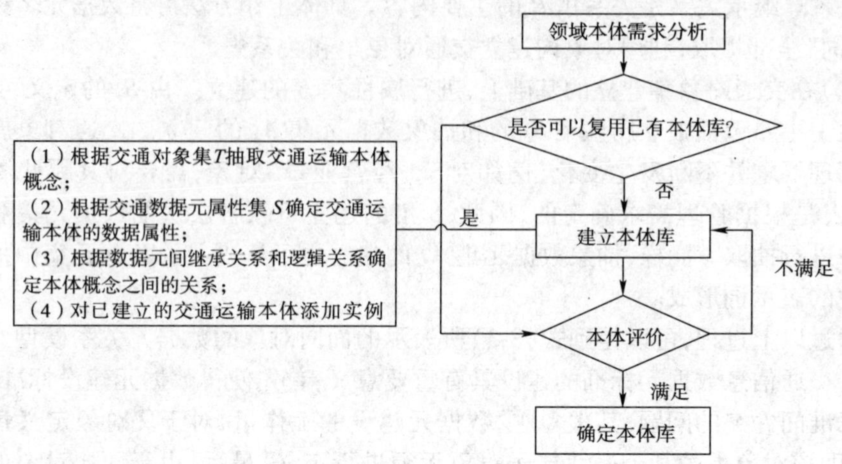

图 8-4　交通信息数据元本体建立流程

8.4.1　现有道路运输数据元标准

《交通信息基础数据元　第 7 部分：道路运输基础数据元》（JT/T 697.7）按照面线结合的方法将数据元分为基本信息、行政许可信息、日常管理信息、行政处罚信息、规费征收管理信息等几个类别。

JT/T 697.7 共规定了 600 余项基础数据元，按照前面的分类，其主要是对交通对象集中的管理对象集 T_m 进行规定，涉及了部分业务领域的对象。例如，在标准中将各类从事道路运输业务的人员统称为从业人员，这是从管理部门的角度出发的归类方法，在具体的业务系统中，应具有更细的划分。例如在驾培管理系统中，教练人员特指从事教练工作的人员，和其他类别的从业人员具有不同的管理要求，因此，统称为从业人员是出于行业管理目的，而不是具体的业务管理。

从数据元的名称也可看出，数据元是对某个对象属性进行的统一规定，例如"从业资格类别"，其所规定的是从业人员的从业资格类别的表述。从面向对象角度，这可以描述为从业人员的一个属性。

8.4.2　道路运输对象集抽取和本体概念建立

根据道路运输管理业务和道路运输信息基础数据元，按照式（8-3）对道路运输领域的数据元进行面向对象的重构，可以得到道路运输对象集 T。

道路运输对象集中的主要对象包括经营业户（Company）、车辆（Vehicles）、人员(Staff)等,可表示为:$T=\{$Company,Vehicles,Staff,……$\}$。

其中各个对象可进行进一步的子集细分,例如,经营业户可进一步细分为货运业户(GoodsTransportationCompany)、客运业户(PassengerTransportationCompany)、国际运输业户(InternationalCompany)等。即:$T_{company}=\{$GoodsTransportationCompany,PassengerTransportationCompany,……$\}$。

人员可进一步细分为管理人员(Manager)、从业人员(Worker)、执法人员(Law-executor)。即:$T_{staff}=\{$Manager,Worker,Law-executor……$\}$。

对各对象继续进行子对象的提取,直到无法抽取为止,从而形成道路运输对象集,对对象集进行抽象,便构成了道路运输领域的层次结构类图。所有类的最后一层子类称为叶子类。将类图在 Protégé 中按照树形结构进行表示,便得到了道路运输领域本体中的类图,如图 8-5 所示。

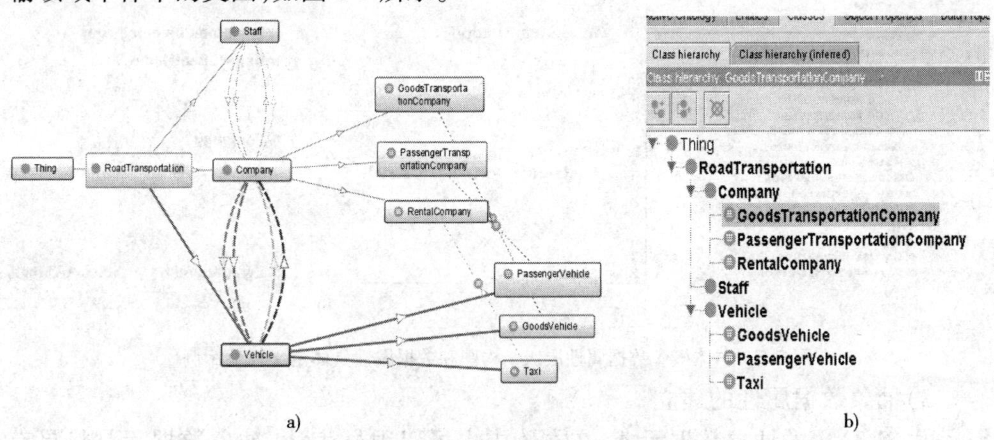

图 8-5　道路运输领域数据元本体类结构图(缩略)

a) OntoGraf 类结构图;b) 本体类列表

注:实线表示继承关系,虚线表示类间关系。

8.4.3　道路运输本体中概念数据属性的建立

1)基本数据属性的建立

本体概念数据属性的建立主要基于重构之后数据元的属性集 S。因此,首先需要对交通对象的属性集进行抽取,其方法是将对同一类交通对象数据元进行归并,就得到了该交通对象的属性集,例如从业人员姓名、从业资格证号、从业资格证字等数据元,都是从业人员的属性。这样,便形成了面向对象数据元的属性集 S。

不同本体概念的数据属性一般不同,为了方便概念的数据属性的拓展和维护,将不同类的数据属性组织在一起,形成各自的层级结构,图 8-6a)中展示了经营业户属性(CompanyProps)、车辆属性(VehicleProps)和人员属性(StaffProps)的层级结构。在规定各数据属性的值域和格式时,严格按照数据元标准进行,例如“单位名称”数据元数据格式为“n..100”,在图8-6b)中对应的属性DepartmentName的数据格式(Ranges)为string型,并且最大长度为100。

数据属性建立时,应将类和属性之间联系在一起。例如车辆类(Vehcile)的属性包括车辆类型(VehcileType)和车牌号码(VehcileNumber)等。在Protégé中实现时,即将属性的Domain指定为对应的类。例如图8-6b)中表示CompanyName的Domain是Company,说明该属性是“经营业户”类Company的一个属性。

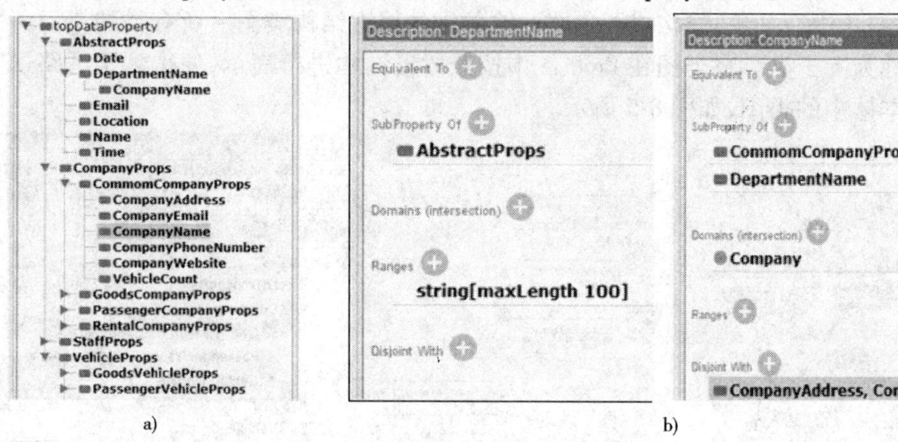

图8-6　本体概念数据属性层级结构图和数据属性具体定义规范示例

2)抽象数据属性的建立

式(8-3)中的抽象数据元A_{de}在本体中也可以很好表达,抽象数据元是将具有共同表示词的数据属性抽象出来,脱离开具体的领域类,形成数据属性的父属性,该父属性用来对这些属性的表示方法,包括数据类型、格式等进行统一规定。

图8-6a)中的属性集AbstractProps就是部分的抽象数据元,图8-6b)中CompanyName的第二个父属性(SuperProperty)为DepartmentName,即表示该属性同样也是DepartmentName的子属性,其定义受到CommonCompanyProps和DepartmentName两个属性定义的约束。

8.4.4　创建本体类间属性集

如表8-2所示,数据元标准中规定的关系较少,但从道路运输业务角度,可从对象集T中抽取更多本体类间的逻辑关系。例如,拥有车辆(HasVehicle)、雇佣(Employ)和工作于(WorkIn),其中属于和拥有车辆两个关系互为逆关系(Inverse

Function),工作于和雇佣互为逆关系,因此在创建这四个属性时应注意标注其逆关系。图 8-7 所示为三个类之间的关系属性。

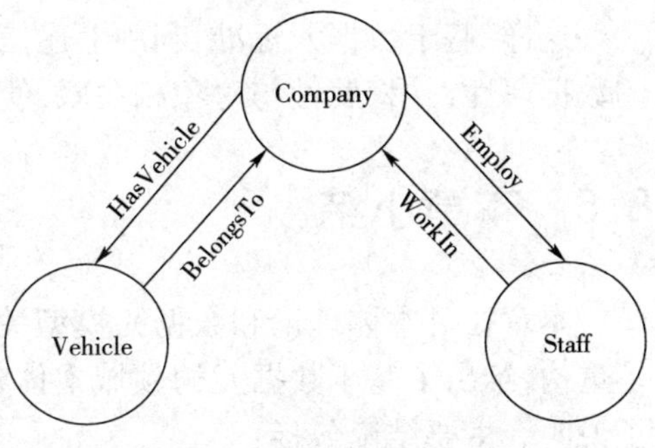

图 8-7　三个类之间的关系属性图

在 Protégé 建模工具中,关系属性在类中体现为本体类的限制条件,本体间类的关系属性是在本体的推理阶段推理及判断本体库是否合理的重要依据。例如,要想让计算机明白货运公司是具有至少一辆货车的公司并且拥有至少一辆货车的公司就是货运公司,就要为货运公司类添加充分必要条件(Necessary & Sufficient Conditions):Company and HasVehicle some GoodsVehicle。通过充分必要条件的设立,可以让本体中的各个类之间分别和联系更加明确,更加有利于计算机的自动理解。

8.4.5　道路运输本体中对象实例添加

在为本体概念创建实例时,主要工作在于实例的类间关系和数据型关系的添加。在为实例添加类间关系属性时要严格遵循类的定义中的类间关系的限制,也就是类的充分必要条件;同样,在添加数据型属性时要严格遵循数据型属性的定义,否则计算机将无法理解该实例。

通过以上步骤,可以形成一种可用的道路运输本体。该本体全面体现了 JT/T 697.7 标准的规定。限于篇幅,上述本体按照应用需求的完善方法、本体使用方法以及本体建立过程中 Protégé 的使用方法未进行详细描述。

8.5　基于本体的数据元标准修订建议

为了便于本体库的建立、扩展和管理,结合上节所述的基于交通信息数据元的领域本体建立方法,本节建议在数据元标准的建设和修订时,在关系属性中给出数据元所属本体和作用范围。具体标识方法如表 8-3 所示。

关系属性标识方法　　表 8-3

关系	标　识	举　例
所属本体	{OntologyBase:*库名*}	OntologyBase:{RoadTransportation}
作用范围	{DescribeRange:*对象名称*}	DescribeRange:{GoodsVehicle}

这样，基于数据元标准，利用上述信息，能够自动建立交通对象集，确定对象集的数据属性，并将属性与对象相关联，便于交通运输本体的自动建立。

8.6 本章小结

本章在对本体理论和数据元模型关系分析的基础上，对交通信息数据元进行了重构，给出了基于数据元的领域本体建设方法；并以道路运输为例，对方法进行了说明。主要结论包括：

(1)交通信息数据元和本体理论之间具有较好的对应关系，在交通运输信息化研究和标准建设中，可将这两项工作进行有效结合。

(2)通过对交通信息数据元按照面向对象的方法重构，能够为交通运输本体的建设、信息系统开发等提供良好支持，并保证标准应用的连续性。

(3)领域本体在实际应用中，还需要进一步细化思路和方法，为当前数据元标准的建设提供反馈。

第9章　交通运输信息数据其他类别标准研究思路

9.1　交通运输信息数据标准总体规划研究

本章认为,交通运输信息数据标准内在联系较为紧密,需要进行总体规划,包括内容上和层次上的规划,标准编制才能有序。各单位在提出标准时,若能够了解所提标准在体系中的内在层次,则在编制时也能够很好地保持标准一致性,即采用自上而下和自下而上相结合的方法。总体规划研究应包括以下核心内容:

(1)理顺各专业标委会之间的关系,依据标准体系表对标准的归口进行详细划分,建议建立信息化基础性标准工作组,协调各专业标委会之间的关系。

(2)明确基础标准和专业标准之间的界限和各自的内涵,对现有基础标准和专业标准进行梳理,必要时进行修订,提炼跨专业领域的交通运输信息化基础标准,分离专业标准。

(3)对国标和行标的层次建立清晰的界限,避免出现系列混乱,给其他行业在遵从交通运输信息数据标准时带来误解。

(4)根据各管理层次的职能和业务模型,包括国家层面、交通运输部、省级管理部门和业务局等,厘清各层次对交通运输信息数据的需求。在此基础上,建立以管理层次为层次基准的数据层次模型,提出数据定义标准规划。9.2 节是数据定义标准规划的总体思路。

(5)对交通运输共享交换体系进行研究,提出交通运输信息数据共享交换标准的规划。9.3 节提出了一种数据共享交换标准。

(6)对交通运输信息数据存储体系进行研究,提出交通运输信息数据存储标准规划。9.4 节是数据存储标准的总体思路和研究内容。

9.2　基于层次结构的交通信息数据项定义标准研究

数据项定义标准中的关键部分是交通信息数据元标准。本节综合前面的研究,提出一种面向对象的、基于管理层次和表示层次的数据元结构模型,从而将面向对象的程序开发模型与数据元的组织结合起来,形成所有数据元标准的层次关系,指导标准建设。

面向对象的程序设计方法在软件开发中取得了巨大的成功,大多数系统使用面向对象的方法进行建模和开发是合适的。第7章中按照面向对象的方法对数据元进行了重构,本节在其基础上建立总体模型。图9-1中表达了数据元的概念、数据元、面向对象的数据元概念、面向对象的数据元层次模型以及和现有交通信息基础数据元之间的关系。

在图9-1中,第一列和第二列表示数据元的概念、数据元以及面向对象之间的对应关系[55]。可见,数据元和面向对象的概念是紧密相关的,对象类对应现实世界中的实体,特性和表示则是属性。也就是说,数据元本身就是一种面向对象的概念。因此,用面向对象的方法描述数据元结构是可行的。

第三列中表示了对象的管理层次概念及其对应的数据元。交通运输对象是分层次的,即不同的管理层关注的交通对象是不同的。例如,在道路运输管理中,交通运输部不会关心某个经营业户的具体信息;对于省市级的交通运输管理部门,出于管理、监控、统计、行政许可和处罚等的需要,则会关心经营业户更细粒度的信息;而各种业务系统建设时,建设单位会关心自身所属的经营业户类别最细粒度的信息,会对诸如货运站等经营业户的所有具体细节进行描述。这样,对于不同的管理层面,就有不同的管理对象,其属性就是对应的管理层面的数据元。管理层次的继承关系便决定了数据元的继承关系。

第四列表达了交通信息基础数据元的一种面向表示的数据元层次结构关系。第6章对其进行了详细研究,其基本思想是将数据元中共同的表示抽取出来统一定义,例如各类人员的姓名,形成“姓名”抽象数据元,其目的是为了提高数据元表示的一致性。

第三列和第四列的交叉部分,是数据元标准的建设层次。交通信息基础数据元对交通信息中的基础数据进行了定义,第三列中的各层次应用数据元可对其继承形成应用数据元,从而形成了数据元标准建设的三个层次——抽象数据元集、应用数据元集和交通信息基础数据元集。

以上的层次模型覆盖了交通信息数据元的编制内容,其核心标准建设工作包括:

(1)抽象数据元集的建立;

(2)交通对象集及其属性的建立。

通过以上层次结构的定义,在具体数据元标准编制时,只需引用或定义本层次

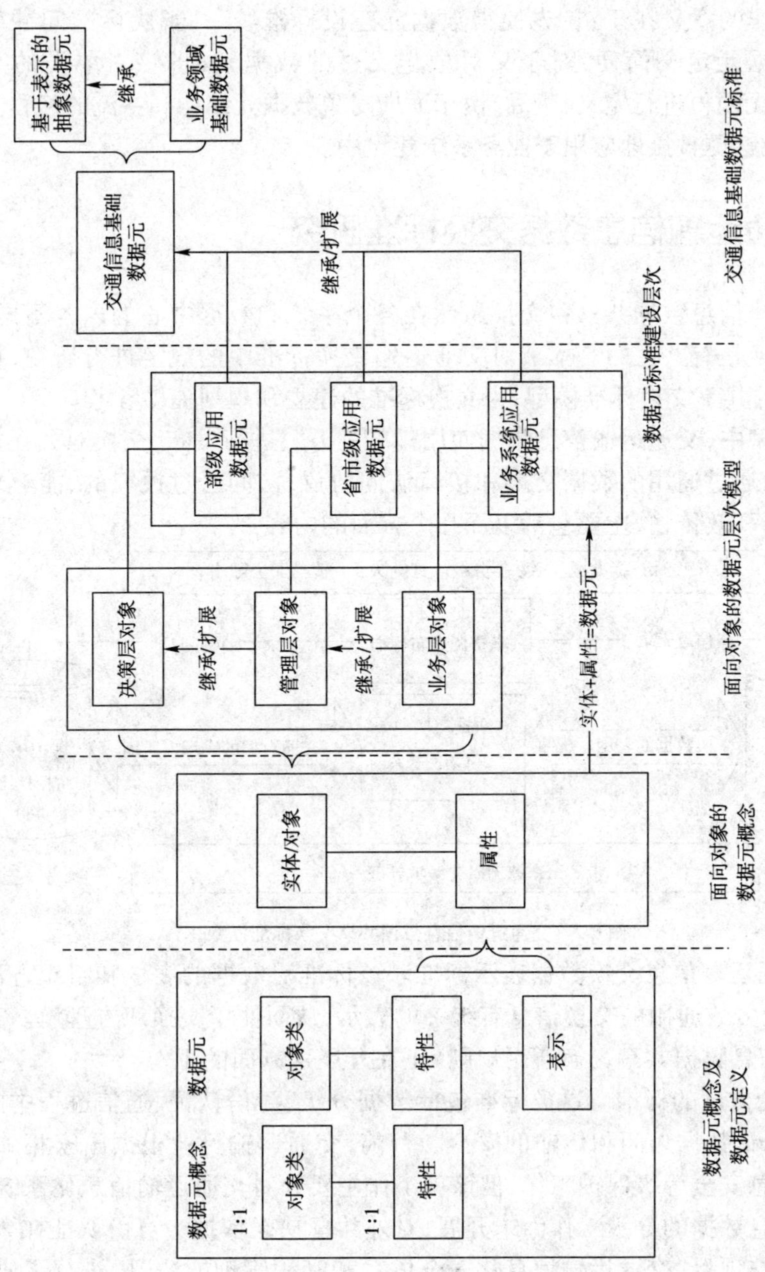

图9-1　面向对象的数据元的层次模型及与数据元概念和标准的对应关系

的交通对象,继承抽象数据元,对属性进行定义,则可形成本层次的数据元。

以上工作的意义在于:首先使得数据元建设标准统一,解决标准间冲突的问题;其次,数据元定义简便,对于父对象定义过的数据元(即该对象类的某个属性),子对象无须再进行定义;最后,由于面向对象数据元结构和主流的编程方法一致,数据元能够更直接地应用于业务系统建设中。

9.3 交通运输信息数据交换标准研究

交通运输信息数据共享和交换虽然在各个系统和数据中心的内容不同,但是数据共享交换是有共性的。本节对交通运输交换标准中的规定进行研究,提出如图9-2所示的共享交换标准模型,为交换标准的建立和规划提供参考。

在该模型中,交通运输信息数据使用标准的方式进行发布,交换双方在安全标准的保证下,通过通用的数据交换和接口访问协议,访问经过授权的、能够理解的数据,并进行高效传输,主要包括以下几个方面的内容:

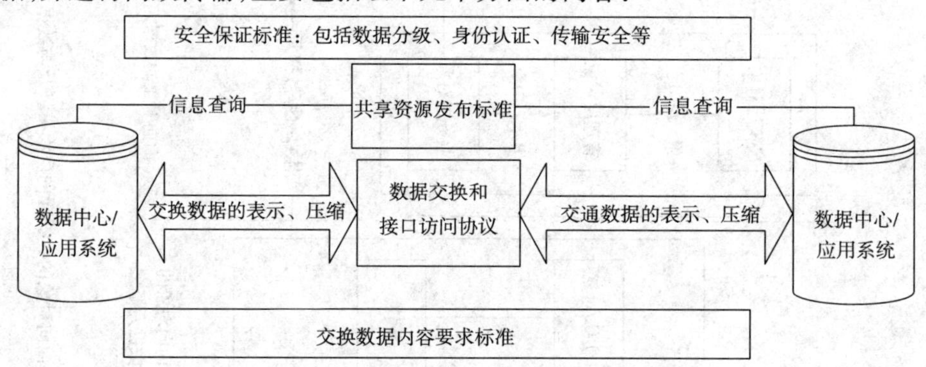

图9-2 交通运输信息数据共享交换标准模型

(1)交通运输信息交换数据表示标准。该标准对数据的表示和组织方法进行规定,使得大多数通用的交换信息有统一的表示,从而便于交换双方理解。正在编制的《交通信息数据共享交换通用规则》正在开展这方面的工作。

(2)安全方面的标准。这类标准包括数据分级、身份认证、通信过程中的加密和解密等,保证数据访问和传输的安全。目前,交通运输行业根据国家相关要求,正在推进信息安全等级保护工作,但该项工作主要针对交通运输信息化系统进行,交通运输信息数据的分级工作尚未开展,对外共享缺乏依据。身份认证在2012年交通运输科技项目“交通运输信息化安全体系和密钥管理方法”中进行了研究,通信过程中的安全在《交通信息数据共享交换通用规则》中进行了规定,这两部分的研究工作尚未完成。

(3)共享内容的发布。“公路水路交通信息资源目录体系总体框架”为信息资源的发布提供了依据,安徽、重庆等省市的交通信息中心已经建立了资源目录体系。

(4)数据交换和接口访问协议。如前所述,大多系统都建立了独立的接口系统,造成系统间难以互通。实际上,大多数的交换任务可以采用一种通用的、开放的接口方式。目前,尚未有一种接口协议能够完成本项工作。

(5)交换数据内容要求标准。这类标准对需要交换的数据内容进行规定。目前,已经发布的大多数交换接口标准都是这类标准。

综上所述,目前交通运输信息数据交换标准的主要任务包括:

(1)数据分级标准的制定。

(2)加快完成身份认证、通用规则等项目的工作。

(3)设计一种通用的数据交换和接口访问协议,满足大多数交换需求。

9.4　交通运输信息数据存储结构研究

综合考虑交通运输行业信息化“十一五”期间的建设成果、用户习惯和数据中心的定位,本节将交通运输信息层次结构分为基础信息资源层、主题信息资源层、业务信息资源层、共享业务信息资源层四个层次,如图 9-3 所示。

基础信息资源层用来存储行业管理部门在业务处理中需要用到的基础性、战略性的公用信息资源,包括公路、桥梁、隧道、站场、车辆、船舶、运输企业、从业人员、交通建设项目、政策法规、标准规范、管理机构及人员等基础信息资源。这类信息资源是对交通运输对象的一种表征,具有更新频次低、相对静态的特点。

主题信息资源层以基础信息为基准,面向决策支持、统计分析、公众服务等主题应用,通过抽取、转换、加载,整合相关业务信息资源,形成多维数据集,支撑综合业务应用。

业务信息资源层是相关部门根据自身业务应用的实际需要自行建设的,是以基础信息为基准,在此基础上叠加扩展形成的。业务信息应按照物理分散、逻辑集中、开放共享的原则进行建设,供本部门内部和其他部门使用,也向社会提供公共服务。

共享业务信息资源层是指在业务处理过程中与其他部门间互有共享交换需要的业务信息资源。这些信息可能被其他业务系统查询、引用,通过建立数据交换共享机制,为跨领域、跨部门的应用系统提供数据支撑。

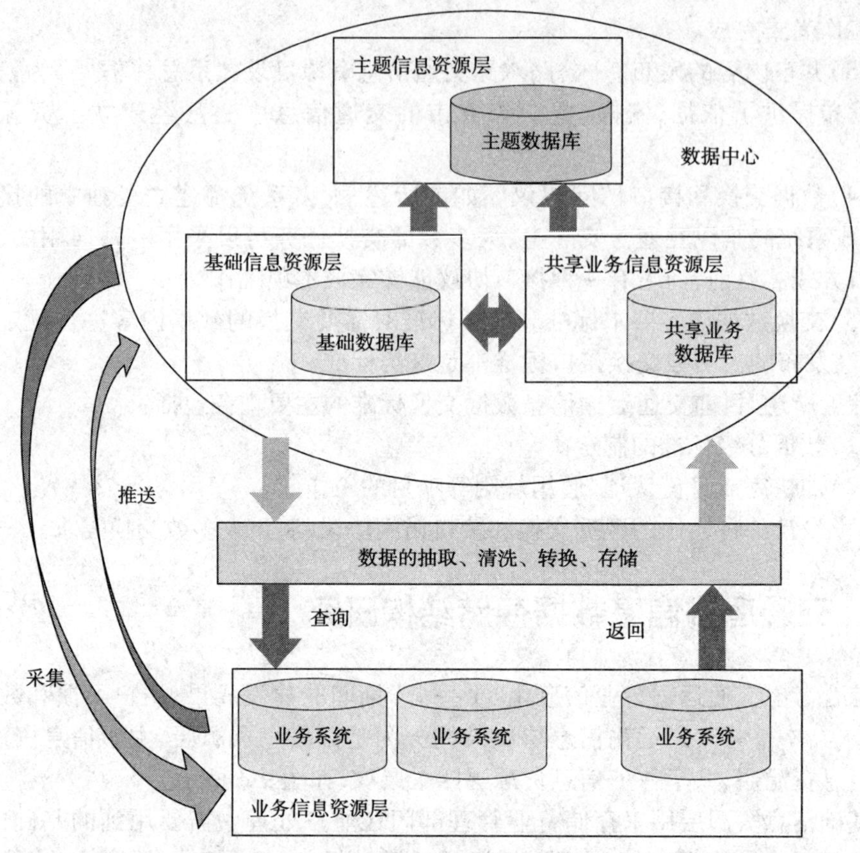

图 9-3　交通运输信息数据存储层次结构

在上述层次结构中,需要进行以下几个方面标准的制定:

1)交通运输信息数据存储需求分析标准

广义地讲,需求分析描述软件系统的功能和性能,确定软件系统的边界和软件同其他系统元素的接口细节。数据中心需求分析标准应包括以下主要内容:

(1)标准的适应性分析方法,分析依据标准建立数据存储层次的合理性和适应性,在分析的基础上,提出数据中心的扩充或者缩减的数据层次模型。

(2)基础信息资源需求分析方法,根据数据中心的层次,确定本中心的交通运输对象的粒度,分析其他业务系统对基础信息资源的明确的和潜在的共享需求,从而提炼本级数据中心所管理的交通运输对象及其属性。

(3)共享业务信息资源需求分析方法,分别分析数据中心的应用各方对共享业务数据的需求。

(4)主题信息资源需求分析方法,分析各类主题应用对数据中心的需求,包括决策支持需求、公众服务需求、其他应用需求等。

2)交通运输信息数据存储层次中数据的定义标准

对数据在存储层次结构中的来源和更新等属性进行定义。例如数据来源(业务系统、数据库、数据表)、数据的目标位置(业务系统、数据库、表)、数据类型、更新频度、更新方式(推送、采集)、触发模式(定期、不定期)、触发周期、数据到达后的处理方式(增量、覆盖)。

3)层间数据交互规范

层间数据交互主要是指数据在不同数据层次或者数据库、数据表之间的移动和汇聚等。应对ETL数据采集的实现方法(主动采集、被动推送)、采集周期(实时、定时和定期)、数据的映射规则、数据装载策略、触发器定义和管理等进行规定。

9.5　交通运输决策支持和应用研究

决策支持研究方向比较多,在本节中难以一一进行论述。随着交通运输信息化的发展,决策支持研究应注重以下两个方面:

(1)加强基于交通运输信息系统和数据中心实时数据的决策支持方法研究。大量的文献依据静态的、历史的甚至片面的数据提出决策支持方法,随着信息系统的建设和资源整合工程的开展,海量的数据形成了丰富的决策资源,但已有的方法大多都难以应用,以致难以为决策层提供参考。因此,在现有条件下,加强基于实时数据的决策支持方法研究,才能更好地为交通运输管理服务。

(2)加大对决策支持研究的支持力度。决策支持是使管理上水平、出效果的重要手段,是管理部门的主要业务之一。由于决策支持方法的研究不是一蹴而就的,需要长期的跟踪、实践和修正,需要大量人力、物力和时间的投入,因此,必须加大支持力度。

9.6　本章小结

(1)交通运输信息数据标准对于交通运输信息化工作具有重要的作用,但目前数据标准在管理、总体规划和编制几个方面都显得不足,主要包括信息化标准在专业标委会归口重叠、总体规划研究不足、数据定义类标准缺乏体系、存储层次标准缺乏、交换基础标准研究不足以及决策支持标准研究匮乏等问题,给信息化工作带来不利的影响。

(2)在进一步的标准建设工作中,建议加强基础性标准的管理和建设工作。管理方面包括成立交通信息基础性标准工作组,加强数据标准的总体规划研究,加强数据定义类标准、交换标准、存储标准等的体系和基础性标准的研究,为更大范围的互联互通打下基础,避免形成新的信息孤岛。

(3)加强基于交通运输信息数据的决策支持和应用研究,加大支持力度,真正发挥交通运输信息化的整体效能。

第三篇

交通运输信息数据标准符合性检测方法和技术研究

标准的编制、执行和监督需要形成一个闭环管理才能保证其实施,否则,将会出现标准编制和执行脱节、监督流于形式的情况。基于这个目的,交通运输部立项对交通运输信息数据标准符合性检测关键技术及规范进行研究。

本篇对交通运输信息数据标准符合性检测的基本内容、方法和系统进行了介绍,重点对数据项的标准符合性检测方法进行了讨论。其中,第 10 章对交通运输信息数据标准符合性检测的基本思路进行了介绍,包括其定义、检测对象、检测内容和检测思路等;第 11 章对数据项标准符合性检测方法进行了较为详细的介绍,分为数据类型、数据格式、数据单位和数据值域四个方面的属性;第 12 章对标准符合性检测中的关键技术,即中文名称的对应方法进行了讨论,包括基于改进的编辑距离的方法、基于语境的方法等;第 13 章对标准符合性检测评价方法进行了讨论;第 14 章对检测系统的框架、内容等进行了介绍。

第 10 章　标准符合性检测基本思路

10.1　概述

“十一五”以来,交通运输行业全面推进信息化建设,以示范、试点工程建设为依托,在交通运输动态信息采集与监控、交通信息资源整合开发与利用、交通运行综合分析辅助决策和交通信息服务四个方面取得了较好的成效。近年来,交通运输部确立了信息化在发展现代交通运输业中的战略地位和引领作用,作为发展现代交通运输业的根本途径、加快转变交通运输发展方式的重要支撑,以及服务人民群众安全便捷出行的关键载体,交通运输信息化工作的重要性和关键性越来越凸显。

目前,交通运输信息化的主要工作思路是要实现从注重提高政府管理水平和工作效率转变为注重提升科学决策水平和公共服务能力及政务效能;从以往各自分散、独立的建设转变为集约化建设,大力推动整合共享项目建设;从各自为政、相互封闭,转向注重顶层设计、加强总体规划、落实协同机制、实现资源共享的开放模式。李盛霖部长在 2011 年交通运输信息化工作会议上,提出“十二五”期间信息化工作重点应实现从效率到效能、从分散到集约、从封闭到开放的转变,其目的就是要促进信息资源的共享交换和利用。

在交通信息化过程中,标准是保证信息系统实现信息共享、避免重复建设、发挥投资效益的重要手段。遵照国际惯例、国家相关标准,交通运输行业近年来出台了多项信息化标准,包括术语标准、数据标准、编码标准、代码标准、安全标准、管理标准等。这些标准自颁布以来,成为交通运输行业信息化系统进行建设的必备依据,对提高信息系统建设的规范性起到了重要作用。

但是,在标准的执行过程中,由于各项目的遵照程度不一、业主重视程度不一、设计开发单位素质参差不齐等问题,造成对标准的执行不力,影响了标准的实施效果。在部门监管方面,由于信息系统的复杂性,在验收时无法对信息系统进行逐一核对,也为一些主观不执行的行为提供了可乘之机,对交通运输信息化系统的信息共享形成巨大的阻碍。《交通行业信息标准体系》中对今后几年交通运输信息化需要重点制修订的300多项标准进行了规划。可见,随着标准数量的增加和细化,有效地监管、促进标准贯彻执行的工作量将非常巨大。

目前,标准贯彻执行主要是通过宣贯、要求等,缺乏后续的监督手段。随着标准化工作的进一步深化,如何保证标准的执行效果,应该放到和标准建设同等重要的位置。对信息化系统与标准规范的符合性进行检测是常用的技术手段之一。

10.2 标准符合性检测国内外相关研究现状

国外信息系统的标准符合性检测相关研究起步较早。20世纪70年代软件工程领域就开始研究计算机软件质量模型,广泛应用的模型包括1977年McCall提出的McCall软件质量模型和1978年Boehm等人提出的Boehm软件质量模型[56],软件工程领域主要利用软件质量模型对软件过程进行控制,出现了一些辅助应用工具。

开放地理空间联盟OGC(Open Geospatial Consortium)是一个由413个公司、政府机构和高校支持的技术标准联盟。该机构主要进行IT行业的软件产品与OGC国际标准的符合性检测工作,并对符合标准的软件产品给予认证。检测内容主要包括:

(1)软件系统的标准符合性检测。通过严格的测试,测试系统基本元素和数据是否符合OGC标准要求。随着时间的推移,该机构标准符合性检测的方法和标准都在不断地改进。

(2)软件系统的互操作性检测。OGC的目标就是提供一套检测互操作的方法,通过互操作性检测确保符合OGC标准的相同的软件产品、不同的软件产品之间可以实现互操作。

美国国家标准局1986年10月批准了SQL(结构化查询语言)作为关系数据库标准语言,1987年该标准被ISO通过,并很快成为大型主流数据库遵从的工业标准。SQL标准推出后,作为一种政府行为,美国国家标准与技术研究所迅速组织力量开发了SQL标准符合性测试平台(SQL Test Suite),提出了SQL86、SQL89和SQL92三个标准,是目前世界上最具权威的SQL符合性测试程序,国内也有人进行了相应的研究[57-58]。SQL92入门级测试采用美国国家标准与技术研究所开发的SQL标准符合性测试工具。该工具提供了481个测试用例。此测试集可以用来验证SQL产品和以下几种SQL标准的一致性:ISO/IEC 9075:1992、ANSI X3.135—1992、FIPS 127-2和X/Open XPG4 SQL等。

Sirrix AG公司主要从事软件安全计算方面的标准符合性检测,对客户提供基于国际安全计算组织TCG(Trusted Computing Group)发布的标准中的TPM(Trusted Platform Module)平台的标准符合性检测。Sirrix AG公司通过自己开发的一套检测工具,对安全加密芯片和软件算法进行第三方独立标准符合性检测,并给出检测分析结果。在标准符合性检测方法研究方面,Helfert 等提出一种包括质量、一致性监测和保证的数据产品中心质量控制的系统设计过程,用来解决系统开发过程中的数据质量保证问题[59];García-Castro 认为现有的语义技术与 Web 语义标准的一致性的评估不彻底、不能满足用户需求以及应用场景不足,提出一种采用关键字驱动的方法产生 OWL DL 语言的符合性测试数据[60];Guerrouat 采用 ISO/OSI 推荐的架构和协议,提出一种基于黑盒测试的组件式系统的符合性测试方法[61];吴洁明为了提高标准符合性测试效率,提出一个基于 XML 的标准符合性测试方案[62];董京京围绕数据描述文件的内容与格式,对传感器信号接口标准的符合性测试方法进行了系统研究[63]。

从 2002 年开始,中国软件评测中心与清华大学软件学院共同承担了国家 863 计划“数据库管理系统测试及其工具研发”。该工具包括产品确认测试、标准符合性测试、基准性能测试和应用综合测试四个方面的评测内容[64]。

中国赛西实验室是中国电子技术标准化研究所在标准试验验证、检测和校准领域的综合机构。其业务范围包括提供软件测试、体系咨询、质量体系认证、产品认证、培训、标准制定等多项服务[65]。

“e21 教育管理信息化标准智能检测分析系统”是由教育部教育管理信息中心监制的一套标准符合性测试工具。该工具能够检测、分析教育领域现有管理信息系统是否符合《教育管理信息化标准》所制定的内容,并指出这些系统与《教育管理信息化标准》相符合的程度,以及哪些方面不符合《教育管理信息化标准》,从而为用户的改进提出解决方案[66]。其内容分为两个方面:

(1)信息数据表检测:字段名称、字段类型是否符合标准。

(2)代码数据表检测:代码、代码名称是否符合标准。

2010 年 9 月 7 日,全国审计信息化标准化技术委员会在审计署国家审计数据中心组织召开了“会计核算软件数据接口国家标准”符合性检测系统验收评审会。中国电子技术标准化研究所信息处理产品标准符合性检测中心作为《财经信息技术会计核算软件数据接口》(GB/T 24589—2010)系列标准指定检测单位,进行了检测系统的演示汇报。GB/T 24589—2010 规定了会计核算软件接口的数据格式要求,包括会计核算数据、数据接口输出文件的内容和格式的要求等。目前,该标准只编写完成了企业会计信息化接口和事业单位会计信息化接口两部分内容,没有最终完成。此检测系统的验收通过,为下一步对企业和行政事业单位会计核算软件产品开展标准符合性检测认证工作打下了坚实的基础[67]。

但是,由于标准范围很宽,因此,很难有一种通用的标准符合性检测方法能够覆盖所有标准的符合性检测,针对每种标准需要有其对应的检测方法。针对我国交通运输信息数据标准特点的标准符合性检测方法尚无完整的研究。如前所述,数据标准是交通运输行业信息化的重要标准,为此,本书对交通运输行业数据标准的符合性检测进行研究。在这个方面,会计核算软件接口的符合性检测系统具有一定的借鉴意义,但该系统检测所用标准和系统的封闭性使得检测方法较为简单,难以满足交通运输行业标准和信息系统的检测要求。

10.3 交通信息数据项和数据集标准的规定

10.3.1 交通运输信息资源标准内容分析

交通运输信息数据标准主要包含在《交通运输信息化标准体系表》(2013)整理的信息资源标准中。根据体系表的统计,已发布的信息资源标准共有 129 项,占总发布标准数的 55%;已列计划的信息资源标准为 63 项,占总计划标准数的 56%。可见,信息资源标准在交通信息标准体系中占有重要的地位。

体系表是以第一维度业务维度为主维度,没有形成单独的第二维度即信息化维度视图。本节对各专业领域中所有信息资源标准进行综述,以给读者形成一个完整的交通运输信息数据标准印象。

信息资源标准分为三个子类,分别为 301(数据与数据元)子类、302(分类及代码)子类和 303(数据交换)子类。

301 子类已发布和正在编制的标准共有 65 项。从标准名称上进行归类,其数量分布为:术语(词汇)标准 13 项,数据字典标准 6 项,数据元标准 24 项,元数据标准 3 项,信息集标准 4 项,信息技术编码规则 2 项(未发布,应归到 302 子类),应用接口 1 项(未发布,应归到 303 子类),数据管理机制要求 1 项,电子收费数据格式和技术要求 3 项,数据结构 3 项,道路交通信息服务各类信息标准 5 项。

302 子类共有 56 项标准。该类别中的标准比较单一,每项标准都是对某个具体交通运输对象的分类及其代码进行规定,例如《收费公路车辆通行费车型分类》(JT/T 489—2003)(标准体系号:1. 302. 1. 6)、《公路桥梁命名编号和编码规则》(GB/T 11708—1989)(标准体系号:1. 302. 1. 1)等。

303 子类共包括 72 项标准。该类别标准对交换中报文和数据的格式、内容、组织方式、交换方式等进行规定。其中,绝大部分是对报文内容和格式(或者称为接口参数、交换字段等)进行规定,有 60 余项(部分未发布,按名称归类);其余为接口实现标准,对接口的实现要求包括传输方式、平台性能、传输流程、编码方式等进行规定,例如《运输与仓储业务数据交换应用规范》(标准体系号:3.303.1.4),或者仅对传输方式等进行规定,例如《供应链数据传输与交换》(标准体系号:3.303.1.5)。

在拟编制标准中,301 子类共有 21 项,302 子类共有 67 项,303 子类共有 107 项。

301 分类中包含了一些管理类的标准。为了和第 1 章中数据粒度的分类进行统一,本节根据标准内容将信息资源标准分为以下四个类别:

(1)信息资源管理标准,包括术语标准、管理机制、注册、总体要求、模板等标准,对数据管理及标准编制等内容进行规定。

(2)数据项定义标准,包括数据元标准、分类和代码标准、数据字典标准、信息集标准、元数据标准、信息标准等,对专业领域中的数据项的定义、格式、类型、单位、值域及约束等属性进行规定。按照数据粒度划分,这些标准是对数据项进行标准化的标准。

(3)数据集定义标准,对交换的内容和格式进行规定,包括报文、数据结构等标准。按照数据的粒度划分,这些标准是对数据集进行标准化的标准。

(4)交换接口实现标准,对交换传输方式、交换流程、交换平台的性能及稳定性等进行规定。

可见,从技术内容规定的角度,(2)和(3)属于数据规定的核心标准,(1)和(4)属于数据规定的管理、应用等方面的辅助标准。

10.3.2　交通信息数据项定义标准概述

按照以上分类,交通信息数据项标准名称多样,其中影响最大、较为完善和完整的数据项标准当属《交通信息基础数据元》(JT/T 697)及其引用标准。该系列标准 2007 年起开始陆续发布,2013 年完成了第一次修订完善。目前,JT/T 697 共分为 14 个部分,包括总则、公路信息基础数据元、港口信息基础数据元、航道信息基础数据元、船舶信息基础数据元、船员信息基础数据元、道路运输信息基础数据元、水路运输信息基础数据元、建设项目信息基础数据元、交通统计信息基础数据元、船舶检验信息基础数据元、船载客货信息基础数据元、收费公路信息基础数据元、城市客运信息基础数据元。

JT/T 697 实现了独立的交通信息数据项的定义,即以数据项为基本单元的定义,主要内容包括数据项的类型、格式、单位和值域等属性。除了 JT/T 697 外,还有大量的应用数据元标准、数据字典标准等对交通运输业务中应用到的数据项进行定义。代码、编码标准对数据的值域进行了专门的规定。

因此,如果交通运输信息系统都遵从交通运输信息数据标准的规定,交换数据项和目标系统之间就不存在不一致性的问题,数据交换就会是简单的。交通运输信息数据标准符合性检测的主要任务之一就是对交通运输信息系统中的数据项的定义与标准的规定是否一致进行检测。

10.3.3 交通信息数据集标准概述

除了对交通信息数据项进行规定的标准外,交通运输行业还有许多对数据集的属性进行规定的标准。按照第 1 章对数据集标准化的要求,数据集属性包括约束、出现次数、报文编码、格式、压缩、加密等。

对“约束”和“出现次数”进行规定的代表性的标准包括元数据标准、接口标准等。元数据标准对描述数据的元数据集进行规定。除了元数据的定义以外,增加了“约束”和“出现次数”两个数据属性。“约束”属性说明该元数据在元数据集中是必选的还是可选的;“出现次数”属性对该元数据在元数据集中出现的次数提出要求。在一些交换标准中,交换数据集中的数据项也有“约束”属性,该属性要求某个数据项在交换数据集中是必须存在的或者是可选的,可简单理解为填表时有些是必填字段。

交换报文的编码、格式、压缩、加密、通信协议等要求等也都是对数据集本身的要求。部分接口标准、报文标准等对交换数据集的编码、格式等进行了规定,有些涉及通信协议方面的内容。正在编制的《交通运输信息系统数据共享交换通用规则》对以上内容进行了全面、详细的规定。

对数据项和数据集进行规定的交通运输信息标准分类如表 10-1 所示。

对数据项和数据集进行规定的交通运输信息标准分类表 表 10-1

<table>
<tr><th>数据属性名称</th><th>数据项要求</th><th>交换数据集要求</th><th colspan="3">相关标准</th></tr>
<tr><td>数据类型</td><td>√</td><td></td><td rowspan="3"></td><td rowspan="4">数据元标准、数据字典标准</td><td rowspan="6">元数据标准、各类交换标准、《出租汽车服务管理系统总体要求》</td></tr>
<tr><td>数据格式</td><td>√</td><td></td></tr>
<tr><td>数据单位</td><td>√</td><td></td></tr>
<tr><td>数据值域</td><td>√</td><td></td><td>代码、编码标准</td></tr>
<tr><td>约束</td><td></td><td>√</td><td colspan="2" rowspan="2"></td></tr>
<tr><td>出现次数</td><td></td><td>√</td></tr>
<tr><td>交换报文的压缩、加密、报文格式</td><td></td><td>√</td><td colspan="3">《交通运输信息系统数据共享交换通用规则》(正在编制)</td></tr>
</table>

10.4　交通运输信息数据标准符合性检测

10.4.1　定义

由于交通运输信息系统的数据库表是交换数据的主要来源,如果数据表字段的设计符合标准,则交换中数据项也就符合标准了。因此,虽然前面在交换的一致性中讨论的是交换数据项与目标字段的一致性,但出于检测方便,本书认为标准符合性检测工作可以从源头开始,即对交通运输信息系统数据库表中的字段和数据进行检测,而不是交换过程中的数据。

综上所述,交通信息数据标准符合性检测(简称“标准符合性检测”)就是利用已经发布的交通运输信息数据标准对交通运输信息系统中数据项的类型、格式、单位、值域等属性,以及对各类数据集中数据项的约束、数据项出现次数、数据集的格式、压缩和加密等属性进行检测的活动。

标准符合性检测的总体目的是为了提高交通运输信息系统中数据的标准化程度,为信息系统的互联互通和共享交换奠定基础。

交通运输信息系统是交换和共享的基础,也是当前交通运输信息化发展阶段需检测的重点。另外,由于交通运输信息数据集标准未完全建立和统一,较为成熟的数据集规定主要包括数据项的约束和出现次数属性,因此,本书下面的各个部分主要是对交通运输信息系统中数据项属性的标准符合性检测方法进行讨论,并兼顾数据项的约束和出现次数属性的检测。在系统设计时,考虑了数据集标准的符合性检测方法的扩展能力。

数据项主要产生和存储在信息系统中,而数据集一般存在于信息系统交换过程中。下面主要讨论数据项的产生过程,从而确定标准符合性检测的对象和内容。数据集的形成过程暂不讨论。

10.4.2　交通运输信息数据标准符合性检测对象

10.4.2.1　交通运输信息数据形成的一般过程

交通运输信息系统数据的标准符合性检测工作的目的不是找问题,而是帮助进行系统数据的标准化改进。如果在信息系统建成以后再进行检测,则会带来大量的返工和人力物力的浪费,因此,标准符合性检测应是交通运输信息系统的全过程检测。下面首先对信息系统中的数据形成过程进行分析,从而确定数据形成的关键节点和检测对象。

计算机中数据的形成过程实际上就是将客观事物的信息转化为数据并进行组织和存储的过程。在计算机科学与技术中,数据形成过程就是数据库的建设和应用的过程,一般分为6个阶段,包括需求分析阶段、概念结构设计阶段、逻辑结构设计阶段、物理结构设计阶段、实施阶段、运行与维护阶段。

1)需求分析阶段

该阶段工作与应用系统的需求分析过程相结合,有关数据分析的工作包括:分析用户活动所涉及的数据;产生数据流图DFD(Data Flow Diagram),DFD有4个基本成分——数据流、加工或处理、文件、外部实体;分析系统数据;产生数据字典,数据字典用来存储和检索各种数据描述(元数据 Metadata),数据字典是数据收集和数据分析的主要成果,在数据库设计中占有很重要的地位。

2)概念结构设计阶段

概念结构设计阶段的主要任务是将需求分析阶段所得到的用户需求抽象为概念模型,而描述概念模型的具体工具主要是E-R模型。

3)逻辑结构设计阶段

逻辑结构设计阶段的主要任务是把概念结构设计阶段设计的基本E-R模型转换为与选用DBMS产品所支持的数据模型相符合的逻辑结构。

具体来说,就是首先将概念结构转换为一般的关系、网状、层次模型,然后将转换来的模型向特定DBMS支持下的数据模型转换,最后对数据模型进行优化。

4)物理结构设计阶段

物理结构设计阶段的主要任务是为一个指定的逻辑数据模型选取一个符合应用要求的物理结构。具体来说,就是首先确定数据库的物理结构,即数据库的存取方法和存储结构,然后对数据库的物理结构进行评估,评估的重点是存取时间的长短和存储空间的大小。

5)实施阶段

实施阶段的主要任务是用RDBMS提供的数据定义语言和其他实用程序,将逻辑结构设计和物理结构设计的结果详细描述出来,成为DBMS可以接受的源代码,再经过系统调试产生目标模式,最后完成数据的载入工作。

6)运行与维护阶段

运行与维护阶段的主要任务包括数据库的转储和恢复,数据库完整性和安全性控制,数据库性能改造、分析和监督,数据库的重构造和重组织。

10.4.2.2 交通运输信息数据形成关键节点

在上述过程中,数据形成的关键节点和结果形式包括以下3处:

(1)逻辑设计阶段,形成以选定的逻辑模型为数据定义组织的数据字典。数据字典起源于需求分析阶段，此时的数据字典是按照需求分析人员对业务的理解而形成的。在逻辑结构设计阶段，数据字典将按照所采用的逻辑模型进行重新组织，这是设计阶段所产生的最重要的设计文档之一，是物理实现的关键指导文件。数据字典中的数据项定义应与标准的规定一致。

(2)实施阶段，将数据字典的设计转换为RDMS中的数据库、表和字段的设计，完成数据库的物理实现。实施阶段是将设计文件转换为信息系统的关键。

(3)运行和维护阶段，数据通过人机界面进入数据库中，形成数据库内容。

10.4.2.3　标准符合性检测的对象、内容及目的

标准符合性检测的对象包括交通运输信息系统的数据字典、数据库表结构及数据库内容。各部分具体检测内容和目的如下：

(1)数据字典的标准符合性检测是指依据国家和交通运输行业的数据标准，主要包括数据元、元数据、代码和编码等标准，对数据字典文件中数据项的类型、格式、单位、值域(包括代码和编码)等进行标准符合性检测。其目的是规范信息系统的数据存储设计和数据字典的编制，使交通运输信息系统在设计阶段便能够依据数据标准进行设计，降低后期共享交换时为使系统满足标准所带来的修改成本。

(2)数据库表结构的标准符合性检测是对信息系统数据库中表的字段定义进行标准符合性检测，包括字段的数据类型、格式等，并可检测数据字典中的设计与数据库实现的一致性。其目的是保证在系统的实现阶段，数据库的实现与数据字典一致并符合标准的要求。该部分检测是标准符合性检测的主要内容。

(3)数据库内容的标准符合性检测是对信息系统数据库中存储的数据进行标准符合性检测，其目的是检测数据库中所存储数据的格式、值域、代码、编码是否符合标准的要求。

数据库内容和数据库表结构共同体现了数据字典中的设计内容，这两部分的检测保证了数据库和信息系统的实现符合国家和交通运输行业的相关数据标准。随着交通运输信息数据标准的编制和标准符合性检测理论、方法等研究的深入，标准符合性检测的对象和内容也会不断增加。

由于在信息系统开发过程中，各个阶段数据的属性表现都不够完全，在标准符合性系统设计时，按照信息系统的开发过程进行设计，便于进行应用。但在下面的研究中，本书仍然从数据标准符合性检测的最终目标，即数据项和数据集的属性的检测方法进行论述，将属性的检测分散在数据字典、数据库表结构和数据库内容几个方面。

另外，由于数据字典和数据库表结构最终都体现为数据项的定义，因此，在检测方法的论述中，忽略这些定义的来源，按照这些定义的理想表现形式进行讨论。

10.4.3 标准符合性检测思路

10.4.3.1 数据类型检测

数据类型主要体现在数据项的定义中,包括数据字典中数据项的预先规定和数据库表结构中的最终实现。

交通运输信息数据标准(以数据元标准为代表)规定了几种通用的数据类型,包括数字型、布尔型、字符型、日期型、日期时间型、二进制型等。在各种数据库管理系统中,采用了比上述类型更加细分的数据类型。例如 SQL Server 的数据类型就多达几十种。因此,一种标准类型往往对应了数据库管理系统中的多种数据类型,如果用户采用了任意的对应类型,理论上来讲应该是正确的。为此,在标准符合性检测中,应建立包含数据库的数据类型与标准类型对应关系的对应表(以下简称"数据类型对应表"),作为数据类型正确性判断的依据。但这样也带来了用户对于同一个标准要求实现方法多样的问题,为以后的共享交换带来隐患。例如,对于一个数字型的数据元,用户实现的时候可能会采用 int、tinyint 或者 iongint,在共享交换时,可能会出现溢出的情况。为此,本书提出设定统一的类型推荐,对于标准规定的数据类型,结合主流的数据库管理系统的数据定义,给出其推荐的数据类型,形成一个数据类型推荐表。这样能够保证交通运输信息系统开发人员对于数据项定义标准的规定具有统一的理解。因此,对于数据类型检测,其检测内容和结果判断方法如下。

检测内容:对用户的数据字典、数据库表结构中数据项的类型定义进行检测。

结果判断:

(1)用户数据项的数据类型定义符合数据类型对应表,则数据类型正确。

(2)用户数据项的数据类型定义不符合数据类型对应表,则数据类型错误,利用数据类型推荐表进行推荐。

10.4.3.2 数据格式检测

数据格式主要体现在数据项的定义(包括数据字典和数据库表结构)和数据库的内容中。这是由于如果用户数据项的定义比标准规定得宽泛,不能说明在共享交换时一定出错;如果数据内容都符合标准规定,则不会出现溢出的问题。为此,对格式的检测包括对数据定义的最小长度、最大长度和精度等的检测,以及对数据库内容(即存储的每个数据)格式的检测。

从共享交换角度需要说明的是,数据格式没有正确和错误之分。如果用户数据项的定义小于标准的规定,则便于进行交换;如果用户数据项的定义大于标准的规定,则便于接收其他系统数据。因此,当用户格式与标准规定不同时,本书规定为“弱正确”,即用户数据项的定义不完全符合标准的规定,但是不会严重影响共享交换的正确性。对于弱正确的情况,在进行评定时进行适当的扣分。

检测内容 1:对用户数据字典、数据库表结构的数据项的格式定义进行检测。

结果判断 1:

(1)用户数据项格式定义与标准规定的格式不同,则格式“弱正确”,按照标准格式进行推荐。

(2)用户数据项格式定义与标准规定的格式相同,则格式正确。

(3)如果数据类型错误,则数据格式错误。

检测内容 2:对数据库内容的格式与标准规定格式的符合程度进行检测。

结果判断 2:返回符合标准规定格式的数据数量占总检测数据数量的百分比。

10.4.3.3　数据单位检测

数据单位仅体现在数据字典的定义中。在数据库表结构和数据库内容中都没有单位的规定。

数据单位检测需要判断用户定义的数据项的单位与标准规定是否一致。由于单位的同义词较多,检测系统需要进行同义词识别,为此,需要建立单位的同义词表。

检测内容:对用户的数据字典中数据项的单位定义进行检测。

结果判断:

(1)用户数据项单位定义与标准规定相同,则单位正确。

(2)用户数据项单位定义是标准规定的同义词,则单位“弱正确”,进行推荐。

(3)以上都不是,则单位错误,进行推荐。

数据单位检测流程如图 10-1 所示。

10.4.3.4　数据值域检测

数据值域体现在数据字典中数据项的定义以及数据库内容两部分中。检测系统对这两部分分别进行检测。

检测内容 1:对用户数据字典中数据项的值域规定进行检测。

结果判断 1:

(1)用户数据项定义采用标准规定,则值域正确。

(2)用户数据项定义为空,则值域“弱正确”,按照标准规定进行推荐。

(3)用户数据项定义未采用标准规定,则值域错误,按照标准规定进行推荐。

检测内容 2:对数据库内容进行检测,即判断某个数据是否符合标准规定的值域。标准的值域规定包括三种:其一是简单代码值域,在标准中直接给出其范围,例如“0-是,1-否”形式的规定;其二是代码表值域,给出了代码表标识,例如“采用

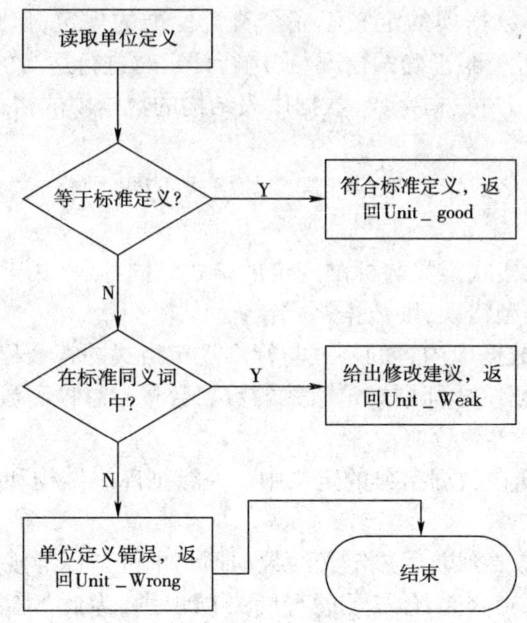

图 10-1　数据单位检测流程图

DM_×××××";其三为编码值域,给出了值域的编码规范。

检测方法:

(1)简单代码表值域,直接进行判断。

(2)代码表值域,使用代码表判断。

(3)编码值域,使用编码的正则表达式,对用户的数据内容(字段值)进行匹配,匹配则符合规范,不匹配则错误。例如:正则表达式是"^GQ\\d{2}$",表示以GQ打头,后跟2位数字,长度为4的字符串。

结果判断2:返回符合值域标准规定的数据数量占总检测数据数量的百分比。

10.4.3.5　数据约束及出现次数检测

数据约束和出现次数检测是根据数据集标准中规定的数据项约束及出现次数属性对用户数据集进行检测。

约束属性检测内容:检测用户数据集中标准规定的所有必选数据项是否存在。

结果判断:如果数据项约束不满足,则根据标准规定给出建议。

出现次数检测内容:检测某个数据集中的数据项是否满足标准要求的出现次数条件,如果不满足,则在建议表中给出建议。

结果判断:如果数据项出现次数不满足,则根据标准规定给出建议。

10.5　本章小结

本章对标准符合性检测的背景、国内外研究概况、交通运输信息数据标准的分类及相应的数据项和数据集标准的建设情况进行了简要介绍。在此基础上，确定了当前阶段标准符合性检测的内容、对象和思路等。

第 11 章　数据项属性检测方法

本章对数据项属性(主要包括数据类型、数据格式、数据值域、数据单位等四个方面的属性)的详细检测方法进行设计。

11.1　数据类型检测方法

根据《交通信息基础数据元》(JT/T 697),数据的通用类型分为字符型、数字型、日期型、布尔型、二进制型等。但对于不同的数据库系统,其数据基本类型定义是不同的。下面以 SQL Server 为例,分别对不同数据类型的检测方法进行研究。

11.1.1　常用的数据类型检测

11.1.1.1　数字型

用户数据存储在特定的数据库中,SQL Server2008 的数字型可分为精确数字、带固定精度和小数位数的数字和近似数字三类。

1)精确数字

使用整数数据的精确数字数据类型,如表 11-1 所示。

使用整数数据的精确数字数据类型　　表 11-1

数据类型	范　围	存储
bigint	-2^{63}(-9 223 372 036 854 775 808) ~ $2^{63}-1$ (9 223 372 036 854 775 807)	8 字节
int	-2^{31}(-2 147 483 648) ~ $2^{31}-1$ (2 147 483 647)	4 字节
smallint	-2^{15}(-32 768) ~ $2^{15}-1$ (32 767)	2 字节
tinyint	0 ~ 255	1 字节

2)带固定精度和小数位数的数字

decimal[(p[,s])]和 numeric[(p[,s])]:固定精度和小数位数。使用最大精度时,有效值从 $-10^{38}+1$ 到 $10^{38}-1$。decimal 的 ISO 同义词为 dec 和 dec(p,s)。numeric 在功能上等价于 decimal。其中,p 表示精度。最多可以存储的十进制数字的总位数,包括小数点左边和右边的位数。该精度必须是从 1 到最大精度 38 之间的值。默认精度为 18。s 表示小数位数。

money 和 smallmoney:代表货币或货币值的数据类型。

3)近似数字

用于表示浮点数值数据的数值数据类型。浮点数据为近似值,因此,并非数据类型范围内的所有值都能精确地表示。近似数字数据类型如表 11-2 所示。

近似数字数据类型　　表 11-2

数据类型	范　围	存储
float[(*n*)]	-1.79E+308 ~ -2.23E-308、0,以及 2.23E-308 ~ 1.79E+308	取决于 *n* 的值
real	-3.40E+38 ~ -1.18E-38、0,以及 1.18E-38 ~ 3.40E+38	4 字节

float[(*n*)]:其中 n 为用于存储 float 数值尾数的位数(以科学记数法表示),因此可以确定精度和存储大小。如果指定了 n,则它必须是介于 1 和 53 之间的某个值。n 的默认值为 53。

数字型判断方法:以上所有的数字类型从理论上来讲都符合标准中关于数字型的要求。即如果标准规定某个数据项应该是数字型,而用户采用了上面任何一种,则都是正确的。如果用户采用了大于或者小于标准规定的数据类型,交换也是可以进行的。因此,单从数据类型角度讲,无论用户采用哪种数字型都应该是可以接受的。

对于数据类型正确而存储范围超出标准的问题,本书将其归结为格式检测。在这里,只对类型做简单判断,即采用了数字类型即为符合标准要求。

数字型推荐:从以上数字型的数据类型可见,SQL 数据库中 decimal 型能够更好地表示数据元的规定,包括长度、精度等。因此,对于数字型,如果用户采用了不同的类型,虽然类型正确,但格式是不完全正确的,系统就给出 decimal 型的推荐。

11.1.1.2　字符型

字符型的定义在数据库中也有多种。SQL Server 中关于字符型的基本数据类型归纳如下:

1)固定长度字符数据类型

(1)char 型。char[(*n*)]:固定长度,非 Unicode 字符数据,长度为 n 个字节。n 的取值范围为 1 ~ 8 000,存储大小是 n 个字节。char 的 ISO 同义词为 character。

(2)nchar 型。nchar 是 Unicode 编码的 char 型。

2)可变长度的字符数据类型

(1)varchar 型。varchar[(*n*|max)]:可变长度,非 Unicode 字符数据。n 的取值范围为 1 ~ 8 000。max 指示最大存储大小是 $2^{31}-1$ 个字节。存储大小是输入数

据的实际长度加 2 个字节。所输入数据的长度可以为 0 个字符。varchar 的 ISO 同义词为 char varying 或 character varying。

(2) nvarchar 型。表示 Unicode 编码的 varchar 型。

(3) text 型。服务器代码页中长度可变的 Unicode 数据,最大长度为 $2^{31}-1$(2 147 483 647)个字符。当服务器代码页使用双字节字符时,存储仍是 2 147 483 647 字节。根据字符串,存储大小可能小于 2 147 483 647 字节。

(4) ntext 型。表示 Unicode 编码的 text 型。

字符型判断方法:以上所有的字符类型从理论上来讲都符合标准中关于字符型定义的要求。即如果标准规定某个数据项应该是字符型,而用户采用了上面任何一种,则都是正确的。同样,对于范围的判断,推迟到格式检测中进行。

字符型推荐:SQL 的字符型数据类型中,char 能够准确满足数据元关于定长字符串的要求,varchar 能够准确满足关于变长字符串的要求,SQL Server 推荐采用 varchar(max)表示不限长的文本,系统根据数据元的要求进行相应推荐。

11.1.1.3 日期型

SQL Server 关于日期的数据类型共有 date、datetimeoffset、datetime2、datetimeoffset、datetime2、datetime、time 几种类型,对其分别简单介绍如下:

(1) date 型。date 类型的属性如表 11-3 所示。

date 属性表 表 11-3

属 性	值
默认的字符串文字格式	YYYY-MM-DD
范围	01-01-01 到 9999-12-31,公元元年 1 月 1 日到公元 9999 年 12 月 31 日
字符长度	10 位
精度、小数位数	10, 0
存储大小	固定 3 个字节
存储结构	1、3 字节整数存储日期
精确度	1d
默认值	1900-01-01
日历	公历

(2) datetimeoffset 型。用于定义一个与采用 24 小时制并可识别时区的一日内时间相组合的日期。

(3) datetime 型。用于定义一个与采用 24 小时制并带有秒小数部分的一日内时间相组合的日期。

(4) datetime2 型。定义结合 24 小时制时间的日期。可将 datetime2 视作现有 datetime 类型的扩展，其数据范围更大，默认的小数精度更高，并具有可选的用户定义的精度。

(5) time 型。time 数据类型支持的字符串文字格式如表 11-4 所示。

time 数据类型支持的文字字符串格式　　表 11-4

格　式	说　明
hh:mm[:ss][:fractional seconds][AM][PM] hh:mm[:ss][.fractional seconds][AM][PM] hhAM[PM] hh AM[PM]	如果小时值为 0，则不论是否指定了 AM，都表示午夜(AM)后的小时。当小时值等于 0 时，不能指定 PM。 如果 AM 和 PM 均未指定，则小时值为 01 ~ 11 时，表示中午以前的小时。如果指定了 AM，则这些值表示中午以前的小时。如果指定了 PM，则这些值表示中午以后的小时。 如果既未指定 AM，也未指定 PM，则小时值 12 表示始于中午的小时。如果指定了 AM，则该值表示始于午夜的小时。如果指定了 PM，则该值表示始于中午的小时。例如，12:01 是指中午过后 1min，与 12:01 PM 的含义相同，而 12:01 AM 则指午夜过后 1min。指定 12:01 AM 与指定 00:01 或 00:01 AM 等效。 如果未指定 AM 或 PM，则小时值 13 ~ 23 表示中午以后的小时。如果指定了 PM，这些值也表示中午以后的小时。如果小时值为 13 ~ 23，则不能指定 AM。 如果小时值为 24，则该值无效。若要表示午夜，请使用 12:00 AM 或 00:00。 可以在毫秒之前加上冒号(:)或者句点(.)。如果使用冒号，这个数字表示 0.001s。如果使用句点，则单个数字表示 0.1s，两个数字表示 0.01s，三个数字表示 0.001s。例如，12:30:20:1 表示到了 12:30 后又过了 20.001s；12:30:20.1 表示到了 12:30 后又过了 20.1s

数据元属性中关于日期的一般规定为：YYYYMMDDhhmmss，其中“YYYY”表示世纪和年份，“MM”表示月份，“DD”表示日期，“hh”表示小时，“mm”表示分钟，“ss”表示秒，可以视具体实际情况组合使用。

日期型判断方法：数据元对日期的定义中只是一种表示，与存储无关，存储的日期或者时间可以格式化显示为用户期望的格式。因此，在类型检测中只需要做简单判断。如果标准要求的是日期型，用户数据类型属于任意的日期型，则是正确类型；如果用户数据类型不属于日期型，则是错误类型。

日期型推荐：数据元中关于日期的定义与 SQL Server 中 date 符合较好，而日期时间型与 datetime 符合较好，系统按照这个原则进行推荐。

11.1.1.4　布尔型

由于布尔型数据类型只是简单的 0/1 关系（真/假，TRUE/FALSE），故数据库中对其存储也可以有多种方式，比如可以用 bit 型、int 型的 0/1 等。数据元中对布尔型数据类型的规定包括：是/否或者 TRUE/FALSE。

布尔型判断方法：如果用户数据类型能够存储 0/1 或者 TRUE/FALSE，则应该认为是正确类型;对于有些不支持布尔型的数据库,用户只能使用 int、char、tinyint 等类型进行布尔型的存储。为了一致性,在 SQL Server 中,这些类型表示布尔型时,也应该认为都是正确的。

布尔型推荐:SQL Server 中布尔型推荐使用 bit 类型。

11.1.1.5　二进制型

信息系统中的二进制型数据类型属于流式数据,数据库对其一般采用二进制类型进行存储。SQL Server 中存储二进制的数据类型包括:

(1) binary[(*n*)]。长度为 *n* 字节的固定长度二进制数据,其中 *n* 是从 1 到 8 000 的值。存储大小为 *n* 字节。

(2) varbinary[(*n*|max)]。可变长度二进制数据,其中 *n* 可以是从 1 到 8 000 之间的值。max 指示最大存储大小为 $2^{31}-1$ 字节。存储大小为所输入数据的实际长度 +2 字节。所输入数据的长度可以是 0 字节。varbinary 的 ANSI SQL 同义词为 binary varying。

(3) image 型。长度可变的二进制数据,从 0 到 $2^{31}-1$(2 147 483 647)字节。

二进制型判断方法:如果用户数据类型属于二进制型,则是正确类型;如果用户数据类型不属于二进制型,则是错误类型。

二进制型推荐:二进制型在数据元中一般规定为图片类型数据的存储,因此,推荐使用 image 型。

11.1.2　数据类型映射和推荐表

对以上内容进行总结,则可以制定出数据库类型到数据元标准类型的映射表,如表 11-5 所示。

SQL Server 数据类型到数据元标准类型映射表　　表 11-5

数据库管理系统	数据类型	范　围	对应标准的数据类型
SQL Server	bigint	-9 223 372 036 854 775 808 ~ 9 223 372 036 854 775 807	数字型
SQL Server	int	-2 147 483 648 ~ 2 147 483 647	数字型、布尔型
SQL Server	smallint	-32 768 ~ 32 767	数字型、布尔型
SQL Server	tinyint	0 ~ 255	数字型、布尔型
SQL Server	numeric		数字型
SQL Server	decimal		数字型
SQL Server	bit		布尔型
SQL Server	float		数字型

续上表

数据库管理系统	数据类型	范　　围	对应标准的数据类型
SQL Server	real		数字型
SQL Server	char		字符型、布尔型
SQL Server	varchar		字符型、布尔型
SQL Server	nchar		字符型
SQL Server	nvarchar		字符型
SQL Server	text		字符型
SQL Server	ntext		字符型
SQL Server	date		日期型
SQL Server	datetime		日期时间型
SQL Server	binary		二进制型
	image……		二进制型

各种标准类型 SQL Server 数据库中推荐采用的数据类型如表 11-6 所示。

标准类型在数据库(SQL Server)中的推荐表　　表 11-6

标准数据类型和格式前导字母标识	SQL Server 推荐数据类型
字符型,前导字母为 a/an,变长	varchar
字符型,前导字母为 a/an,定长	char
二进制型	image
布尔型	bit
数字型	numeric
日期型	date
日期时间型	datetime
字符型,前导字母为 Ul	varchar(max)

注:变长表示长度是可变的,例如 an..10 表示最大长度为 10 的不定长字符串,而 an10 表示长度为 10 的定长字符串。

11.1.3　数据类型检测设计

数据类型符合性检测主要涉及映射表和数据类型推荐表的存储,采用 SQL Server 对其分别进行存储,具体表设计分别如表 11-7、表 11-8 所示。

在这两张表设计的基础上,数据类型的检测流程如图 11-1 所示。数据类型符合性检测类设计如图 11-2 所示。类 DataType 各成员及方法设计如表 11-9 所示。

映射表存储设计 表 11-7

字段名称	字段类型	允许空	字段描述	备注
dbType	nvarchar(20)	否	数据库类型	
uoType	nvarchar(20)	否	检测对象数据类型	
soType	nvarchar(20)	否	标准类型	
ruleIndex	smallint	否	唯一标识一条映射规则	用作主键

推荐表存储设计 表 11-8

字段名称	字段类型	允许空	字段描述	备注
dbType	nvarchar(50)	否	数据库类型	
padChar	nvarchar(50)	否	标准格式解析结果	
sugType	nvarchar(50)	否	建议数据类型	
sugIndex	smallint	否	唯一标识一条建议规则	用作主键

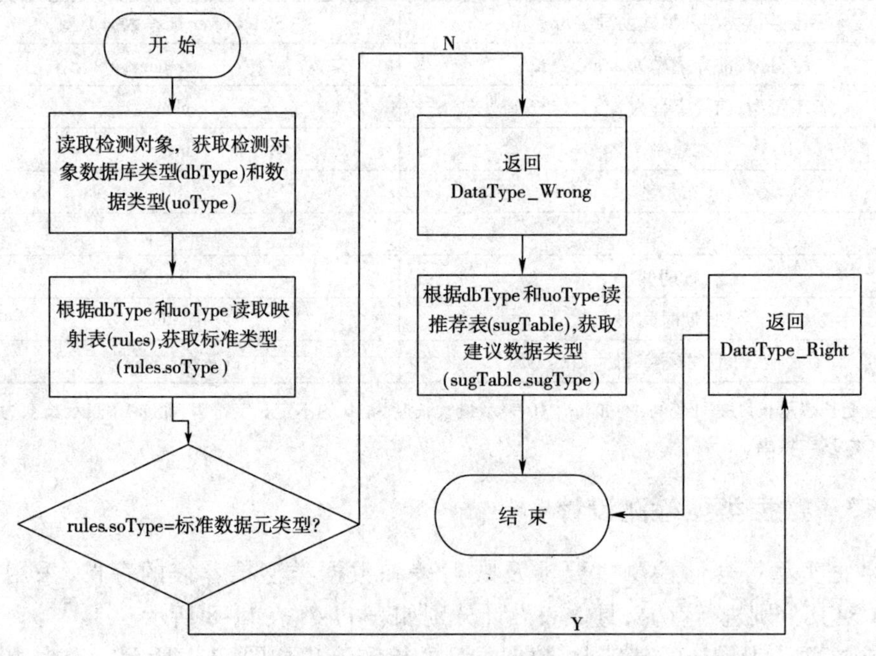

图 11-1 数据类型检测流程图

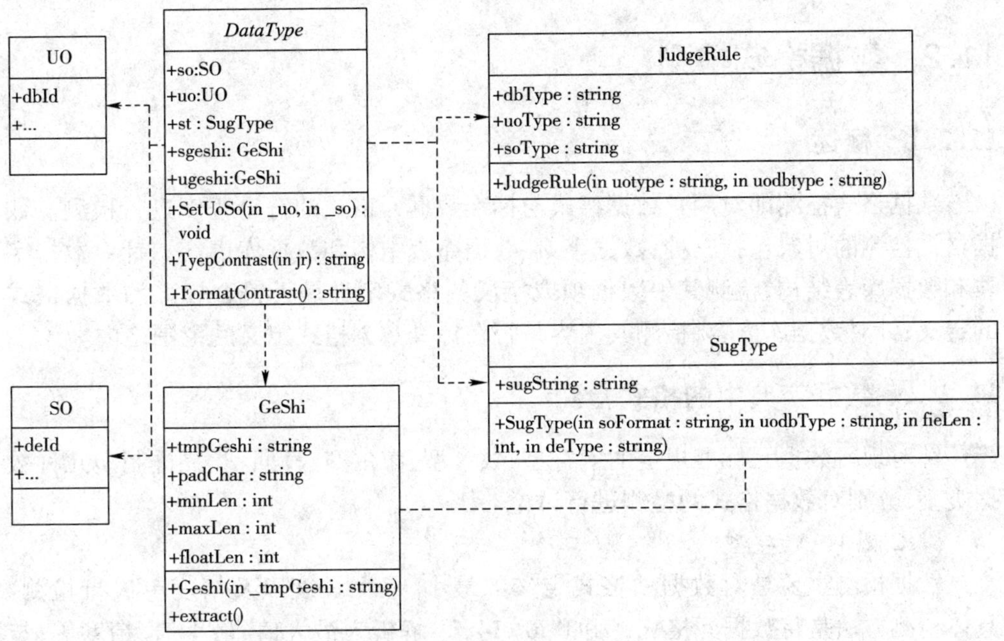

图 11-2　数据类型检测类图

类 DataType 设计表　　表 11-9

<table>
<tr><td rowspan="6">数据成员</td><td colspan="2">名　称</td><td colspan="2">类　型</td></tr>
<tr><td colspan="2">so</td><td colspan="2">标准对象</td></tr>
<tr><td colspan="2">uo</td><td colspan="2">用户对象</td></tr>
<tr><td colspan="2">st</td><td colspan="2">标准数据格式</td></tr>
<tr><td colspan="2">sgeshi</td><td colspan="2">标准数据格式，格式解析类（GeShi）对象</td></tr>
<tr><td colspan="2">ugeshi</td><td colspan="2">检测对象数据格式，格式解析类（GeShi）对象</td></tr>
<tr><td rowspan="4">方法</td><td>名称</td><td>功能</td><td>入口参数：类型</td><td>返回类型</td></tr>
<tr><td>SetUoSo</td><td>对检测对象进行格式解析，并根据标准对象，生成推荐类型</td><td>uo：检测对象；
so：标准对象</td><td>void</td></tr>
<tr><td>TypeConstast</td><td>检测用户数据类型是否和标准一致，一致则返回 DataType_Right；不一致则返回 DataType_Wrong，并生成建议类型和建议格式</td><td>jr：规则抽取类 JudgeRule 类对象</td><td>string</td></tr>
<tr><td>FormatContrast</td><td>抽象方法，具体数据类型检测时实现</td><td>无</td><td>无</td></tr>
</table>

11.2 数据格式检测

11.2.1 概述

数据格式检测即对用户数据格式与标准数据元格式的符合程度进行检测。数据格式检测的对象包括三种:数据字典、数据库表结构和数据库内容。针对数据字典和数据库表结构,检测其中数据项或字段的格式定义是否符合标准的数据格式的定义;针对数据库内容,检测其内容是否在标准数据格式定义的范围之内。

11.2.2 数据字典中的格式检测

针对现行数据元标准规定的字符型、数字型、布尔型、日期型、二进制型几种数据类型,分别对数据格式的检测进行讨论。

11.2.2.1 数字型

数据检测主要是对数据项格式定义的最小、最大长度以及精度等进行检测。具体检测方法是将数据元格式,例如"n..14,2"解析为最大值、最小值、精度等,与数据项的定义格式,例如 numeric(14,2)中的最大值、最小值、精度等进行逐项比较。数字型类型数据格式符合性检测可分为三种类型:正确、弱正确、错误。

正确:用户数据格式定义与标准完全相等的情况。例如:标准数据元格式定义为 n5,2,用户数据格式定义为 numeric(5,2)。

错误:非完全正确与弱正确中涉及的情况。

弱正确,存在以下两种情况:

由于标准数据元中的数字型类型都规定了数据格式,例如 n6、n..7,3 等,则对于用户数据来讲,如果用户采用了数据库的预定义类型,例如 int、bigint、smallint 等,这些类型都大于标准规定,此种情况下的用户数据如果同其他系统进行交换,则可能出现截断或者溢出。例如,标准数据元中规定数据格式为 n6(6 位的整数),用户数据定义为 int 型,则用户数据可能大于 6 位,如果将用户数据用于交换,则可能截断或者溢出。

同样,当用户数据类型定义格式范围小于标准数据元格式定义范围时,此种情况下的用户数据如果同其他系统进行交换,则不存在问题,但是如果用来接收其他系统传来的数据,则会发生错误。例如,标准数据元中规定数据格式为 n6(6 位整数),用户数据定义为 numeric(4,0)(4 位整数)型,则用户数据范围小于标准数据元数据范围,如果用户用来接收其他系统传来的数据(其他系统符合数据元标准要求),则会出现错误(截断)。也就是说,当用户格式不等于标准格式时,各有优缺点。因此,本书将不等于标准格式的用户数据格式检测结果定义为"弱正确"(Weak),对其按照标准格式进行推荐。

11.2.2.2　字符型

字符型类型数据格式符合性检测也分为三种类型:正确、弱正确、错误。

正确:用户数据格式定义与标准完全相等的情况。例如:用户数据格式定义为char(10),标准数据元格式定义为a10。

弱正确:用户定义数据格式范围大于或小于标准数据元格式范围的情况。

错误:非完全正确与弱正确中涉及的情况。

11.2.2.3　布尔型

对于布尔型类型,由于标准规定其最大值为1,在SQL Server中,可以使用bit型准确表示布尔型。这时,格式无须判断。但用户也可能用int、tinyint、char等数据类型来表示布尔型。这时,存储数据可能会出现大于1的情况,即存储所能表达的范围大于标准规定的值域范围,判断为弱正确。

11.2.2.4　日期型和二进制型

由于数据库中存储日期型、二进制型两种数据类型均采用系统内置的固定格式,不存在数据表示范围截断或溢出的情况,故其数据格式的检测无须进行,只要类型正确,则格式正确。

11.2.3　数据内容中的格式检测

对于用户数据格式定义格式超出数据元标准定义格式范围的弱正确类型,还需要对数据内容进行检测,得到该数据字段数据内容不符合标准规定的比例,作为系统整体评价的参考依据之一。分为以下三种情况处理:

(1)对于日期型、二进制型、布尔型三种数据类型,其数据内容不存在超出数据元标准格式定义范围的情况,故其只需进行数据类型的检测,其数据内容本身不需要检测。故数据内容的格式检测主要针对字符型和数字型。

(2)对于字符型,检测数据内容的字符个数是否在标准数据格式规定的范围之内,在即正确,不在即错误。例如:标准格式为a10,数据内容为"长安大学"。即标准要求为10个字符,而数据内容为4个字符,明显不等,所以该条内容错误。

(3)对于数字型,检测数据内容的数字是否在标准数据格式规定的范围之内,在即正确,不在即错误。例如:标准格式为n3,数据内容为"150"。即标准要求内容范围为100~999(3位整数),数据内容150,在标准规定的范围之内,所以该条内容正确。

以上三种情况中,第(1)种情况无须检测,其余两种情况的检测方法为判断一个具体数据的格式,对于字符型直接取其长度即可。对于数字型需要获取其精度,编程语言都给出了现成的函数,在下面格式检测的设计与实现中不再进行论述。

11.2.4 数据字典中数据格式检测的设计与实现

数据字典最终存储在统一接口表中待检,其中字段(dataFormat)存储数据格式,采用 SQL Server 对统一接口表进行存储,具体表设计如表 11-10 所示。

统一接口表存储设计 表 11-10

字段名称	字段类型	允许空	字段描述	备注
dataID	bigint	否	主键,唯一标识一条数据项	可用系统编号 + 数据项编号产生
dbID	char(36)	否	所属数据库的 ID 号	和其他表的关联字段
systemID	char(20)	可	被检测数据项所属管理系统的 ID 号	当添加一个系统时,由前端组件自动生成
fieldName	varchar(400)	否	被检测数据项字段名称	用于数据内容的访问
dataName	varchar(100)	否	待检测数据项的名称	
dataTable	varchar(100)	可	被检测数据项所属数据表的表名	用于进行数据表的链接
tableName	varchar(100)	可	数据表的中文解释	用于进行数据项业务领域的辅助判断
filedLen	int	可	内置固定长度的数据类型的字段长度	如:int 长度为 4 字节,保留应用,如果工作量太大,可暂时不采集
dataType	varchar(20)	可	待检测数据类型	即字段的原始设计类型,如 int、datetime、numeric 类型等。若字节可变长,如用户类型为 char(10),则此字段为 char
dataScope	varchar(400)	可	被检测数据项字段值域	字段内容值域,如果数据字典有规定,则采集至此
defaultName	varchar(400)	可	被检测数据项缺省值	
isNull	bit	可	被检测数据项可否为空	
dataUnit	varchar(10)	可	计量单位	如辆、元等
usage	char(10)	可		保留字段

续上表

字段名称	字段类型	允许空	字 段 描 述	备　　注
dbType	varchar(20)	否	被检测数据项所属数据库类型和版本	该字段格式为:数据库类型-版本
memo	text	可	相关备注	数据项的备注
dataFormat	varchar(100)	可	参照数据元数据格式说明	把数据库类型统一为数据元格式。(1)其形式为:数值型——n(a..b,c),字符型——an/a(a..b)。 (2)对于内置固定长度数值数据类型,如 int 等,以及日期型、日期时间型、二进制型、布尔型等,该项可以不填;如果该类型定义了精度和小数点位置,则需要转换为以上形式。 (3)如果字符型没有明确规定是否可以包含数字,则按 an 型处理
deID	char(36)	可		用于存储该数据项的推荐和评价结果,无须采集
dataNameSug	varchar(100)	可		
dataTypeSug	varchar(100)	可		
dataFormatSug	varchar(100)	可		
dataUnitSug	varchar(100)	可		
fieldNameSug	varchar(100)	可		
dataScopeSug	varchar(200)	可		
contentSta	decimal(6,2)	可		
score	decimal(6,2)	可		
confirmID	bit	否		
isChange	bit	可	用于存储还是交换	如只用于存储和交换,则类型为布尔型。存储:true;交换:false
dbName	varchar(200)	可	数据库名称	用户数据名称
resultCode	vachar(200)	可	检测结果代码	

根据数据格式检测方法,结合统一接口表,数据格式符合性检测总体流程如图 11-3 所示。

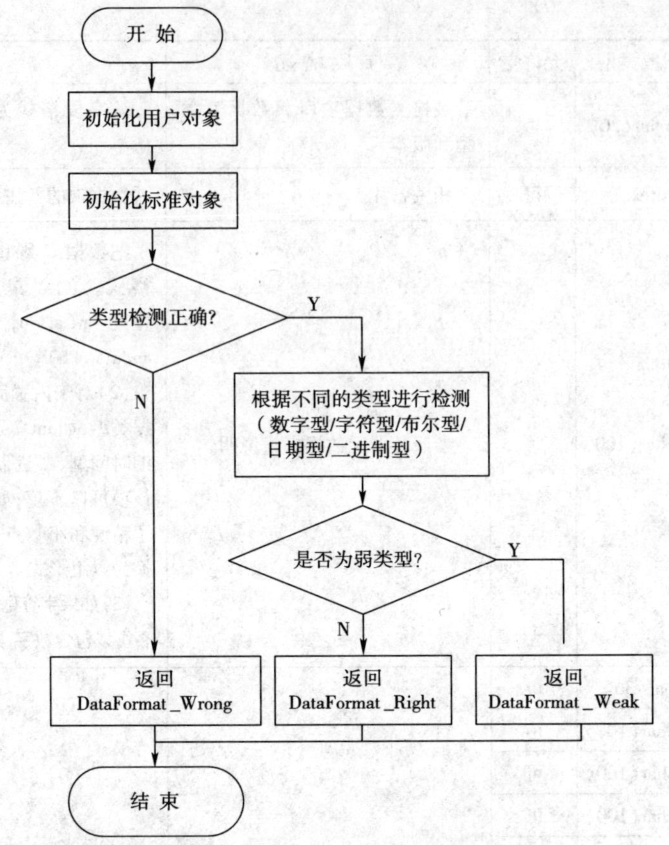

图 11-3　数据格式符合性检测总体流程图

其具体每种类型的检测如下：

对于日期型和二进制型两种数据类型，由于其不存在数据截断或者溢出的情况，所以对其数据格式的判断较为简单。

日期型：日期型格式检测依赖于其数据类型检测的结果，如果数据类型检测返回 DataType_Right，则格式检测结果返回 DataFormat_Right；如果数据类型检测返回 DataType_Wrong，则格式检测结果返回 DataFormat_Wrong。

二进制型：图片格式保存于用户对象的数据格式字段中，如果其格式与标准格式相同，则返回正确（DataFormat_Right）；反之返回错误（DataFormat_Wrong）。

布尔型/字符型：在数据类型正确的情况下，只需要判断用户数据格式与标准数据格式最大值是否相等，相等则正确，否则弱正确。检测流程设计如图 11-4 所示。

在数据类型检测正确的情况下，数字型格式检测流程如图 11-5 所示。

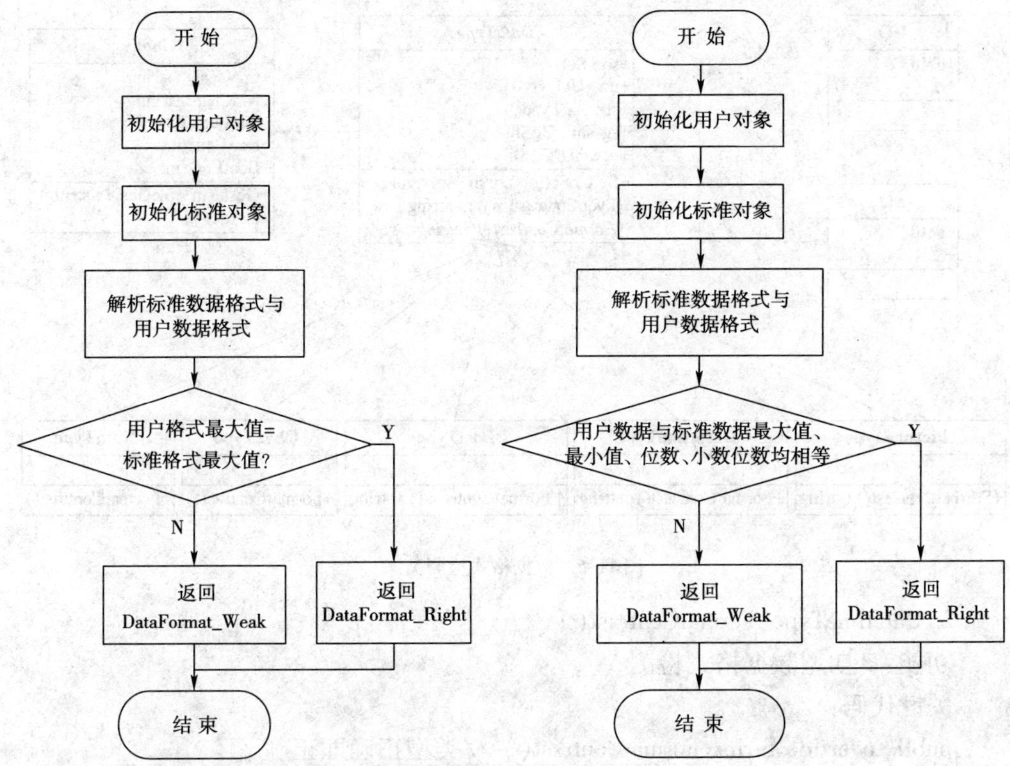

图 11-4　布尔型/字符型数据格式检测流程

图 11-5　数字型格式检测流程图

数据格式符合性检测类设计如图 11-6 所示。

根据数据格式检测的设计，对其具体实现如下：

类 DataType 与类 GeShi 的实现在类型检测中已作介绍（详见数据类型符合性检测实现），在此不再赘述。在此简要描述其五个子类：PictureType、DatetimeType、BoolType、CharType、NumType 覆盖方法 FormatContrast( )的各自的具体实现。

1) PictureType: FormatContrast( )

功能：二进制型数据格式检测

关键代码：

```
if (String. Compare(uo. dataFormat, so. deFormat, true) = = 0) //类型正确，反之错误
        {return "DataFormat_Right";}
Else
        {return "DataFormat_Weak";}
```

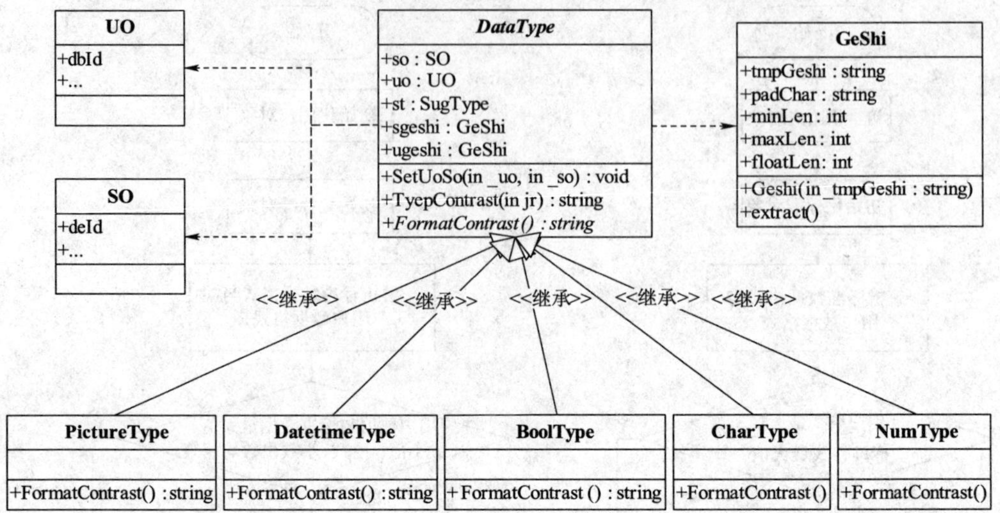

图 11-6　数据格式检测类图

2)DatetimeType:FormatContrast()

功能:日期型数据格式检测

关键代码:

```
public override String FormatContrast() //类型正确即正确
{ return "DataFormat_Right";}
```

3)BoolType:FormatContrast()

功能:布尔型数据格式检测

关键代码:

```
if (ugeshi.maxLen == sgeshi.maxLen ) //用户格式最大值=标准格式最大值,则正确　　{ return "DataFormat_Right";}
else　　//用户用 int char tinyint 等表示布尔型,则为 Weak,并进行推荐
        {uo.dataFormatSug = st.sugString;return "DataFormat_Weak";}
```

4)CharType:FormatContrast()

功能:字符型数据格式检测

关键代码:

```
if (ugeshi.maxLen == sgeshi.maxLen && ugeshi.fixedLen ==sgeshi.fixedLen)
            //用户格式最大值=标准格式最大值,则正确
        {return "DataFormat_Right";}
```

```
else                //否则弱正确,并进行推荐
            {uo. dataFormatSug = st. sugString; return "DataFormat_Weak";}
```

5) NumType: FormatContrast()

功能：数字型格式检测

关键代码：

```
if (ugeshi. maxLen == sgeshi. maxLen && ugeshi. minLen == sgeshi. minLen
   &&ugeshi. fixedLen ==sgeshi. fixedLen && ugeshi. floatLen == sgeshi. floatLen)
                //用户数据格式与标准数据格式完全相等,则正确
            {return "DataFormat_Right";}
else                              //否则弱正确,并进行推荐
            { uo. dataFormatSug = st. sugString; return "DataFormat_Weak";}
```

11.3 数据单位检测

11.3.1 数据单位检测方法

数据单位符合性检测主要对数据字典中数据项的计量单位进行符合性检测。同一个数据单位的用户习惯用法可能有多种,例如表示质量的单位,常用的包括千克、kg、公斤、吨等,标准规定的数据单位只采取了多种形式中的某一种,可以认为其他的表现形式为标准规定单位的同义词。

针对具体不同的情况,对数据单位的检测分为以下四种类型:

正确:用户数据单位与标准规定的单位完全相同。例如:标准规定单位为千克,用户数据单位为千克。

弱正确:用户数据单位是标准单位的同义词。例如:标准规定单位为千克,用户数据单位为 kg。

错误:用户数据单位和标准单位完全不同,也不是标准单位的同义词。例如:标准规定单位为千克,用户数据单位为米或者没有规定。

无单位:标准数据单位为空。

相应的检测结果也可分为四种情况:

(1)数据单位正确:返回 DataUnit_Right;

(2)数据单位弱正确:返回 DataUnit_Weak;

(3)数据单位错误:返回 DataUnit_Wrong;

(4)数据单位无要求:返回 DataUnit_None。

11.3.2 数据单位检测设计与实现

数据单位符合性检测主要涉及标准单位及其同义词库的建立存储,具体同义词库表设计如表 11-11 所示。symUnit 字段可存储多个同义词,多个同义词之间用“;”隔开。数据单位表示例如表 11-12 所示。

数据单位存储表设计 表 11-11

字段名称	字段类型	允许空	字段描述	备注
deUnit	char(10)	否	标准单位	用作主键
symUnit	varchar(200)	可	同义词	标准单位的同义词

数据单位表示例 表 11-12

标准单位(deUnit)	同义词(symUnit)
度	度(°);(°);°
吨	吨(t);T
分	m;M;分钟

根据数据单位的检测方法,结合表 11-11、表 11-12,数据单位的检测流程和类图设计如图 11-7、图 11-8 所示。

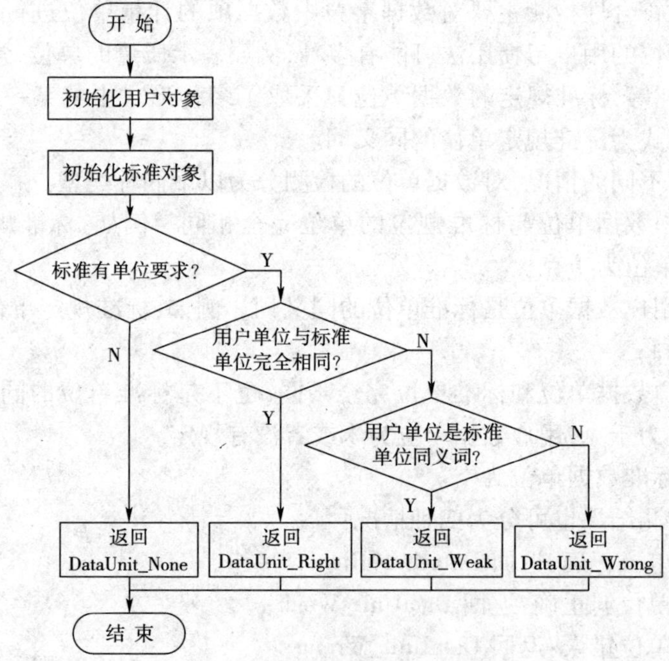

图 11-7 数据单位符合性检测流程图

类 DataUnit 各成员及方法设计如表 11-13 所示。

根据检测方法中的具体描述，结合数据单位的检测设计，数据单位检测具体实现如下面的过程所示。单位表按照数据单位符合性检测单位表的存储设计在 SQL Server 中建表即可，具体内容按照标准单位录入即可。

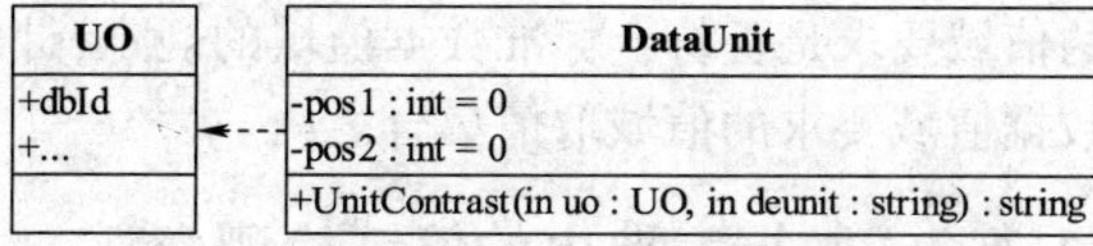

图 11-8　数据单位符合性检测类图

数据单位检测类设计　　表 11-13

<table>
<tr><td rowspan="3">数据成员</td><td colspan="2">名　称</td><td colspan="2">类 型 说 明</td></tr>
<tr><td colspan="2">pos1</td><td colspan="2">int，私有成员，用户单位中“(”起始位置</td></tr>
<tr><td colspan="2">pos2</td><td colspan="2">int 型，私有成员，标准单位中“(”起始位置</td></tr>
<tr><td rowspan="2">方法</td><td>名称</td><td>功能</td><td>入口参数：类型</td><td>返回类型</td></tr>
<tr><td>UnitContrast</td><td>对用户数据单位
进行符合性检测</td><td>uo：UO 对象，
deUnit：stirng 型，标准单位</td><td>string</td></tr>
</table>

类 DataUnit 主要包含方法 UnitContrast，其实现如下：

DataUnit：UnitContrast ( )

功能：数据单位检测

关键代码：

```
if (String. IsNullOrEmpty(uo. dataUnit) && String. IsNullOrEmpty(deUnit))
    return "DataUnit_None";     //标准没有单位要求，返回 DataUnit_None
if (uo. dataUnit  = =  deUnit)     //完全相同，返回 DataUnit_Right
    return "DataUnit_Right";
else  { string symUnit  =  DbUlti. GetUnit(deUnit);
    uo. dataUnitSug  =  deUnit;     //进行建议
if (symUnit. IndexOf(uo. dataUnit  +  ";")  > 0)//同义词中包含该单位
    { uo. dataUnitSug  =  deUnit; return "DataUnit_Weak";}//进行建议
else
    return "DataUnit_Wrong";
```

11.4　数据值域检测

11.4.1　概述

数据值域检测即检测用户数据值域是否符合标准数据元值域要求。数据值域检测的对象主要分为两种:数据字典和数据内容。针对数据字典,检测其数据字段的值域要求是否符合标准数据值域的规定;针对数据内容,检测其内容是否在标准数据值域要求的值域取值集合之内。

11.4.2 数据字典中的值域检测

根据《交通信息基础数据元》(JT/T 697)中数据元值域的定义,数据值域主要包括无值域、值域、代码、编码四种类型,以下对其分别进行介绍。

(1)无值域要求:标准数据元对值域不作要求。如数据元"中文船名"(编号:CB010100002)其对值域不作要求。

(2)值域:标准数据元的值域是元素较少的字符串集合。如数据元"进出港标志"(编号:CB010200022),其值域为:"0-进港;1-出港"。

(3)代码:标准数据元值域是固定的代码集。如数据元"行政区划代码"(编号:GL010000002),其值域为:见"DM_ZHRMGHGXZQHDM"《中华人民共和国行政区划代码》(GB/T 2260)。

(4)编码:标准数据元值域为固定格式的字符串。如数据元"所在港区编号"(编号:GK010300006),其值域为:编号结构为"GQXX"。

检测针对以上四种具体类型,返回不同的结果。根据检测结果,以下对其检测方法分别进行讨论。

(1)正确:用户数据项对应的标准数据元有值域要求,用户数据项值域完全符合标准数据元值域要求。主要采取字符串匹配的方法来检测。即检测用户数据值域要求是否全在标准数据元的值域要求之中,在则完全正确,不在则错误。

(2)弱正确:用户数据项对应的标准数据元有值域要求,而用户数据项无值域要求。这种情况可能是用户在数据字典中没有定义。

(3)错误:用户数据项对应的标准数据元有值域要求,用户数据项值域不符合标准数据元值域要求。检测方法同完全正确类型。

(4)无值域要求:用户数据项对应的标准数据元没有值域要求,即数据元值域类型中无值域要求类型。

不同类型的检测分别返回其对应的结果。

(1)数据值域正确:返回 DataScope_Right;

(2)数据值域弱正确:返回 DataScope_Weak;

(3)数据值域错误:返回 DataScope_Wrong;

(4)数据值域无要求:DataScope_None。

11.4.3　数据内容的值域检测

数据内容的值域检测主要对用户数据内容对标准的符合性进行检测,获取其符合标准数据元值域要求的比例,作为系统总体评价的参考依据之一。

用户数据内容的值域检测主要对用户数据内容是否符合标准数据元规定的数据值域内容进行检测。标准数据元对内容的要求分为无值域要求和有值域要求两种类型。对无值域要求类型,检测用户数据内容是否符合标准数据元格式即可;对有值域类型,检测用户数据内容是否符合标准要求的值域即可。下面对这两种类型进行详细讨论。

1)标准数据元无值域要求

对此类型,由于标准数据元没有值域要求,所以对其数据内容的检测即检测用户数据内容是否符合标准数据元格式要求,如符合,则正确;如不符合,则错误。例如:用户数据内容为100(数字型),其对应的标准数据元无值域要求,其格式要求为 n2..3,即标准要求数据为最少两位、最大 3 位的整数,即范围为 10 ~ 999 的数字。100 在此范围内,所以用户数据内容符合要求,用户数据内容正确。

2)标准数据元有值域要求

对此类型,由于标准数据元值域分为值域、代码、编码三种类型(详见 4.2.2.1 值域类型介绍),所以对其数据内容检测即检测用户数据内容是否符合标准数据元值域要求,如符合,则正确;如不符合,则错误。由于对三种值域类型的检测方法各不相同,所以根据值域类型分别对其内容检测方法进行讨论。

(1)值域:此类型是取值较少的情况,所以对其内容的检测方法也较为简单。为了字符串匹配的准确无误,各具体取值之间用“;”隔开,并以“;”结尾,各值之间的代码与名称用“-”隔开,如无代码或者无取值,则不需要“-”。如数据元“运输状态”(编号:SY070300005),其值域为:“出口;进口;转口”,进行内容检测时按“;”对值域进行解析,得到其不同的取值,之后只需要进行字符串的匹配即可,如用户数据内容在标准值域的集合之中,则正确;如不在,则错误。例如,某用户数据对应的标准数据元为“运输状态”,用户数据内容为“出口”,对标准数据元进行解析后得到“出口”、“进口”和“转口”,发现“出口”在解析后的结果集中,故其用户数据内容正确。

(2)代码:代码主要以数据库表的形式进行存储(其表设计详见值域符合性检测方法设计),代码的内容符合性检测即查找代码表,检测用户数据是否存在其对应的标准数据元规定的代码之中,如存在,则用户数据内容正确;如不存在,则错误。例如,某用户数据对应的标准数据元为“行政区划代码”(编号:

GL010000002),其值域要求为:见"DM_ZHRMGHGXZQHDM"《中华人民共和国行政区划代码》(GB/T 2260),用户数据内容为"110000",查找代码表后发现此代码存在,则用户数据内容正确。

(3)编码:编码类型的值域主要采取正则表达式来存储。故其数据内容的检测即检测用户数据是否符合标准值域中规定的正则表达式,如符合,则用户数据内容正确;如不符合,则错误。例如,某用户数据对应的标准数据元为"所在港区编号"(编号:GK010300006),其值域要求为编号结构为"GQXX",则值域字段(coding)存储其正则表达式"^GQ\d{2} $",用户数据内容为"GQ23",其符合正则表达式"^GQ\d{2} $",故用户数据内容正确。

(4)正则表达式:是指一个用来描述或者匹配一系列符合某个句法规则的字符串的单个字符串。一个正则表达式,就是用某种模式去匹配一类字符串的一个公式。正则表达式由一些普通字符和一些元字符组成。普通字符包括大小写的字母和数字,而元字符则具有特殊的含义。例如,正则表达式"^029\\d{8} $"表示以029开头,后跟8位数字的字符串。

11.4.4 数据值域检测设计与实现

11.4.4.1 数据字典的值域检测设计与实现

数据值域符合性检测主要涉及值域、代码、编码三种类型。针对这三种类型,标准库分别建立三个字段对其进行存储。标准库设计如表11-14所示。

标准库设计表　　表11-14

字段名称	字段类型	空	字段描述	备注
id	char(11)	否	唯一标识数据元	主键
cname	varchar(100)	否	中文名称	
ename	varchar(100)	可	英文名称	
spell	varchar(100)	否	中文全拼	
field	varchar(4)	否	业务领域	
num	char(11)	否	数据元编号	
version	char(4)	否	数据元版本	
department	varchar(30)	否	注册机构	交通运输部
circumstance	varchar(200)	可	相关环境	

续上表

字段名称	字段类型	空	字段描述	备注
synonymous	varchar(100)	可	同义名称	
define	varchar(200)	可	定义	
keyword	varchar(50)	可	关键字	
relation	varchar(50)	可	关系	
type	varchar(20)	否	数据元类型	
format	varchar(10)	可	数据元格式	
code	varchar(50)	可	代码	
coding	varchar(50)	可	编码	
use_sd	varchar(50)	可	值域要求	
unit	varchar(10)	可	计量单位	
state	varchar(10)	可	状态	
note	varchar(50)	可	备注	
quote_num	char(11)	可	引用数据元编码	
quote_name	varchar(50)	可	引用数据元名称	
parentsId	int	可	父数据元 ID	即抽象数据元 ID 号
classId	int	可	所在类的 ID	数据元作为类的属性

针对数据值域涉及的三种类型,对标准库中的相应字段分别进行介绍。

(1)value_field:存储值域类型的标准数据元值域;

(2)code:存储代码类型的标准数据元值域;

(3)coding:存储编码类型的标准数据元值域;

(4)另加字段 use_sd,存储标准数据项的值域要求。

针对检测方法中的四种值域类型,如有值域要求,则其所属类型对应的字段存储其值域,其余字段为空;如不存在值域要求,则 3 个字段全为空。

根据检测方法中描述的不同类型,结合标准库设计表,对数据值域检测的设计分别进行讨论。

(1)值域:对于该类型,由于取值较少,所以只需要进行简单的字符串匹配即可。为了字符串匹配的准确无误,各具体取值之间用“;”隔开,并以“;”结尾,各值之间的代码与名称用“-”隔开,如无代码或者无取值,则不需要“-”。如数据元“进出港标志”(编号:CB010200022),其值域为:“0-进港;1-出港”,则 value_field 字段存储内容为:“0-进港;1-出港”。

(2)代码:对于该类型,代码集缩写名称采用(“”)包含,代码集中文名称用“《》”包含,检测时检测用户值域要求中的代码集缩写及名称是否在标准值域要求中即可,在即正确,不在则错误。

(3)编码:对于该类型,同代码类型,主要检测用户值域要求所涉及的相关名称是否在标准值域要求中即可,在即正确,不在则错误。

根据以上讨论,设计数据值域检测流程如图 11-9 所示。

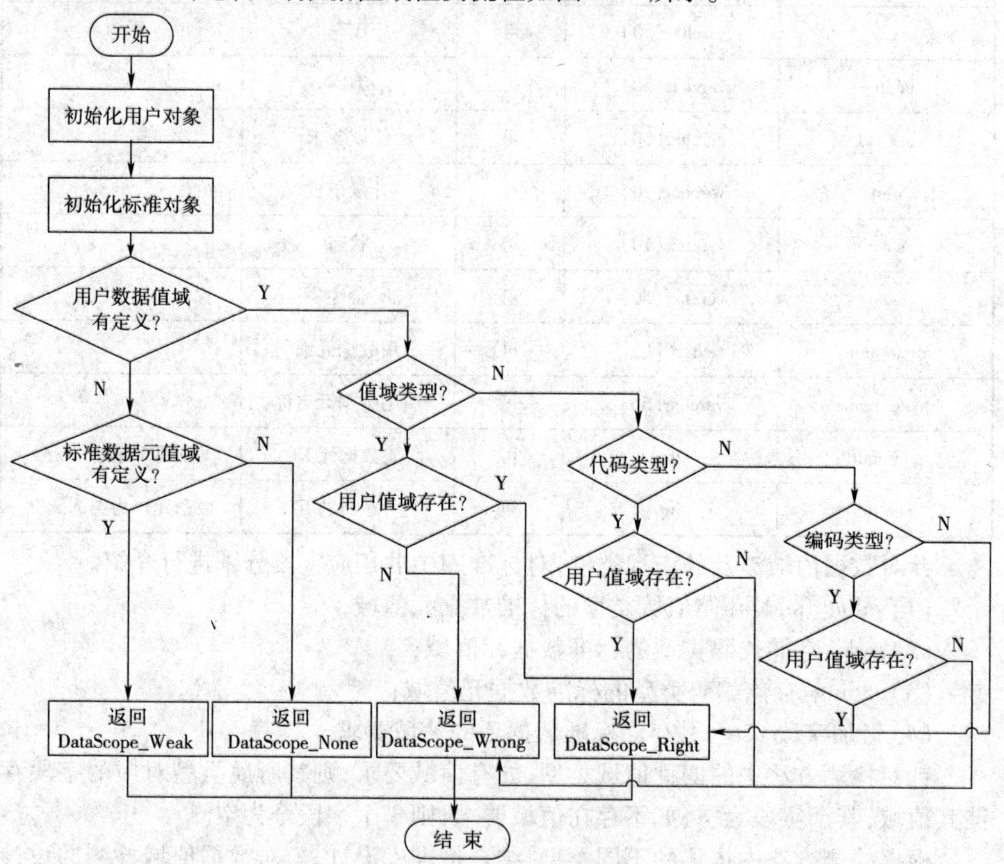

图 11-9　数据值域检测流程图

根据检测方法,结合检测的流程设计,数据值域检测类如图 11-10 所示。

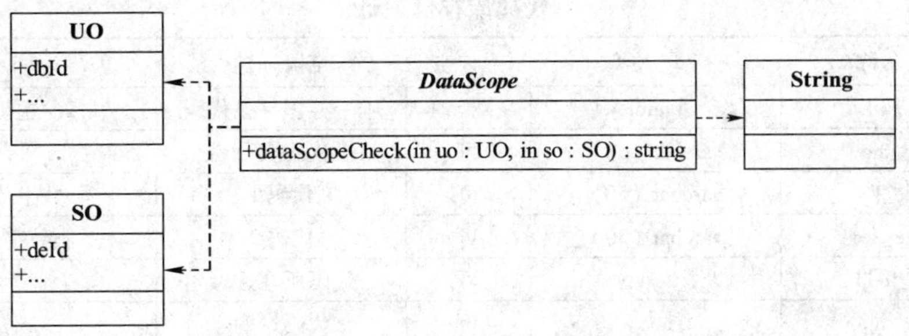

图 11-10　数据值域检测类图

数据值域检测类 DataScope 设计如表 11-15 所示。

数据值域检测类设计　　表 11-15

名称	功能	入口参数	返 回 类 型
dataScopeCheck	对用户数据值域进行符合性检测	uo:检测对象 so:标准对象	string,返回 DataScope_Right/DataScope_Weak/DataScope _ Wrong/DataScope _ None 四者之一

11.4.4.2　数据内容的值域检测设计与实现

如值域检测方法中所述,数据内容检测按照标准数据元值域类型,主要分为标准无值域类型和标准有值域类型,其中值域类型的三种具体类型中,值域类型和代码类型主要涉及其内容的存储,编码主要涉及其正则表达式的表示。值域类型和编码类型的设计已经作了介绍。

对于代码类型,由于其值域为固定的代码库,所以设计涉及两方面:

1)代码集名称的存储(标准数据元值域的存储)

根据《交通信息基础数据元》(JT/T 697)中对代码集的名称要求(详见数据元属性),标准数据元值域即存储代码集的名称。如数据元“行政区划代码”(编号:GL010000002),其值域为:见“DM_ZHRMGHGXZQHDM”《中华人民共和国行政区划代码》(GB/T 2260),则 code 字段存储内容为:“DM_ZHRMGHGXZQHDM”。

2)代码的存储

由于代码集的代码固定,所以采用数据库形式对其统一进行存储。数据库采用 SQL Server,具体表设计如表 11-16 所示。

根据数据内容检测方法,检测流程如图 11-11 所示。

根据以上检测方法和检测流程的讨论,内容检测的类设计如图 11-12 所示。

类 DataContentItem 主要数据成员及方法设计如表 11-17 所示。

代码库存储设计 表 11-16

字段名称	字段类型	允许空	字段描述	备　注
code_id	bigint	否	唯一标识一条代码	主键
code_mc	varchar（50）	可	代码名称	
code_1	varchar（50）	可	代码 1	数字代码
code_2	varchar（50）	可	代码 2	非数字代码
code_field	text	可	代码所在领域	
code_shm	text	可	代码说明	
code_memo	text	可	相关备注	
code_name	varchar(50)	可	代码库名称	
code_spell	varchar(50)	可	代码库名称缩写	用于和标准库关联(表)

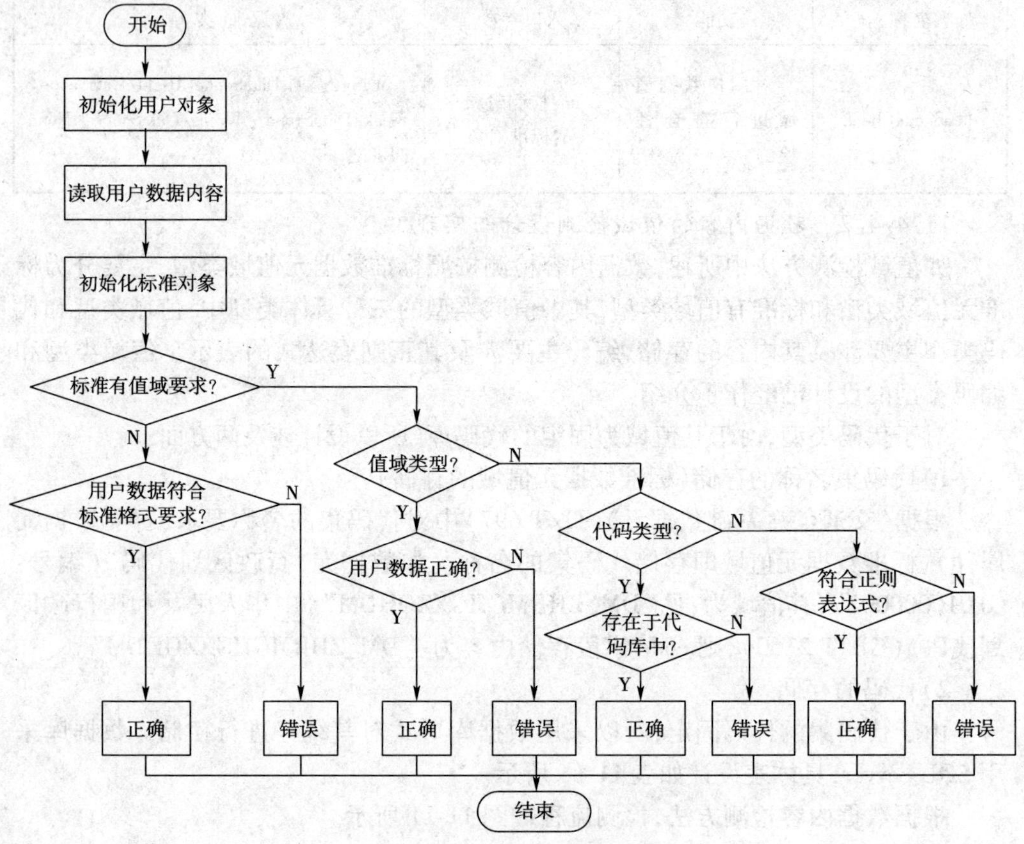

图 11-11　数据内容检测流程图

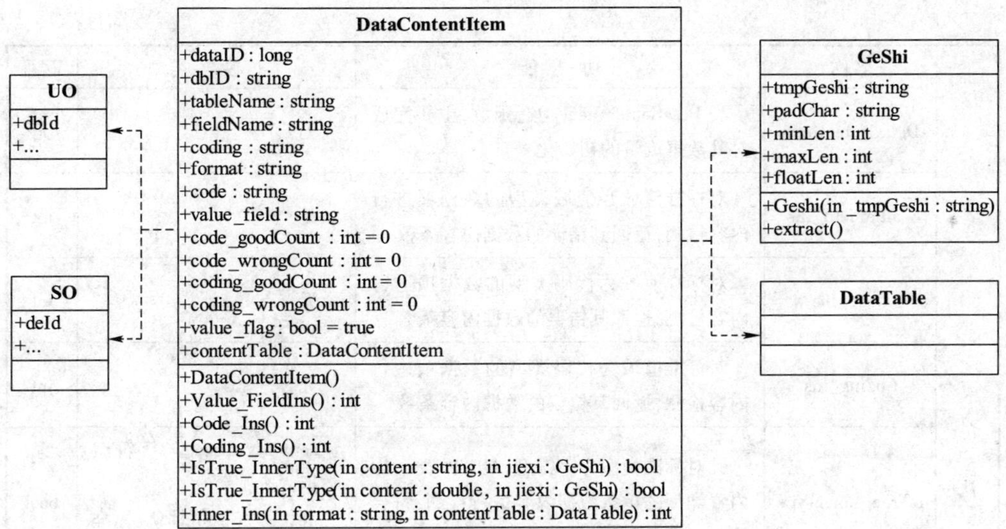

图 11-12　数据内容检测类图

数据内容检测类设计　　表 11-17

	名称	类型;说明
数据成员	dataID	long;用户数据内容 ID,唯一标识一条数据内容
	dbID	string;用户数据库 ID,唯一标识一个用户数据库
	tableName	string;用户数据所在表名
	fieldNamae	string;用户数据所在字段名
	coding	string;用于存储标准值域为编码类型的值域的正则表达式
	format	string;标准数据格式
	code	string;用于存储标准值域为代码类型的代码库名称缩写
	value_field	string;存储值域类型的标准数据元值域内容
	code_RightCount	int;用户数据内容为正确代码的计数器
	code_wrongCount	int;用户数据内容为错误代码的计数器
	coding_RightCount	int;用户数据内容为正确编码的计数器
	coding_wrongCount	int;用户数据内容为错误编码的计数器
	value_flag	bool;标识用户数据内容是否为正确的代码
	contentTable	DataTable;存储用户数据内容

续上表

	名称	功　　能	入口参数:类型	返回
方法	DataContentItem	类 DataContentItem 构造函数,主要完成对其数据成员的初始化	无	无
	ValueField_Ins	对标准值域为值域类型的数据项进行内容检测,返回其错误的数据内容条数	无	int
	Code_Ins	对标准值域为代码类型的数据项进行内容检测,返回其错误的数据内容条数	无	int
	Coding_Ins	对标准值域为代码类型的数据项进行内容检测,返回其错误的数据内容条数	无	int
	IsTrue_InnerType	针对标准类型为字符型,且基本类型为内置类型的单条数据内容进行检测,符合格式要求,返回 true;反之,返回 false	content:string 型,字符型数据内容; jiexi:类 Geshi 对象,标准数据格式	bool
	IsTrue_InnerType:	针对标准类型为数字型,且基本类型为内置类型的单条数据内容进行检测,符合格式要求,返回 true;反之,返回 false	content:double 型,数据型数据内容; jiexi:类 Geshi 对象,标准数据格式	bool
	Inner_Ins	对内置类型的用户数据项进行内容检测,返回其错误的条数	format:string 型,用户数据类型; contentTable:类 DataTable 对象,内存中的数据表	int

根据数据内容的检测方法,结合其具体设计,对其具体实现如下:

1)标准库存储表

按照设计中标准库表的存储设计,查找相关标准,录入标准库即可。

2)代码库存储表

按照设计中代码表的存储设计,查找相关的代码,录入代码表即可。

3)值域检测的实现

根据值域存在的三种类型,结合值域检测类 DataContentItem 的方法设计,值域检测类的主要实现方法如下:

```
public int Coding_Ins( )
{   int error_count = 0; string tmpCode = ""; string tmpCoding1 = "";
  if (coding. IndexOf("DM_") > 0)
    { tmpCode = coding. Substring(coding. IndexOf("DM_"), coding. IndexOf
```

```
            (")") -coding. IndexOf("DM_"));
    tmpCoding1 = coding. Substring(0,coding. IndexOf("DM_"));
    DataTable codetable = DbUlti. GetCode(tmpCode);
    if (codetable. Rows. Count = = 0)
            {MessageBox. Show(tmpCode + "的代码在代码库中不存在,请
                                            与技术支持单位联系!");
            return 0;}
    foreach (DataRow row1 in codetable. Rows)
    { if (row1["code_1"]. ToString(). Trim() ! = "")
        tmpCoding1 = tmpCoding1 + row1["code_1"]. ToString(). Trim()
                    + "|";if (row1["code_2"]. ToString(). Trim() !
                    = "")
        tmpCoding1 = tmpCoding1 + row1["code_2"]. ToString(). Trim()
                    + "|";}
        tmpCoding1 = tmpCoding1. Substring(0, tmpCoding1. Length - 1);
         tmpCoding1 = tmpCoding1 + coding. Substring (coding. IndexOf
                    (")"));
        coding = tmpCoding1;}
public int Inner_Ins(string format, DataTable contentTable)
    { int error_count = 0;
    foreach (DataRow row in contentTable. Rows)
        {object content = row[fieldName];
        MessageBox. Show(content. ToString() +"格式检测");
        bool is_true = false;
        Geshi jiexi = new Geshi(format. Trim());
        string pchar = jiexi. padChar. Trim();
        switch (pchar)
            {case "a":{}
            case "an":
            { string char_content = content. ToString(). Trim();break;}
            case "n":
            try{double double_content = Convert. ToDouble(content);
            is_true = True_InnerType(double_content, jiexi)};
```

```
            catch{is_true = false;}break;
            case "ul":
            case "YYYYMMDD":
            case "YYYYMMDDhhmmss":
            {is_true = true;}break;
            default:{is_true = true;}break;}
    if(! is_true)//不在范围内)
        {error_count + +;
        value_flag = false;
        SaveErrorContent(dataID, tableName, fieldName, content.ToString(),
        ContentFormat_Wrong");}
        return error_count; }
```

11.5 本章小结

本章研究了数据属性标准符合性检测的具体实现方法,根据不同的标准数据类型和数据库实现的数据类型研究,提出了具体的检测对象和检测方法。完成数据检测后的检测结果是后面章节对检测结果的评价依据。

第 12 章　数据中文名称对应技术研究

将待检测数据项名称(简称“数据名称”)与交通运输信息数据标准规定的数据名称(简称“标准名称”)进行对应是实现标准符合性检测工作的基础,对应的准确程度直接关系到标准符合性检测系统的可用性。文字是中文信息系统中的基本元素,文字的不同组合和表述使得同一数据项的名称五花八门,靠人工去一一对应并进行检测势必具有巨大的工作量,并且要求检测人员对数据标准具有很高的熟悉程度。因此,实现数据中文名称自动对应或者辅助对应是本项目研究的一项基础关键技术。

12.1　相关研究概述

12.1.1　交通术语标准的发展

交通术语标准化是伴随着术语标准的发展而日益发展起来的。术语学作为一门学科,是奥地利的欧根·于斯特教授首先提出来的,前苏联的艾·德列曾、察普雷金、洛特等人,在 20 世纪 30 年代初也开始了术语学的研究工作。人类进入信息时代,随着信息技术的快速发展,涌现出大量的新概念,需要用科学的方法来定义这些概念。因此,术语标准化具有更加重要的意义。国际标准化组织(ISO)和很多发达国家早在 20 世纪 50 年代初,就已经开始了指导统一术语的工作,提出了术语标准化的原则与方法。我国术语工作也开始已久,但是直到 20 世纪 80 年代才正式把术语学理论纳入到术语标准化的议事日程[68]。近年来,我国交通运输行业已经累计出台了 20 多项术语标准,包括:《公路运输术语》(GB/T 8226—1987)、《道路运输术语》(GB/T 8226—2008)、《物流术语》(GB/T 18354—2006)、《公路环境保护术语》(JT/T 643—2005)、《港口计量术语》(JT/T 555—2004)、《长江电子航道图制作规范　第 1 部分:术语》(JT/T 765.1—2009)、《公路劳动定员　第 1 部分:术语》(JT/T 772.1—2010)、《逆反射术语》(JT/T 688—2007)、《交通信息基础数据元》(JT/T 697.1~13)等,尚有一些术语标准处于编制阶段。

但是由于中文词语的多义性、应用人员的理解偏差、知识水平和习惯等原因,在行业应用中,许多术语在使用上与标准制定不一致,应用人员依旧使用自己习惯的方式进行规定和命名。虽然交通运输部通过多种方式不断强调,但是由于内容的烦琐和庞大等原因,术语标准完全执行还有一定的困难。

12.1.2 中文分词技术的发展

中文分词是汉语文本处理的第一步,无论是信息检索,还是文本校对、分类等系统,只要是涉及中文文本分析和理解的过程,都离不开中文分词处理。所谓中文分词(Chinese Word Segmentation),就是将一个完整的汉字序列按照一定的准则切分成多个有单独意义的词。中文分词与英文分词有很大的区别,对于英文的表示方式而言,空格就是单词与单词之间的自然分界符,一个单词就是一个词,而根据汉语的书写习惯,汉语是以字为基本单位,只有句和段能通过明显的分界符来简单划界,词语之间没有明显的区分标记,需要人为切分。

从20世纪80年代以来,中文文本自动分词算法就一直是国内外众多学者研究的热点工程,进行了大量的研究,也取得了一定的成果。目前,已经有很多比较成熟的中文分词技术。国内外对于中文分词的主要研究成果可以分为以下几种:正向最大匹配方法、反向最大匹配方法、最佳匹配方法、专家系统方法、分词与词性标注一体化方法、最少分词词频选择方法、神经网络方法等[69]。已经开发完成的中文分词系统也有很多,包括Chinese Tokenizer分词系统、汉语词法分析系统ICTCLAS分词系统、KTDictSeg分词系统、CSW中文分词组件等。这些算法各有优劣,很难绝对地评判出孰高孰低,所以中文分词的算法更多的时候应该同实际应用相结合。

12.1.3 相似度算法的研究现状

所谓相似度计算,是指利用计算机技术自动计算文本间的相似程度。文本相似度是衡量两个或多个文本匹配程度的一个重要度量指标。目前,国内外学者在相似度计算方面取得了很多成果,如Chris H. Q. Ding等提出的隐含语义索引LSI(Latent Semantic Indexing)的方法、20世纪60年代由Gerard Salton和McGill提出的向量空间模型(Vector Space Model,VSM)算法[70]、Nirenburg[71]等提出的两种串匹配的方法(即更规范的“切块+匹配+重组”方法和整句级匹配的方法)、哥伦比亚大学的Goldsdein等人提出的基于最大边缘法(Maximal Marginal Relevance)的相似度计算方法等等。对于中文文本相似度的计算,国内也有很多学者在进行这方面的研究工作,并取得了一定的成果。李春梅提出一种基于多特征的汉语句子相似度计算模型的研究[72];蓝雁玲研究了一种基于词性及词性依存的句子结构相似度计算[73]；李文杰研究了基于本体结构的概念间语义相似度算法[74]；张民等设计了一种基于词的汉语句子相似度计算方法[75]；车万翔、秦兵等利用改进编辑距离进行中文相似句子的检索[76]；李素建提出了语句相关度的定量计算模型[77]，此模型基于《知网》和《同义词词林》来建立；吕学强、任飞亮等提出了句子相似模型和最相似句子的查找算法[78]；刘挺等采用 TF-IDF 算法和基于语义的方法，实现问句间的相似度计算[79]；周永梅等将相似度研究应用到自动问答系统中[80]。词语语义相似度，在信息检索、信息抽取、词义排歧、机器翻译等领域都有很多应用。但以上研究多用于句子之间的相似度计算，本书匹配目标为采用数据元中文名称结构的短语，较句子和其他类型的短语具有不同的特征信息。

12.2　总体技术思路

结合交通运输信息数据标准检测工作的实际需求，提出进行基于语义的数据名称对应的要求。基于语义的数据名称对应涉及自然语言的理解，是目前机器翻译、智能设备等领域研究的热点，也是本系统研究的关键技术之一。其基本方法是基于相对封闭的标准名称术语集合（术语的数量和内容在一定的阶段是相对固定的）和数据名称的词形、语义等信息，利用语义分析方法来进行对应。基于语义分析的数据名称对应总体技术路线如图 12-1 所示。

图 12-1 中，首先给定一个用户定义的数据名称，系统通过 A. 1、A. 2、A. 3 和 A. 4 的处理从数据元库中得到一个比较小的候选标准名称集合。系统再通过处理 A. 5 计算用户定义的名称和标准名称的语义距离从而找到可能的对应的标准名称集合（语义距离最近的数据元）。目前主要使用的数据标准为《交通信息基础数据元》（JT/T 697），在不引起混淆的情况下，以下的“标准名称”也称为“数据元名称”。

A. 1 的处理方法采用带权值的编辑距离从数据元库中找出若干个可能对应的数据元。权值的定义主要是根据约束匹配的概念的重要程度，也就是对中心词语的侧重。为简化中心语的确定（不进行词语结构分析），大致采用词根（词尾概念）导向（Root-Controlled）的权值定义。例如，短语“机动车驾驶员培训业户分类代码”的中心词语为“分类代码”或“代码”或“码”，距离这些词较远的词如“机动车”、“驾驶员”则具有相对小的权值。

A. 2 的处理主要是针对用户定义的名称和实际的数据元名称完全没有相同的字出现或者出现很少的情况，例如“从业资格证有效起始日期→证照有效期限自”、“驾培教练员状态→从业人员状况”等。完全靠编辑距离的方式选择候选集是不可靠的，这个时候需要将用户的短语切分成较小的单元，然后再通过和中心语

（近似为分词后序列的最后的那个词语）的语义相似度等选择相应的候选集，并通过其他的修饰成分进行筛选缩小范围。A.2 的处理主要是进行分词处理，采用不同的分词词典进行分词从而得到不同的分词粒度。

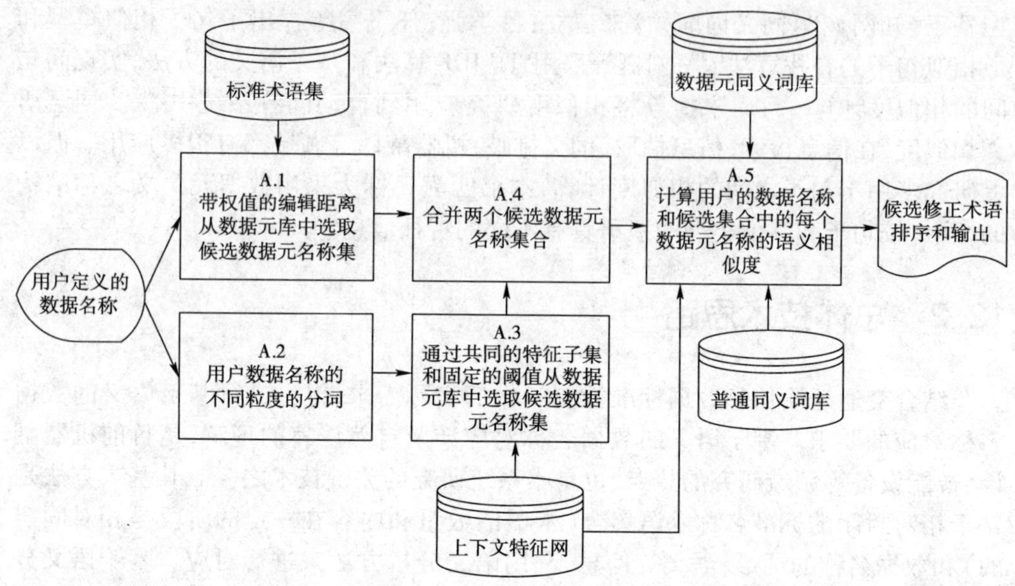

图 12-1　交通运输信息数据名称与标准名称对应技术路线

A.3 的处理是根据 A.2 切分的词语序列中的中心语，通过其所拥有的特征集，查找出数据元名称中的中心语从而选出相应的候选数据元集来，对应的详细说明见 12.3 节。同样，修饰语（非中心语）也会用来过滤筛选候选集合中的元素。

A.4 对 A.1 和 A.2 得到的集合作简单的合并，生成要最终处理的候选数据元集合。

A.5 的处理将用户的名称和候选的数据元集合中的名称进行语义距离计算从而排序输出重要度序列，根据这个序列再做最后的决定。A.5 的处理同样要用到分词和 A.3 处理中的距离计算。

语义距离的计算有两种情况：一是与某个数据元名称完全相同；二是与候选数据元集合中的名称部分或者完全不同。对于第一种情况，不用作处理，认为用户所使用的名称基本是正确的，系统作正确使用来处理。A.5 的工作主要围绕“部分或者完全不同”这方面来进行。

在上面的过程中，采用了两种相似度计算方法，包括基于词形和编辑距离的相似度判断、基于短语构成的语义相似度计算方法等。这两种方法可以组合使用并形成标准的候选集。下面对这两种相似度计算方法分别介绍。在本章的最后，还提出了一种基于语境的短语相似度计算方法。

12.3　基于词形和编辑距离的相似度计算

12.3.1　基本编辑距离

词语的距离与词语的相似度一样是度量两个词语关系的重要指标。我们认为，词语的相似度是一个主观性相当强的概念。脱离具体的应用去谈论词语相似度，很难得到一个统一的定义。因为词语之间的关系非常复杂，其相似或差异之处很难用一个简单的数值来进行度量。

本项目中词语的相似度是反映在信息检索中两个字符串的符合程度上，并且两个词语在不同的上下文中可以互相替换使用而不改变文本的句法语义结构。两个词语，如果在不同的上下文中可以互相替换且不改变文本的句法语义结构的可能性越大，二者的相似度就越高，否则相似度就越低。

词语距离与词语相似度之间有着密切的关系。两个词语的距离越大，其相似度越低；反之，两个词语的距离越小，其相似度越高。相似度是一个数值，一般取值范围在[0,1]之间。二者之间可以建立一种简单的对应关系。这种对应关系需要满足以下几个条件：

(1)两个词语距离为 0 时，其相似度为 1。

(2)两个词语距离为无穷大时，其相似度为 0。

(3)两个词语的距离越大，其相似度越低(单调下降)。

在很多情况下，直接计算词语的相似度比较困难，通常可以先计算词语的距离，然后再转换成词语的相似度。本研究以编辑距离为基本的词语距离算法。

记两个词语分别为 S_1 和 S_2，其词语距离为 $Dis(S_1,S_2)$，相似度为 $Sim(S_1,S_2)$，那么它们存在一个满足以上条件的简单转换关系：

$$Sim(S_1,S_2)=\frac{\alpha}{Dis(S_1,S_2)+\alpha} \tag{12-1}$$

其中 α 是一个可调节的参数，α 的含义是：相似度为 0.5 时的词语编辑距离。这种转换关系可以根据具体的情况人为设定[81]，并不是唯一的。

传统编辑距离的算法是先输入两个字符串，通过使用插入、删除或替换的操作，使得两个字符串相同，由此计算得到最小的操作次数。通常采用基于矩阵的方法计算编辑距离：假设 m、n 为原字符串(source)和目标字符串(target)的长度,两字符串之间的编辑距离为 d,建立 $(m+1)\times(n+1)$ 的矩阵,其结构如表 12-1 所示。

动态规划算法矩阵结构 表 12-1

		T	A	R	G	E	T
	0	1	2	3	4	5	6
S	1						
O	2						
U	3						
R	4				$d[i][j]$		
C	5						
E	6						$D[m][n]$

由编辑距离的算法思想可知:$d[i][0]=0$,$d[0][j]=0$,矩阵结构中 $d[i][j]$ 表示 source 的前 i 位与 target 的前 j 位字符匹配所需要的最少编辑操作次数,即编辑距离。我们的目标是使用最少的 $d[i][j]$ 操作,将 $s[1\cdots i]$ 转换成 $t[1\cdots j]$,最后矩阵的右下方元素 $d[m][n]$ 就是计算的最终结果。

当 $s[i]$ 与 $t[j]$ 相同时,$d[i][j]=\min d[i-1][j-1]$;

当用 $t[j]$ 替换 $s[i]$ 时,$d[i][j]=\min d[i-1][j-1]+1$;

当在 s 中插入 $t[j]$ 时,$d[i][j]=\min d[i][j-1]+1$;

当在 s 中删除 $s[j]$ 时,$d[i][j]=\min d[i-1][j]+1$。

12.3.2 改进的编辑距离算法

基本的编辑距离算法是先输入两个字符串,通过插入、删除或替换等编辑操作,使得两个字符串相同。但交通运输信息数据标准中存在的一些特点,使得基本编辑距离算法不能满足应用要求。

(1)编辑距离算法使用字作为参与运算的基本单元,而对于中文语法来说,通常单个字含义和合成词的含义不同,例如"时"、"间"等字单个出现时,与"时间"含义相距甚远。

(2)词和词之间替换操作的代价并不都是相同的。对于同义词来讲,应具有很小的替换代价,但在编辑距离中,仅考虑词形,未考虑词的语义。

(3)在数据元和数据项的中文名称组成中,不同位置的字或词对于比较结果的影响程度也有所不同。在绝大部分名称中,表示词一般都在最后,并且对于相似度影响最大,也就是说,两个名称在表示词相同时要比在对象词相同时相似度更高。传统编辑距离无法考虑这种影响因素。

为此,本书在传统编辑距离计算方法的基础上,提出一种改进方法来计算中文名称的相似度。其主要思想是:以传统编辑距离算法为基础,将使用词语作为参与运算的基本编辑单元,考虑词语的语义距离赋予不同编辑操作以不同的权重,最后通过编辑距离计算中文短语的相似度。

以字和词作为基本运算单元的编辑距离算法之间的区别如图 12-2 所示。

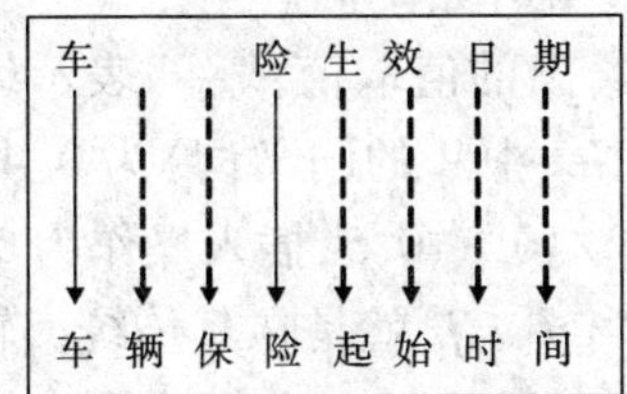

a)传统编辑距离算法

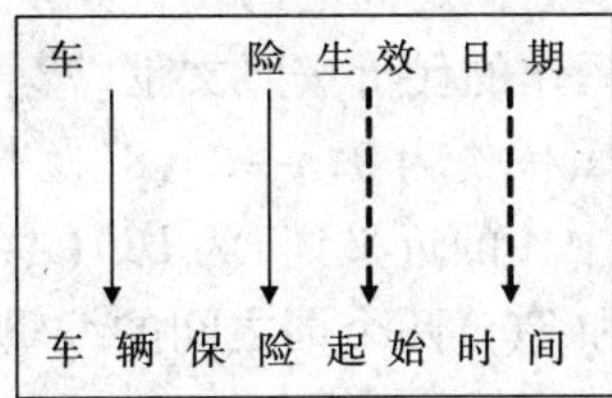

b)改进后的编辑距离算法

图 12-2　编辑距离算法改进先后对比图

设源和目标中文名称字符串分别为 S 和 T,算法目标就是计算 S 和 T 的相似度。

首先,对中文名称进行分词,分词以 HowNet 和《同义词词林》作为计算资源,这样能够减小插入操作的代价。设分词完成后 S 中词素为$(s_1,\cdots,s_i,\cdots,s_n)$,$T$ 中词素为$(t_1,\cdots,t_j,\cdots,t_m)$。

其次,进行权重分配。权重分配按照词素位次顺序升高的方法进行。这是由于数据元名称的中心词一般都在短语最后,因此,在字符串中越靠后的词素权值应越大。例如,短语"机动车驾驶员培训业户分类代码"的中心词语为"分类代码"或"代码"或"码",距离这些词较远的词如"机动车"、"驾驶员"则具有相对小的权值。取 S 和 T 的权重分别为$(1,\cdots,i,\cdots,n)$和$(1,\cdots,j,\cdots,m)$。分词结果和权值分配如下例所示。

$$S=\begin{pmatrix} \text{车险} & \text{生效} & \text{日期} \\ 1 & 2 & 3 \end{pmatrix}$$

$$T=\begin{pmatrix} \text{车辆} & \text{保险} & \text{起始} & \text{时间} \\ 1 & 2 & 3 & 4 \end{pmatrix}$$

再次,计算词语的语义距离矩阵。《同义词词林》将词的词义分为大、中、小类描述了一个由上到下、由宽泛概念到具体词义的语义分类体系，并将所收的词按词义分门别类组织在体系中。每个汉语词都按照其语义，赋予了一个或多个语义代码。对应这个分类体系建立了一个词义的编码体系，其将 A、B 两词之间的语义距离定义为：

$$Dist(A,B)=\min(dist(a,b))$$

其中，a、b 为 A、B 两词具有语义的集合中的任意元素，a、b 之间的距离定义为：

$$dist(a,b)=2(4-n)$$

其中 n 表示它们之间的语义代码从第 n 类开始不同。

各种编辑操作的代价按照文献[72]中给出的值取值："→"表示编辑中的替换操作，$A \to A$ 编辑代价为 0，$A \to A'$（A'为 HowNet 中 A 的同义词）为 0.4，$A \to A''$（A''为《同义词词林》中 A 的近义词）为 $Dist(A, A'')/10+0.5$，插入操作为0.1，其他操作为1。则 $S(i)$ 和 $T(j)$ 两个词之间的编辑距离 $d[i,j]$ 就是在其传统编辑距离的基础上加上其编辑操作代价，对 S 和 T 中所有词素间的距离进行计算就构成了其编辑距离矩阵。

最后，计算中文名称相似度。代码如下所示，返回值为名称相似度。其中 m、n 分别为字符串 S 和 T 以词素为单位的长度，*cost* 代表编辑操作的代价。

```
if (m > n) {weight =m;}
var normlization = weight;                    //权重
var  i=m; j=n;
while (i > 0 && j > 0)
    {  if (d[i, j] == d[i - 1, j - 1] + cost)          //替换操作
           { i--;  j--;   sim = sim + cost * weight;}
       else if (d[i, j] == d[i - 1, j] + 1)          //删除操作
           { i--;  sim = sim + weight;}
       else                                          //其他情况
           {j--;   sim = sim + weight;}
    }
return sim / normlization;
```

在计算相似度时，该方法在不用经过词义消歧和句法分析的情况下，兼顾了词汇的顺序和语义等因素，使之更加符合中文短语相似度计算的要求。

改进的编辑距离的算法流程如图 12-3 所示。

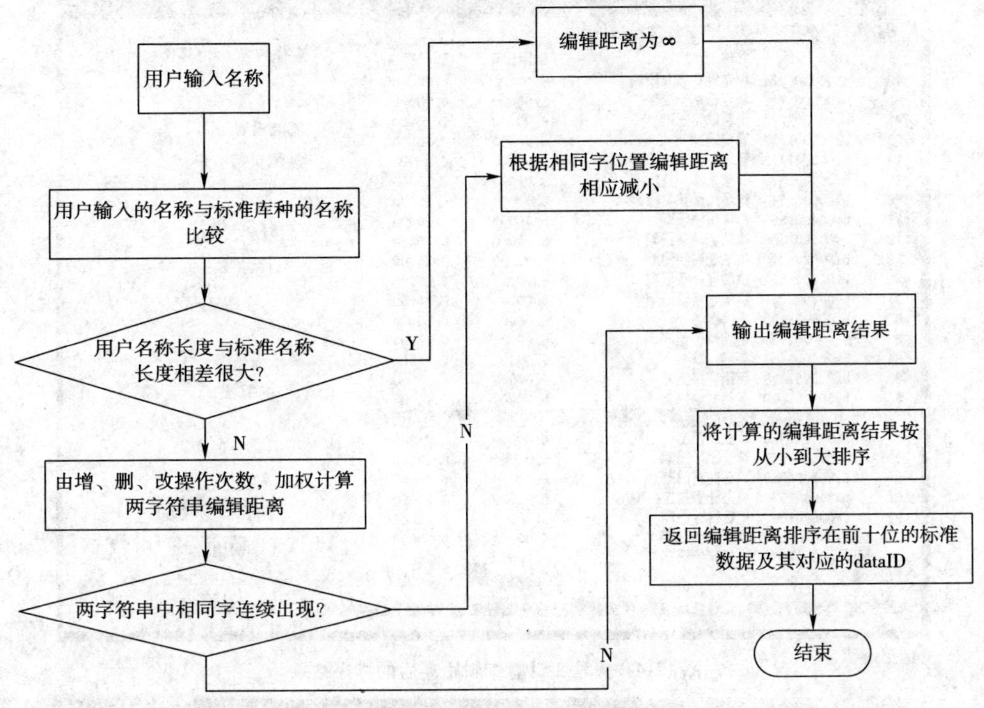

图 12-3　改进的编辑距离的计算流程图

12.3.3　算法试验

利用 C#语言，在 Visual Studio 2008 环境下，对两种算法分别进行了实现。为了提高效率，我们将编辑距离和相似度界定在一个范围内，这样可减少循环次数，加快比较速度，并且使编辑距离小的对应名称尽量排在前面。这一编辑距离和相似度要选取合适，如果这一范围选择过小，当用户名称与标准名称相差较大时，可能会查不到对应的标准名称。本次选取编辑距离为 10，相似度为 0.1 进行试验。

例如：当用户输入名称“教练车牌发牌日期”，选择算法 1 或算法 2。其中，算法 1 为 12.3.1 中所描述的基本编辑距离的计算，算法 2 为 12.3.2 所描述的改进后的编辑距离的计算。选择算法后，点击按钮“计算编辑距离”，则用户名称与数据标准库中的每条信息进行编辑距离以及相似度的计算，计算结果显示在“匹配数据”中，点击“排序”按钮进行排序，在“算法 1 排序”或“算法 2 排序”中显示相应排序结果，如图 12-4 和图 12-5 所示。

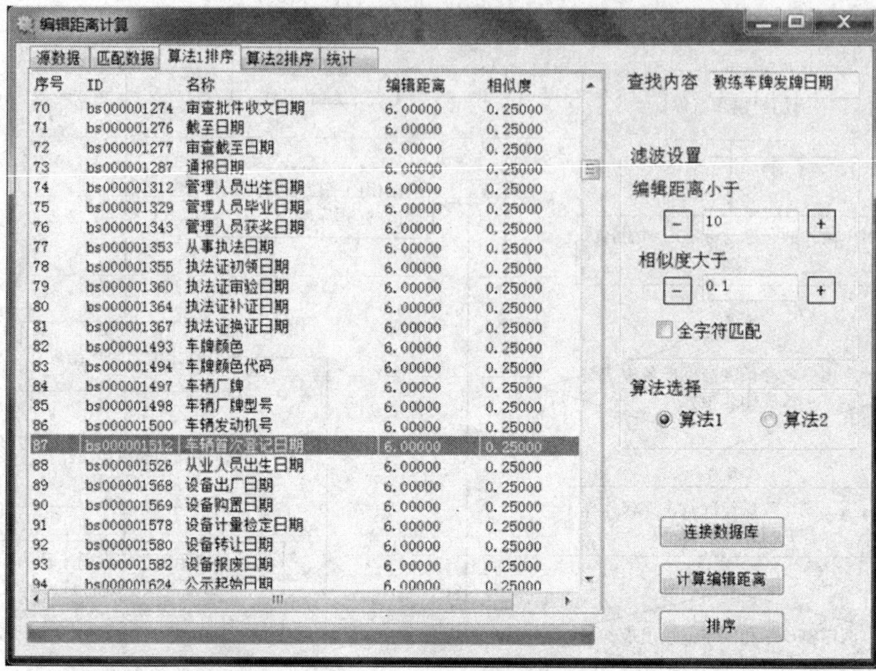

图 12-4 算法 1 计算编辑距离后的排序结果

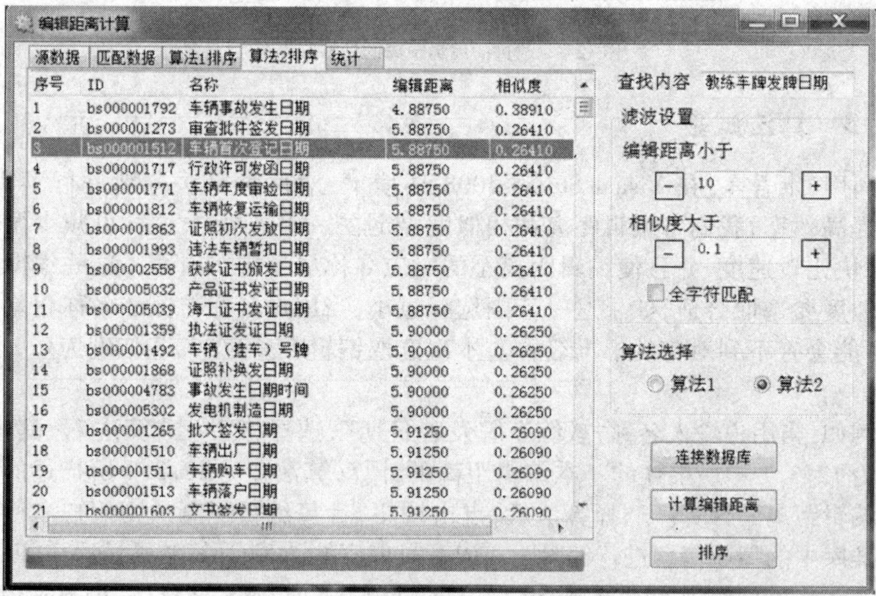

图 12-5 算法 2 计算编辑距离后的排序结果

我们已知“教练车牌发牌日期”所对应的标准名称为“车辆首次登记日期”。从以上两图中,可以明显看到算法 2 较算法 1 的优越性。利用算法 1,得到标准名称的排序序号为 87,而利用算法 2,标准名称仅排到了第 3 位,可见算法 2 在计算基于语义的编辑距离上已经取得了很好的效果。下面列举 100 条实例来说明,如图 12-6 所示。其中:“算法 1”、“算法 2”两列数字分别表示利用算法 1 和算法 2 对用户名称与标准库中的名称进行编辑距离的计算,在经过排序后得到的标准名称所对应的序号(假设已知用户名称所对应的标准名称)。从图 12-6 中可以看出,算法 2 的值相较于算法 1 靠前,证明算法 2 的改进效果显著。

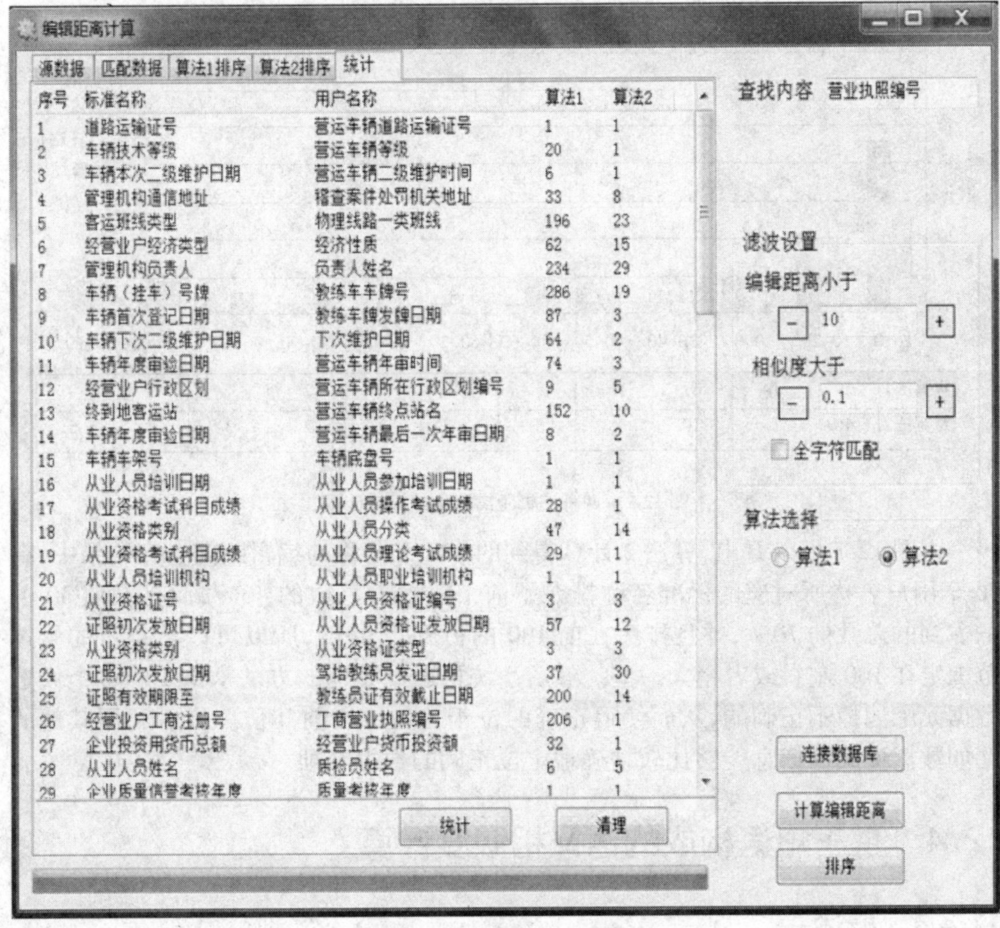

图 12-6　算法试验效果图

另外,从标准符合性检测的总体要求来讲,当用户输入名称时,算法应能够返回其所对应的标准名称。而有时会遇到一对多的情况,即用户名称与标准库中的多个名称相近,并且以目前的算法无法确切地判断此用户名称的标准名称是哪一个。这时需要返回多个标准名称,可以说是一个范围,以待算法改进后能够将这一范围缩小,尽量找到用户名称所对应的标准名称。为了确定这一范围,我们对 100 个名称试验结果进行统计,如图 12-7 所示。

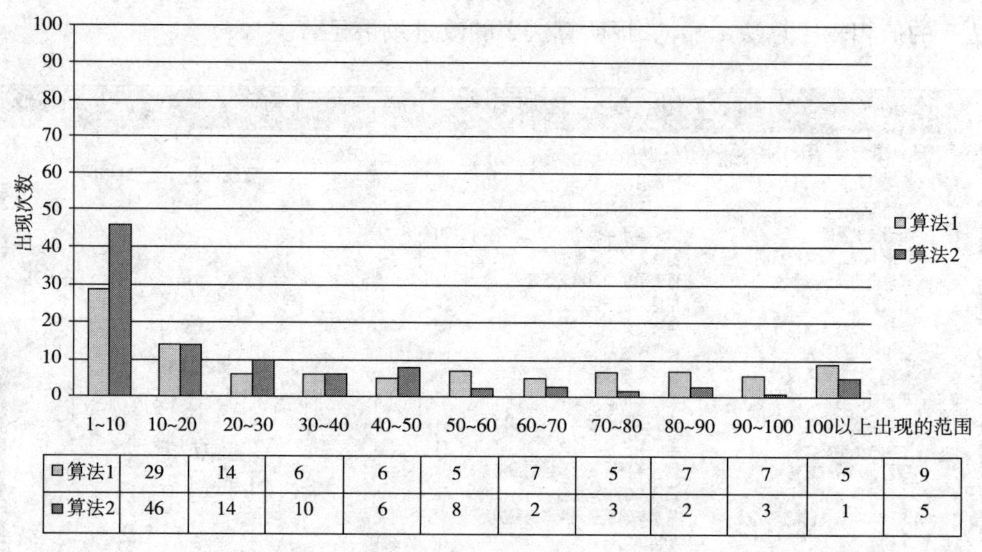

	1~10	10~20	20~30	30~40	40~50	50~60	60~70	70~80	80~90	90~100	100以上
算法1	29	14	6	6	5	7	5	7	7	5	9
算法2	46	14	10	6	8	2	3	2	3	1	5

图 12-7　两种编辑距离算法结果统计图

由图 12-7 可以看出,算法 2 计算得到的 100 个名称的编辑距离排序结果中,有 46 个用户名称所对应的标准名称排在了前 10 位,占总数的 46%,而排在前 30 位的占到的总数的 70%,并且排序在前 100 的占到了 95%,所以可以将初步的候选范围定在 100 左右或者稍大一些。然后系统再通过其他的方法从这 100 多个候选数据元中滤掉不正确的,从而使得正确的位于首位或者前几位。最后利用其他的诸如数据格式等信息能够比较精确地定位正确的数据元项。

12.4　基于短语构成的语义相似度计算

12.4.1　概述

由于用户定义数据名称的随意性,仅利用词形进行语义对应还是比较困难的。特别是有些情况下用户使用的名称和所对应的标准数据元名称完全没有相同的字词出现,这时计算两者的相似度就比较困难。有时甚至如何确定和哪些数据元名称相似都比较困难。一个可能的方法是将标准数据元名称作适当粒度的切分,同样对用户定义的名称也作相应粒度的切分,然后在这种同样的粒度上针对各个概念作相似度计算。本书将其命名为"基于短语构成的语义相似度计算"。其关键内容包括词语切分、基于词语结构网的词语相似度、大规模文本的获取等。

12.4.2　词语切分

本书将切分粒度分为两级,标准数据元名称的两级粒度切分如表 12-2 所示。

标准数据元名称的粒度切分　　表 12-2

数据元名称	一级切分	二级切分
从业人员驾驶证号	从业人员、驾驶证号	从业、人员、驾驶证、号
驾驶证有效期始	驾驶证、有效期始	驾驶证、有效、期始
单位通信地址	单位、通信地址	单位、通信、地址
机动车驾驶员培训业户分类代码	机动车、驾驶员、培训业户、分类代码	机动车、驾驶员、培训、业户、分类、代码

在词语切分的基础上,通过对词语之间相似度的计算,最终形成短语的相似度。对于词形上没有共同子字符串的情况下的相似度的计算可以采用通过"词网"和语义相似度计算的方式进行选择。例如:"期限始"或"期限"和"起始日期"具有比较相近的含义。如何判断"起始日期"和"期限始"或者"期限"的相似度便显得十分重要。一个可行的方法就是建立一个词语结构网。

12.4.3　词语结构网的构建

词语结构网的构建要通过大量的真实语言环境的文本来进行。基本的思想是:用一个移动窗口(通常为 10 ~ 20 个词语宽度)来扫描文本句子。对于某个词语,位于这个窗口范围内的其他有意义的词语(名词和形容词及动词)都作为该词语的(上下文)特征加入到其特征空间中去。移动这个窗口遍历所收集的所有文本,从而构建一个词语的特征网。这样得到的词网还需要用统计的方法对特征集的特征进行筛选求精,从而去掉一些噪音特征和相关性小的特征。

大量文本的获取对于"词网"的构建十分重要。它的覆盖面决定着能否得到合适的候选集合。另外还要求获得的文本尽量是和交通信息数据元内容相关的。

一种获取的方式是从现有的数据元库中导出相关的文本。例如导出下面的一串文字:“数据元集→交通统计 TJ→交通运输生产→公路运输生产→机动车驾驶员培训信息→机动车驾驶员培训业户分类代码”。其中“机动车驾驶员培训业户分类代码”为数据元名称。这些文字串中的词语能够提供很重要的语言使用环境的特征,例如交通、运输、机动车等特征。

另外一种文本获取方法是从互联网上搜集。网络爬虫特别是面向交通信息数据元的网络爬虫可以很好地从网上收集有用的、大量的文本信息。构建一个并行的面向交通信息数据元的网络爬虫能够很好地为词网构建提供必要的丰富的数据。关于网络主体爬虫的构建可以参照本研究小组的另一成员的硕士论文[82]。

通过将数据元名称分解成更小的词语单位,然后在该词语单位上进行语义判断也可以改进检查的性能。此外;短语结构分析信息也可以帮助语义的判定。

12.4.4 基于词语结构网的相似度计算和短语分词

基于词语结构网的短语相似度计算方式和分词方法都有别于通用的方式。

在短语相似度计算时,首先,对于用户所给的名称作不同粒度的切分并得到中心语。其次,根据这个中心语从词网中找到对应的数据元的中心语(可能有数个)。接着,从这些可能的数据元中应用其他修饰语来进行删除(一部分)。最后剩余的候选数据元按中心语和修饰语的重要程度进行总的语义相似度的计算。最终得到一个排序的候选表。中心语和中心语以及修饰语和修饰语间的语义相似度计算可以应用同义词典和词网来计算。之后的各部分的和可以采用证据合并的算法来综合,也可以采用 DP 算法计算。

在分词方面,ICTCLAS 可以通过用户自定义外部切分词典的方式改变切分的粒度。我们可以利用此软件从自己定义的不同粒度数据元分词结果中生成用于一级和二级分词的用户词典,将这些词典加入到 ICTCLAS 分词系统中去就可以得到不同的分词粒度。例如,对下面的句子进行切分:“1989 年春夏之交的政治风波 1989 年政治风波 24 小时降雪量 24 小时降雨量 863 计划 ABC 防护训练 APEC 会议 BB 机 BP 机 C2 系统 C3I 系统 C3 系统 C4ISR 系统 C4I 系统 CCITT 建议”。添加用户字典如下所示:

1989 年春夏之交的政治风波;1989 年政治风波;24 小时降雪量;24 小时降雨量;863 计划;ABC 防护训练;APEC 会议;BB 机;BP 机;C2 系统;C3I 系统;C3 系统;C4ISR 系统;C4I 系统;CCITT 建议

这样会得到不同字典的切分结果,如表 12-3 所示。

切分结果　　表 12-3

不使用用户字典	使用用户字典
1989 年/t	1989 年春夏之交的政治风波/n
春/tg	1989 年政治风波/n
夏/tg	24 小时降雪量/n
之/uzhi	24 小时降雨量/n
交/ng	863 计划/n
的/ude1	ABC 防护训练/vn
政治/n	APEC 会议/nz
风波/n	BB 机/n
1989 年/t	BP 机/n
政治/n	C2 系统/n
风波/n	C3I 系统/n
24/m	C3 系统/n
小时/n	C4ISR 系统/n
……	……

通过计算分词后短语的编辑距离再进行整个字符串编辑距离的比较,会得到更精确的结果。

12.5　基于语境的短语相似度计算

语境,即词语的使用环境。语境对语言的语义、词语、结构形式等方面都会产生影响和制约作用。众所周知,一个词语不是独立存在的,它是在一个特定范围内,与它的上下文共同描述一个定义的。两个很相似的字符串,如果使用的语境不同,它们也不是相同的。甚至同一个词,若没有语境的制约,它可能表示任何含义。在本项目中,每一个名称都有其特定的使用环境。通过对语境的比较,分析出用户名称所对应的标准名称。

例如,用户输入"考核员证编号"。假设要进行比较的词为"从业资格证号"。它们所在的语义环境分别如表 12-4 所示。

语境环境示例表　　表 12-4

用户名称语义环境	标准名称语义环境
从业人员参加培训日期	工作简历
从业人员操作考试成绩	从业人员状况
从业人员从事岗位	联系地址
从业人员分类	从业人员培训日期

续上表

用户名称语义环境	标准名称语义环境
从业人员工作简历	从业人员培训机构
从业人员结业证发证机构	从业人员所属经营业户名称
从业人员结业证号	从业等级考试
从业人员理论考试成绩	从业人员类别
从业人员所学专业	从业资格类别
从业人员所属经营业户名称	从业资格证号
从业资格证有效截止日期	从业资格证初领时间
从业资格证有效起始日期	从业资格证发放时间
从业人员职业培训机构	证件有效期起
从业人员资格证编号	证件有效期至
从业资格证发放部门	发证机关
从业人员资格证发放日期	证照状态
从业资格证类型	专业技术等级证书发放日期
考核员证编号	专业技术等级证书发放日期

经过对词语环境的比较后可以发现，“考核员证编号”与“从业资格证号”所使用的词语环境重叠率很高。将用户名称与标准名称进行词语切分成更小短语或词语后，同样发现两个词语环境中相同或相似词语多次出现，重叠率高。证明它们的语境相近，所以可认为这两个名称所描述的是同一概念，即它们是同一个词。据此，对多个名称来进行试验，利用算法 2 比较结果如表 12-5 所示。

加语境前后相似度排序 表 12-5

比较对象序号	用户名称	标准名称	加语境前排序	加语境后排序
1	驾培教练员发证日期	证照初次发放日期	30	8
2	考核员证编号	从业资格证号	42	10
3	从业资格证有效截止日期	证照有限期至	36	10
4	作业范围	申请经营范围	12	5
5	注册资金	经营业户注册资本	16	7
6	物理线路名称	客运班线名称	9	1
7	稽查案件处罚机关地址	管理机构通信地址	8	6
8	经济性质	经营业户经营类型	15	3
9	审批状态	业务办理状态	21	8
10	负责人姓名	管理机构负责人	29	3

根据以上数据可列出统计图,如图 12-8 所示。

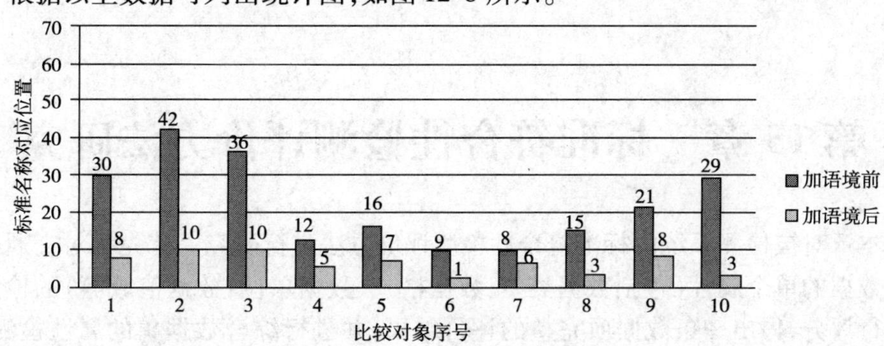

图 12-8　加语境前后效果比较

从图 12-8 中可以看到,加入语境后,计算效果得到的很大提高,正确的数据元在候选表中的位置被大幅提前。这里只是使用简单的语境,后续的其他手段还会进一步改进它们的位置,直至位于首位或者前几位。这时,可以令系统的返回结果范围大幅缩小。由于词语环境的构建尚未完成,本试验的数据有限,所以这一范围有待确认,要根据具体情况而定。但可以肯定的是,加入语境后查找效果显著提高,能够更准确地找到对应标准名称。

12.6　本章小结

本章主要研究交通运输行业信息化系统业务数据的数据名称与标准对应的方法。由于信息化系统的业务数据名称具有具体的含义,不同的系统设计对数据名称的理解和表达方式不同,造成了相同的业务数据具有语义相近但表达方式完全不同的数据名称,因此直接数据名称比较方法无法满足数据名称与标准的对应。通过语义分析方法研究,提高了业务数据名称与标准名称的对应率,为后面章节标准符合性检测奠定了基础。

第13章　标准符合性检测评价方法研究

本章对被检测系统的标准符合性检测评价方法进行研究。首先针对交通运输信息数据的单个属性(包括数据类型、数据格式、数据单位、数据值域等)的检测结果进行评分,得出一条数据项完整的评价结果,并进行综合数据集的属性检测,对整个系统进行评价。

13.1　单个数据项检测结果评价

13.1.1　概述

数据项有四个属性:数据类型、数据格式、数据单位、数据值域,各个属性相互之间关联程度不大,对数据项标准符合性检测的结果影响不同。因此,单个数据项的评价可以按照四个属性百分制加权求和的方法进行计算。

下面分别讨论数据项的四个属性对共享交换的影响,从而得出评价时不同属性应分配的权重。由于数据类型和数据格式联系比较紧密,故数据类型、数据格式放在一起讨论,数据单位、数据值域分别进行讨论。

13.1.2　数据属性的重要性及其权重分配

1)数据类型和数据格式的重要性

数据字典对数据项的类型和格式进行规定,随后的数据库表按照数据字典对其各属性的规定来进行设计和实现。最终形成的数据库表是接收交换数据的仓库,也是为外部系统提供数据的源头。

如果数据类型不正确(即不符合标准规定的数据类型),交换时则可能会导致数据内容无法存储到设计正确的目标数据库中。例如,某个数据项的数据类型为字符型(char 型),需要交换的内容为“长安大学”,而其对应的标准规定为数字型(对应到数据库具体类型为数字型的某一类型,如 int 型),那么这条数据内容就无法存储到目标数据库。更进一步,如果数据类型错误,则直接导致数据格式的错误。

数据格式对数据项的共享交换也是极其重要的。无论数据项是用于交换还是存储，数据格式都规定了数据项内容的长度范围。如果数据项的数据格式小于标准数据格式，此数据项用于接收符合标准规定的数据时，则可能会造成信息截断。例如，某一数据项其格式规定为 a..10，而其对应的标准格式规定为 a..15，那么如果将符合标准格式的数据进行存储，则数据有可能会被截断，从而造成信息丢失。如果数据项的数据格式大于标准规定的数据格式，此格式的数据用于交换，则数据内容也可能会被截断，从而造成信息丢失。

因此，数据类型和数据格式对于交换来讲是重要的，起决定作用的，如果不正确，则交换可能无法进行或者丢失信息。因此，给这两个属性分配较高的权重。

2）数据单位检测结果评价

数据单位用于说明数据内容的计量单位，如米、千克等。在数据项的 4 个属性中，数据单位是数据项的一个辅助属性。从技术角度，数据单位不影响交换过程的进行，不会造成信息的丢失，但对数据的一致性会造成影响，不过其对目标数据的影响是整体的。另外，大量的数据项可以没有单位，包括字符型、二进制型、布尔型等数据类型的数据项都没有单位。故此，给其分配较小的权重。

3）数据值域检测结果评价

数据值域也是数据项 4 个属性中比较重要的一个。虽然从数据项交换过程的技术角度而言，数据值域也是一个辅助性的属性，不影响交换过程的进行，但从业务角度来看，不满足值域要求造成了交换内容的不可理解性，并且值域错误对于目标数据的影响是离散的，会造成目标数据的难以修复；另外，大量的数据元标准规定了值域要求。因此，对于数据值域属性，也分配较大的权重。

综上所述，对于数据项的 4 个属性，从数据项本身定义出发，数据类型和数据格式起着重要作用，数据单位起辅助性作用；从数据项的共享交换的业务目标出发，数据值域也起着重要作用。所以，评价时应对数据类型、格式、值域分配较大的权重，对数据单位分配较小的权重。本书采用的权重分配方法如表 13-1 所示。

各数据属性的权重分配　　表 13-1

数据属性	权重 S_i	数据属性	权重 S_i
数据类型	0.3	数据单位	0.1
数据格式	0.3	数据值域	0.3

13.1.3　各种检测结果的得分系数

对单个属性，根据数据项对标准符合程度的不同，其检测亦返回不同的结果，故应对不同的结果分配不同的得分系数。

对前面章节四个属性符合检测方法的讨论进行总结,检测结果共分为四种类型,包括:正确(_Right)、弱正确、错误(_Wrong)和空(_None)。不同属性具有不同的检测结果,下面分别进行讨论。

(1)检测结果正确。说明检测属性与标准完全匹配,因此,得分系数为1。

(2)检测结果错误。说明检测属性与标准完全不匹配,得分系数为0。

(3)检测结果弱正确。这包括以下几种情况:

①数据格式检测弱正确。数据内容在交换时存在截断或溢出的可能性,需要进行更正,但不是完全错误,从技术角度可以接受但会丢失一部分信息,因此,赋予0.7的得分系数。在这种情况下,需要对数据库内容的格式进行检测,判断其内容是否符合标准规定,得到数据库内容格式检测合格率,即采用满足标准格式要求的数据数量/采样数据的总条数。该比率从已有数据的现实情况对交换中可能出现的信息丢失比率进行了评价。该比率对弱正确的得分系数进一步进行修正,即数据格式弱正确的得分系数为0.7乘以数据库内容格式检测合格率。

②数据单位检测弱正确。这种情况表示用户单位使用了标准单位的同义词,对共享交换没有影响,但为了维护标准的权威性,鼓励进行采标,以便于后续的资源整合,赋予0.8的得分系数。

③数据值域检测弱正确。该情况表示标准规定了值域,用户在数据字典中没有定义,并不表示最终的数据库和系统实现时不遵守标准,但数据字典中不进行规定给后期的系统维护和升级带来不便。为此,首先赋予0.8的得分系数,用户是否采用标准根据数据库内容的检测结果来判断。按照其采标的比例对0.8进行修正,即数据值域弱正确的得分系数为0.8乘以数据库内容值域检测合格率。

(4)检测结果为空。检测结果为空(_None),表示标准对单位和值域没有作要求。此种情况下,如果还对单位和值域属性分配固定的权重,显然是不合理的。例如对于标准只规定了格式和类型的数据元,其类型和格式错误,应该是完全不符合标准了,按照固定权重,可能还能得40分。因此,此时对4个属性的权重应该动态地进行分配。即当单位或值域属性检测结果为空(_None)时,把其权重平均分配到类型和格式属性的权重中去。

综上所述,数据属性各种检测结果权重和得分系数分配如表13-2所示。

则单个数据项按照百分制的得分计算公式为:

$$d_i = \sum_{i=1}^{4}(w_i \times s_i) \times 100 \tag{13-1}$$

式中:s_i——各检测结果得分系数;

w_i——各属性的得分权重。

数据属性各种检测结果权重和得分系数分配　　表 13-2

数据属性	权重 w_i	检测结果	得分系数 s_i	备　注
数据类型	0.3	DataType_Right	1	
		DataType_Wrong	0	
数据格式	0.3	DataFormat_Right	1	
		DataFormat_Weak	0.7 × Fok_R	Fok_R 为数据库内容格式检测合格率
		DataFormat_Wrong	0	
数据单位	0.1	Unit_Right	1	
		Unit_Weak	0.8	
		Unit_Wrong	0	
数据值域	0.3	DataScope_Right	1 × Dok_R	Dok_R = 数据库内容值域检测合格率
		DataScope_Weak	0.8 × Dok_R	
		DataScope_Wrong	0	

注：数据库内容检测合格率 = 检测数据符合标准要求的个数/检测数据总个数。

13.2　交通运输信息系统的标准符合性检测评价

被检测系统有多条数据项，根据数据项的评价结果，进而得到系统整体评价结果。由于数据项之间是相互独立的，可以认为是具有相同的权重值。则系统得分为该系统所有数据项得分总和除以系统中数据项总数。

系统得分(百分制)：

$$s = \frac{1}{n}\sum_{j=1}^{n} d_j \tag{13-2}$$

式中：s——总分；

n——参与评价的数据项的总数量。

每个数据项对系统的影响是较小的，使用百分制能够反映出系统中所有数据项满足标准的总体情况。但数据集标准是对整个数据集的规定，例如约束属性和出现次数属性是针对整个数据集的控制指标，如果不满足，将会造成交换的失败，因此，系统评价时，对于数据集标准不满足的情况，系统给出建议。这些建议是必须进行修正的，不纳入系统评分，在未满足的情况下，不出具检测评价报告。

13.3 设计与实现

为易于评价方法的实现和评价规则的维护,采用数据库对评价规则表进行存储。其存储表设计如表 13-3 所示。

评价规则表设计　　表 13-3

字段名称	字段类型	允许空	字段描述	备注
result_type	varchar(30)	否	检测结果类型	主键
score	float	否	得分	
memo	varchar(10)	可	备注	

单条数据项评价即根据属性的不同检测结果的分值,求和,得出数据项评价结果分值。其流程设计如图 13-1 所示。

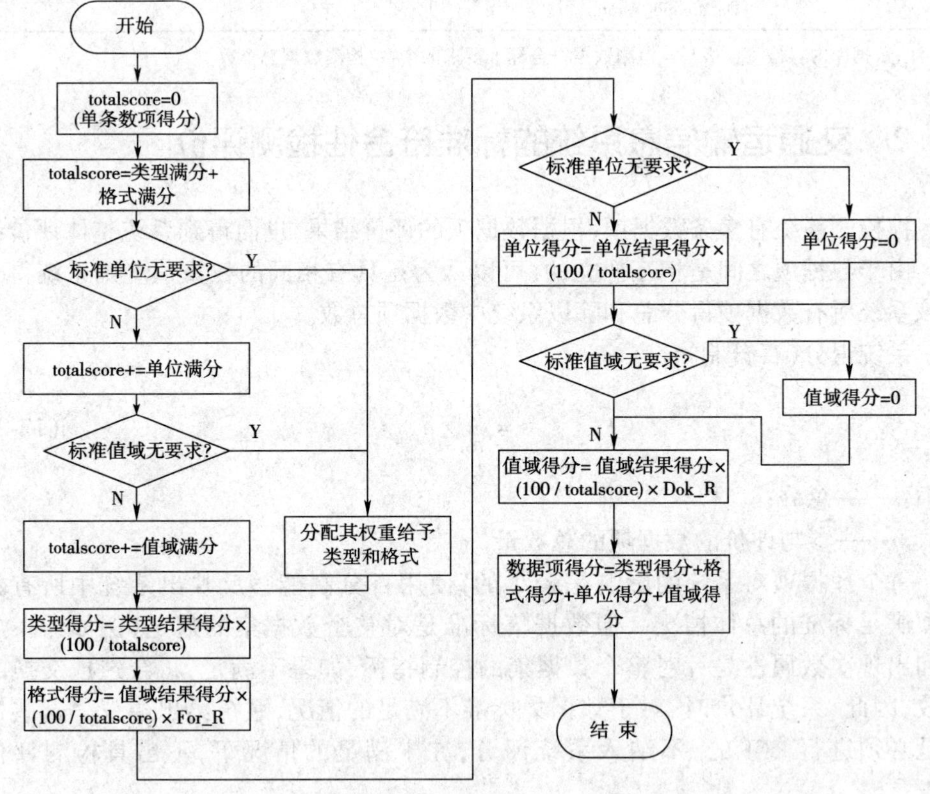

图 13-1　单条数据项评价实现流程

根据评价的原则、方法以及具体的流程设计，评价规则表的内容按照表 13-4 中的内容规则即可。

评价规则表　　表 13-4

结果类型(result_type)	得分(score)	备　注(memo)
DataType_Right	30	
DataType_Wrong	0	
DataFormat_Right	30	
DataFormat_Weak	21	21×采用数据中格式满足要求的数量/采样数据的总条数
DataFormat_Wrong	0	
DataUnit_Right	10	
DataUnit_Weak	8	
DataUnit_Wrong	0	
DataUnit_None	-1	
DataScope_Right	30	30×采样数据中值域、代码、编码满足要求的数量/采样数据的总条数
DataScope_Weak	24	24×采样数据中值域、代码、编码满足要求的数量/采样数据的总条数
DataScope_Wrong	0	
DataScope_None	-1	

13.4　检测报告设计与实现

13.4.1　检测报告设计

检测报告对被检系统的检测结果以报表的形式进行呈现，故其应该包括被检系统的基本信息、检测单位的基本信息、检测结果、评价及建议等，同时还应该支持打印，支持多种格式(pdf、word 等)。检测报告详细设计如下。

封皮：检测报告名称、检测系统名称、检测机构名称、检测日期、评价及建议报告说明(第 2 页)。

具体内容：检测结果及评价，标准符合性建议表，未检测数据项及其原因表。

其表格设计如表 13-5 ~ 表 13-7 所示。

检测结果及评价表设计 表 13-5

<table>
<tr><td colspan="5">《××系统》标准符合性检测评价表
数据项总数:×× 已检测数量:×× 主要参阅标准:×××××</td></tr>
<tr><td colspan="5">检测结果统计表</td></tr>
<tr><td>检测项目</td><td>完全符合%(数量)</td><td>部分符合%(数量)</td><td>不符合%(数量)</td><td>未规定%(数量)</td></tr>
<tr><td>数据类型</td><td>××(××)</td><td>××(××)</td><td>××(××)</td><td>××(××)</td></tr>
<tr><td>数据格式</td><td>××(××)</td><td>××(××)</td><td>××(××)</td><td>××(××)</td></tr>
<tr><td>数据单位</td><td>××(××)</td><td>××(××)</td><td>××(××)</td><td>××(××)</td></tr>
<tr><td>数据值域</td><td>××(××)</td><td>××(××)</td><td>××(××)</td><td>××(××)</td></tr>
<tr><td colspan="5">检测结论</td></tr>
<tr><td colspan="5">系统标准符合性检测综合得分:××
检测结论:×× （盖章）
检测人:×× 负责人:×××
日期:×× 日期:××</td></tr>
</table>

标准符合性建议表设计 表 13-6

<table>
<tr><td colspan="11">附表 1:《××系统》标准符合性建议表</td></tr>
<tr><td>表名称</td><td>数据项名称</td><td>字段名称</td><td>类型建议</td><td>格式建议</td><td>单位建议</td><td>值域建议</td><td>数据元ID</td><td>数据项名称</td><td>数据比例</td><td>结果代码</td></tr>
<tr><td>××</td><td>××</td><td>××</td><td>××</td><td>××</td><td>××</td><td>××</td><td>××</td><td>××</td><td>××</td><td>××</td></tr>
</table>

未检测数据项及原因列表 表 13-7

<table>
<tr><td colspan="4">附表 2:《××系统》未检测数据项及原因列表</td></tr>
<tr><td>表名称</td><td>数据项名称</td><td>字段名</td><td>未检测原因</td></tr>
<tr><td>××</td><td>××</td><td>××</td><td>××</td></tr>
</table>

13.4.2 检测报告实现

根据开发环境(VS2010 和 SQL Server 2008)的特点及检测报告的要求,选择 VS2010 自带的报表设计工具来实现检测报告。实现后的报表如图 13-2 ~ 图 13-6 所示(部分截图)。

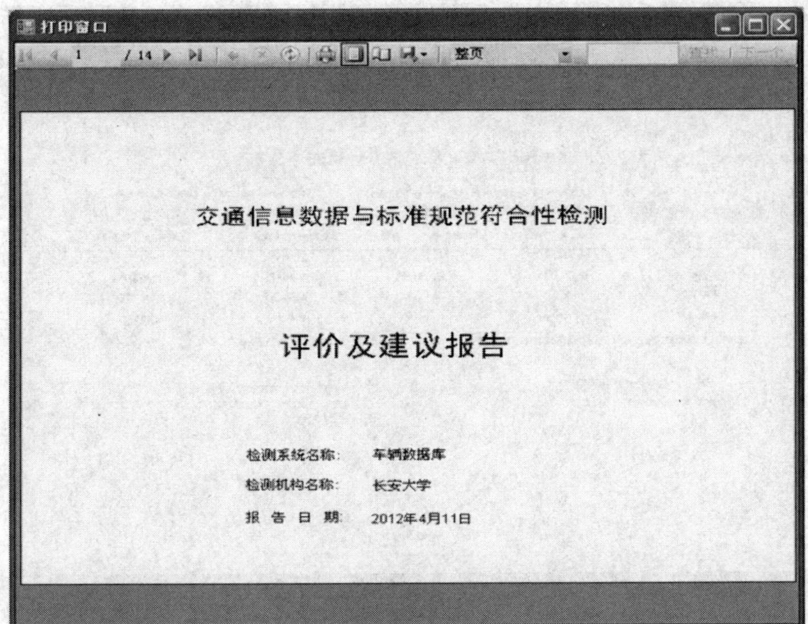

打印窗口

1 /14　整页　查找 | 下一个

交通信息数据与标准规范符合性检测

评价及建议报告

检测系统名称：　车辆数据库

检测机构名称：　长安大学

报 告 日 期：　2012年4月11日

图 13-2　检测报告封皮 1

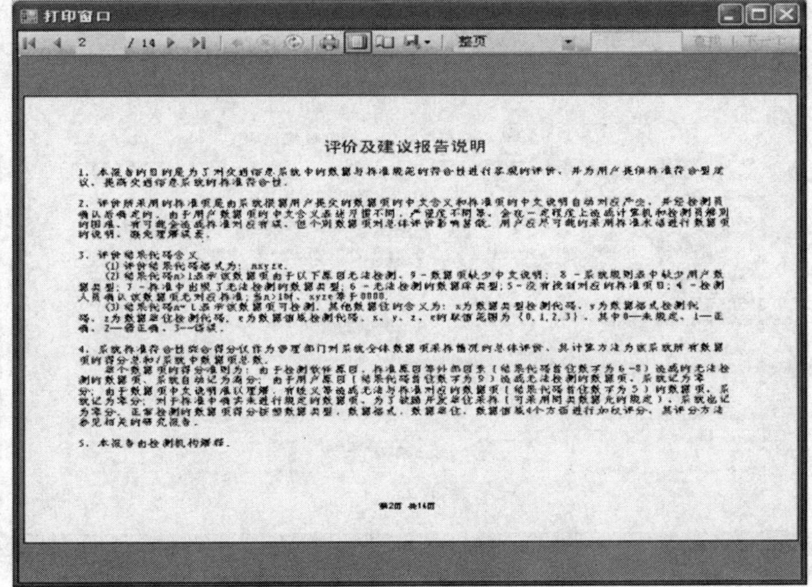

打印窗口

2 /14　整页　查找 | 下一个

评价及建议报告说明

1. 本报告的目的是为了对交通信息系统中的数据与标准规范的符合性进行客观的评价，并为用户提供标准符合型建议，提高交通信息系统的标准符合性。

2. 评价所采用的标准项是由系统根据用户提交的数据项的中文含义和标准项的中文说明自动对应产生，并经检测员确认后确定的。由于用户数据项的中文含义表述习惯不同，严谨度不同等，会在一定程度上造成计算机和检测员判别的困难，有可能会造成标准对应有误，但个别数据项对总体评价影响甚微。用户应尽可能的采用标准术语进行数据项的说明，避免理解误差。

3. 评价结果代码含义

(1) 评价结果代码格式为：nxyze。

(2) 结果代码n>1表示该数据项由于以下原因无法检测，9－数据项缺少中文说明；8－系统规则表中缺少用户数据类型；7－标准中出现了无法检测的数据类型；6－无法检测的数据库类型；5－没有找到对应的标准项目；4－检测人员确认该数据项无对应标准；当n>1时，xyze等于0000。

(3) 结果代码n=1表示该数据项可检测，其他数据位的含义为：x为数据类型检测代码，y为数据格式检测代码，z为数据单位检测代码，e为数据值域检测代码，x、y、z、e的取值范围为{0,1,2,3}，其中0—未规定，1—正确，2—部正确，3—错误。

4. 系统标准符合性综合得分仅作为管理部门对系统全体数据项采标情况的总体评价，其计算方法为该系统所有数据项的得分总和/系统中数据项总数。

单个数据项的得分准则为：由于检测软件原因、标准原因等外部因素（结果代码首位数字为6~8）造成的无法检测的数据项，系统自动记为满分；由于用户原因（结果代码首位数字为9）造成无法检测的数据项，系统记为零分；由于数据项中文说明难以理解、有歧义等造成无法与标准对应的数据项（结果代码首位数字为5）的数据项，系统记为零分；对于标准中尚未进行规定的数据项，为了鼓励开发单位采标（可采用同类数据元的规定），系统也记为零分。正常检测的数据项得分按照数据类型、数据格式、数据单位、数据值域4个方面进行加权评分，其评分方法参见相关的研究报告。

5. 本报告由检测机构解释。

第2页 共14页

图 13-3　检测报告封皮 2

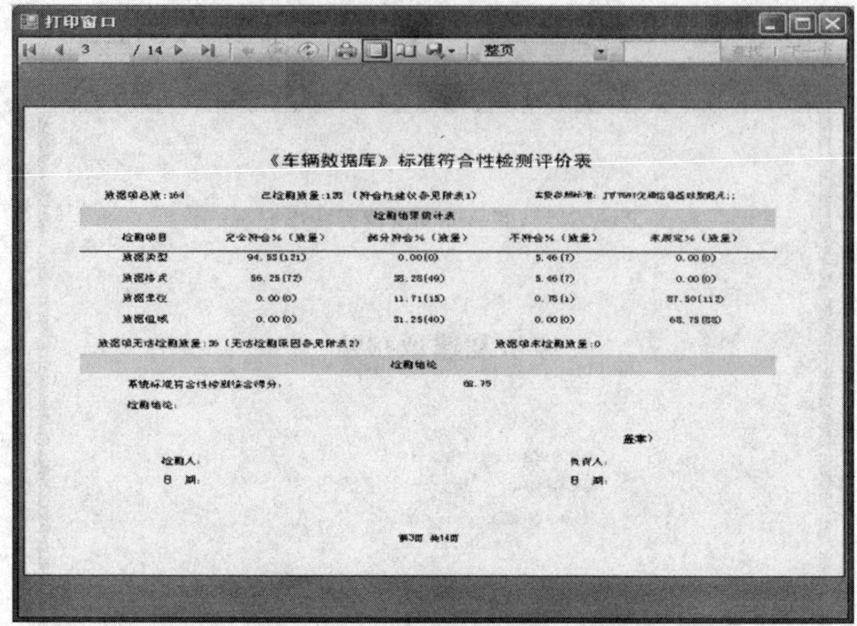

《车辆数据库》标准符合性检测评价表

数据项总数:164　　已检测数量:135 (符合性建议参见附表1)　　本次参照标准: JT/T697交通信息基础数据元;;

检测结果统计表

检测项目	完全符合%(数量)	部分符合%(数量)	不符合%(数量)	未测定%(数量)
数据类型	94.53(121)	0.00(0)	5.46(7)	0.00(0)
数据格式	56.25(72)	38.28(49)	5.46(7)	0.00(0)
数据单位	0.00(0)	11.71(15)	0.78(1)	87.50(112)
数据值域	0.00(0)	31.25(40)	0.00(0)	68.75(88)

数据项无法检测数量:29 (无法检测原因参见附表2)　　数据项未检测数量:0

检测结论

系统标准符合性检测综合得分:　62.79

检测结论:

(盖章)

检测人:　　负责人:

日　期:　　日　期:

第3页 共14页

图 13-4　检测报告内容 1

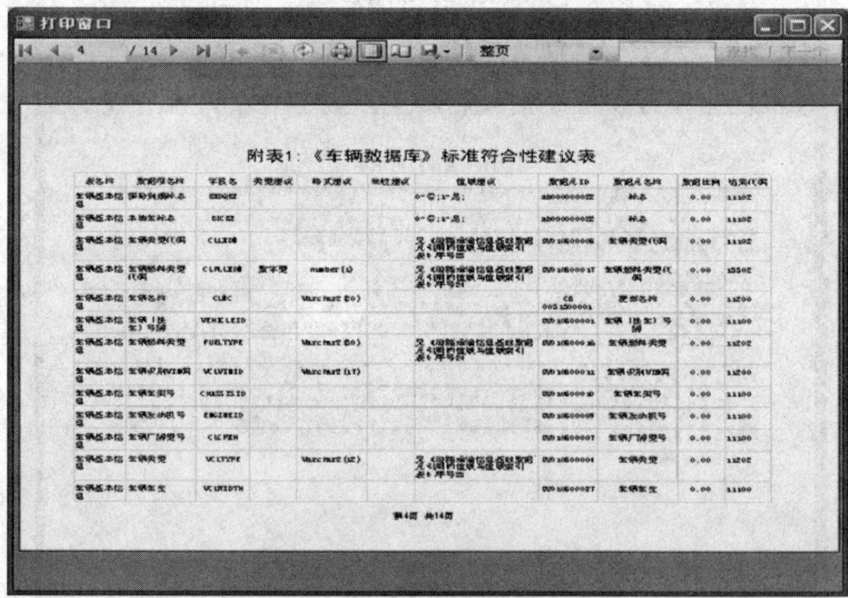

附表1:《车辆数据库》标准符合性建议表

第4页 共14页

图 13-5　检测报告内容 2

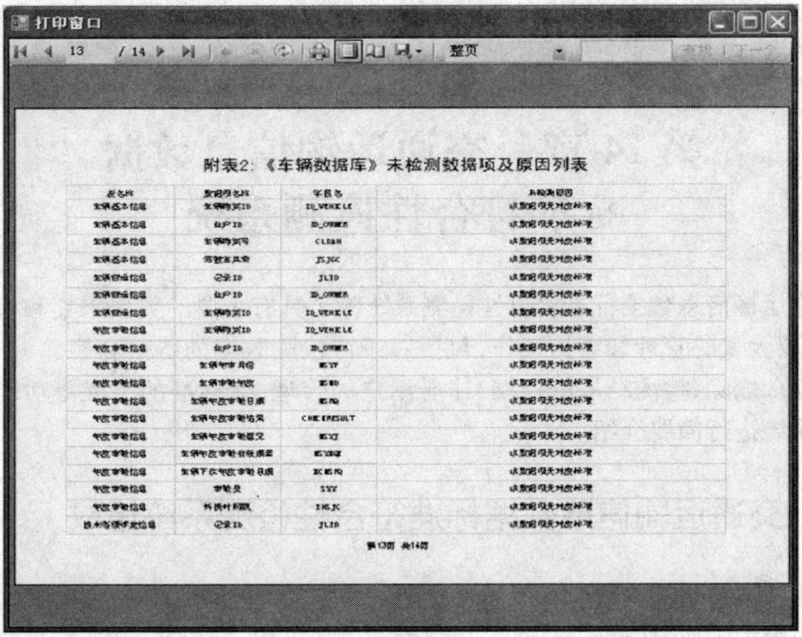

打印窗口

13 / 14　整页　查找　下一个

附表2:《车辆数据库》未检测数据项及原因列表

表名称	数据项名称	字段名	未检测原因
车辆基本信息	车辆档案ID	ID_VEHICLE	该数据项无对应标准
车辆基本信息	业户ID	ID_OWNER	该数据项无对应标准
车辆基本信息	车辆档案号	CLDAH	该数据项无对应标准
车辆基本信息	[illegible]	JSJCC	该数据项无对应标准
车辆[illegible]信息	记录ID	JLID	该数据项无对应标准
车辆[illegible]信息	业户ID	ID_OWNER	该数据项无对应标准
车辆[illegible]信息	车辆档案ID	ID_VEHICLE	该数据项无对应标准
年度审验信息	车辆档案ID	ID_VEHICLE	该数据项无对应标准
年度审验信息	业户ID	ID_OWNER	该数据项无对应标准
年度审验信息	车辆年审月份	NSYF	该数据项无对应标准
年度审验信息	车辆审验年度	NSND	该数据项无对应标准
年度审验信息	车辆年度审验日期	NSRQ	该数据项无对应标准
年度审验信息	车辆年度审验结果	CHECKRESULT	该数据项无对应标准
年度审验信息	车辆年度审验意见	NSYJ	该数据项无对应标准
年度审验信息	车辆年度审验有效期至	NSYXQ	该数据项无对应标准
年度审验信息	车辆下次年度审验日期	XCNSRQ	该数据项无对应标准
年度审验信息	审验员	SYY	该数据项无对应标准
年度审验信息	[illegible]	[illegible]	该数据项无对应标准
技术等级评定信息	记录ID	JLID	该数据项无对应标准

第13页 共14页

图 13-6　检测报告内容 3

13.5　本章小结

本章在单个数据属性检测方法的基础上,通过对不同属性对共享交换的影响研究,对属性的权重进行分配,采用百分制形成单个数据项的评价方法。在此基础上,提出按照百分制的形式对交通运输信息系统的评价方法。对于数据集属性,给出必须进行修改的建议。

第14章　交通运输信息数据标准符合性检测系统

交通运输信息数据标准符合性检测系统除了具有主要的数据采集和检测功能外，还需要大量的管理和维护工作，包括对于待检测数据的备份和删除，标准库的追加、修改、删除，检测结果的存档，注册用户的管理，新标准的扩展等功能。本章对检测系统进行简要介绍。

14.1　交通运输信息数据标准符合性检测系统组成

本系统由采集子系统和标准符合性检测子系统软件两部分组成。采集子系统进行用户数据字典、数据库表字段、数据内容等的采集、优化和入库；标准符合性检测子系统软件对入库的数据进行标准符合性检查并打印评价和建议报告。

系统逻辑结构如图14-1所示。

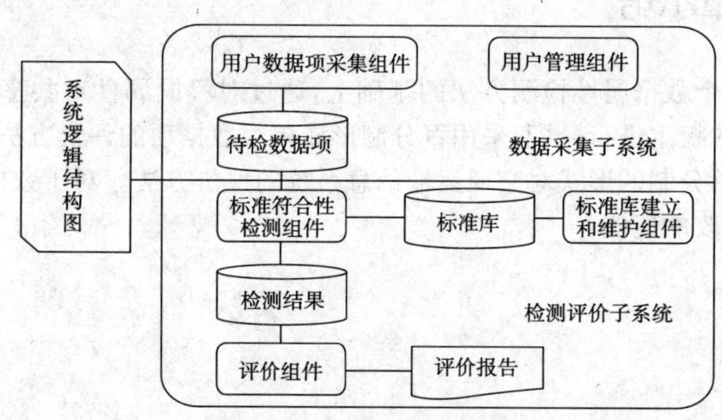

图14-1　系统逻辑结构图

14.2　数据采集子系统简介

数据采集子系统主要功能包括以下三个部分：

1)详细设计阶段数据采集

该功能主要是在信息系统的详细设计阶段,完成数据字典的抽取,以备检测。数据字典是交通运输信息系统建设项目设计时编写的数据库设计文档,通过检测可提高数据库设计的标准化程度。

2)验收准备阶段数据采集

该功能主要是在信息系统的验收准备阶段,完成数据库表结构和数据库表中存储内容的自动采集,以备检测。数据库表结构是数据库设计在数据库管理系统的物理实现,通过检测可提高信息系统实现的标准化程度,并可协助检查数据库的物理实现与数据库设计文档的一致性。

3)采集数据入库

该功能可将采集到的数据导入到待检测的数据库中。

数据采集子系统界面如图 14-2 所示。

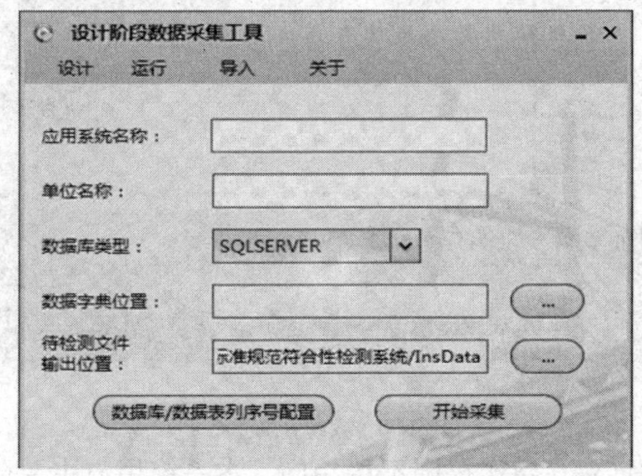

图 14-2　数据采集子系统

14.3　检测子系统简介

交通运输信息数据标准符合性检测子系统实现数据的标准符合性检测和报告生成功能。系统建立了数据元标准数据库、元数据标准数据库、数据代码标准数据库等标准数据库,实现了标准数据库的维护功能,随着数据标准的发展和完善,可对标准数据库进行补充和升级。子系统功能分为系统登录、系统维护、符合性检测、系统配置、系统帮助等五部分。

14.3.1 系统登录

系统登录时对标准符合性检查人员的身份进行核实,通过用户名和密码的校验,确保使用人员是经过管理人员审核的检测人员,从而保证检测结果的权威性,保护被检测用户数据的安全。具体的界面如图 14-3 所示,功能设计为:运行系统,进入登录界面。

图 14-3 系统登录界面

对于不同的用户,其操作权限不尽相同。本系统用户主要分为管理员(Admin)和普通用户。管理员具有最高权限,除可以进行基本操作(用户数据维护、符合性检测、系统配置、系统帮助、退出系统)之外,还可以进行系统维护;普通用户仅可以进行基本操作(用户数据维护、符合性检测、系统配置、系统帮助、退出系统)。

14.3.2 检测操作功能

检测工作界面如图 14-4 所示。

界面左上方显示当前检测系统数据库名称及数据库中的表名称,右上方显示当前数据库或表的具体数据项,左下方为可供选择的符合性检测标准,数据显示区域下方有“数据选择”、“检测操作”、“检测选项”、“对应选项”等四个区域。此次

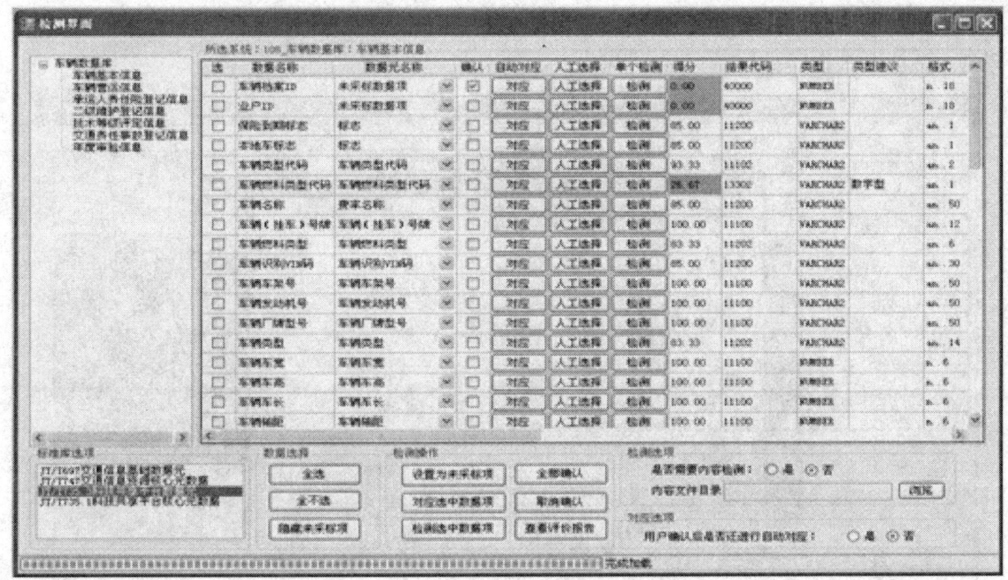

图 14-4　检测工作界面

操作选择车辆数据库中的“车辆基本信息”表为例进行演示。

检测操作可分为数据名称与标准对应、标准符合性检测、查看评价建议结果 3 个步骤。用户可逐条手动完成检测和批量完成检测。

用户通过勾选数据项前面的选择框,可选取多条需要检测的数据项或者按全选按钮选取全部显示的数据项对选中项进行一次性对应和检测。完成选中的数据项检测工作后,相应的检测结果记入相应的数据项单元中。

“检测选项”主要指定在进行数据库结构检测的同时是否进行数据库内容检测,选择其中的“是”,系统会弹出一个界面,如图 14-5 所示。

用户点击“打开”,则会在“检测选项”中出现内容文件的存储路径。用户根据目录给出的路径,选取后缀名为. xml 的文件,就可在进行数据项检测时对相应数据项存储的数据内容进行检测。

完成检测工作后,用户也可点击“检测操作”中的“查看评价报告”按钮查看评价报告。评价报告包括对数据库完整的符合性检测的结果和修改建议。报告的第一页为自检报告的封面。

14.3.3　用户数据维护

用户待检测数据以数据库为单位进行检测,对待检测的用户数据完成检测后保留检测原始结果,以备日后查询和复核。因此设计了用户数据维护功能模块,具体的实现为点击“用户数据维护”菜单，生成一个“用户数据维护”界面，如图 14-6 所示。

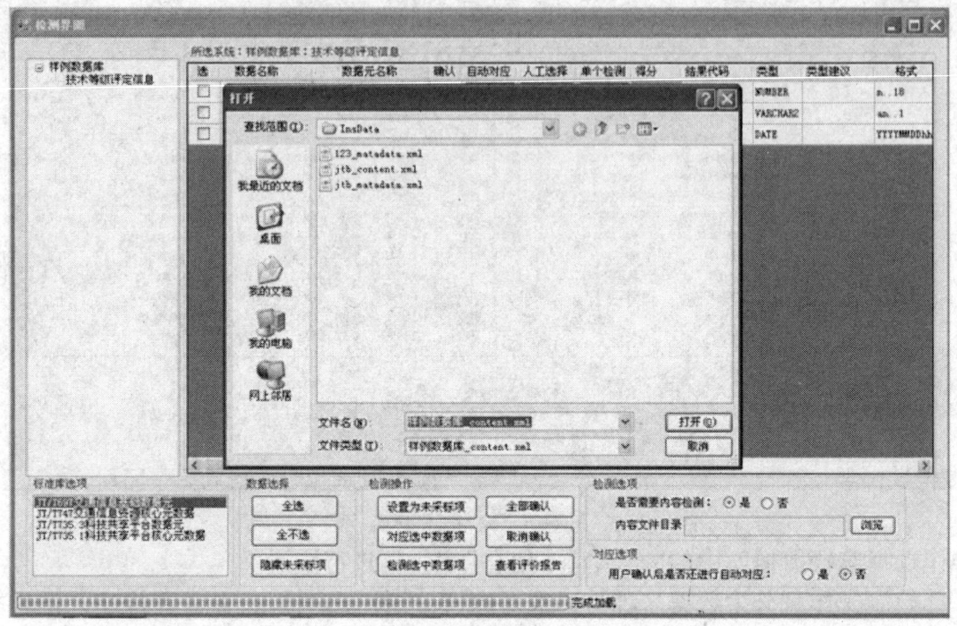

图 14-5　数据库内容选择

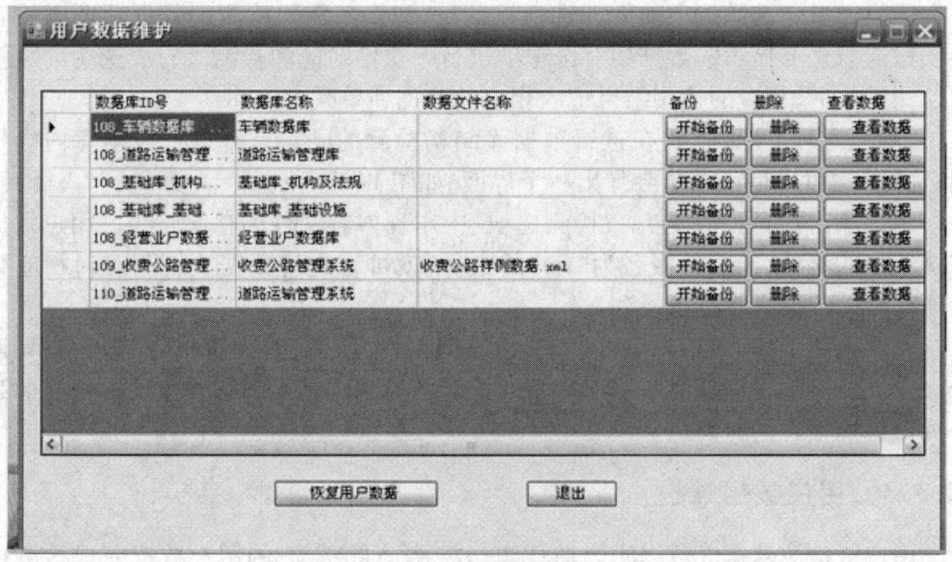

图 14-6　用户数据维护界面

界面上有“数据库 ID”、“数据库名称”、“数据文件名称”、“备份”、“删除”、“查看数据”等六栏，还有“开始备份”、“删除”、“查看数据”、“恢复用户数据”、“退出”等五个按钮。

用户可以选择需要的数据库，点击相应的按钮进行操作。此次操作选“车辆数据库”进行演示。

(1)开始备份：进行数据的备份工作；

(2)删除：进行删除操作；

(3)恢复用户数据：进行用户数据恢复的操作；

(4)查看数据：查看数据的详细信息；

(5)退出：退出数据维护。

14.3.4　系统维护

检测系统需对不同数据库定义的数据类型进行存储，随着数据库技术的发展和标准的改进，会出现新的数据类型和标准定义，同时不适应发展的数据类型也会被淘汰。需要设计修改数据库数据类型和标准定义的功能，点击“系统维护”按钮，系统弹出“系统数据表维护”界面，如图 14-7 所示。

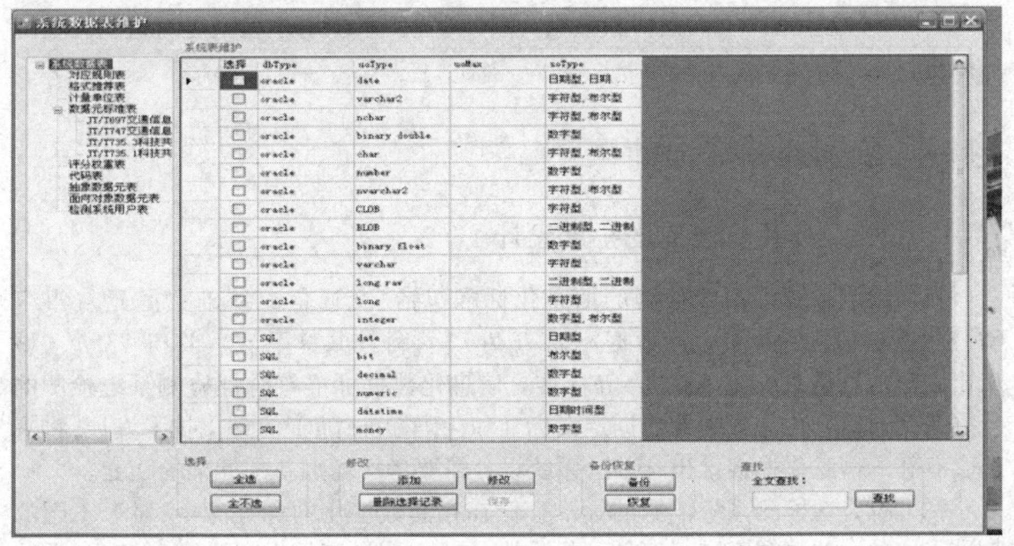

图 14-7　系统维护(对应规则表)

“系统数据表”下有“对应规则表”、“格式推荐表”、“计量单位表”、“数据元标准表”、“评分权重表”、“代码表”、“抽象数据元素”、“面向对象数据元素”、“检测系统用户表”等九个下拉列表。

在界面的下半部分，有“选择”、“修改”、“备份恢复”、“查找”等四个功能区域。下面对四个功能区域的具体实现分别进行介绍。

(1)“选择”:内有“全选”和“全不选”两个按钮。点击“全选”按钮，表示各个数据项全部选上；点击“全不选”按钮，表示各个数据项全不选。

(2)“修改”:在“修改”区域内有“添加”、“修改”、“删除选择记录”、“保存”等四个按钮。“添加”:在数据表中的最后一项数据前的方框内打上对勾，再点击“添加”按钮，数据表中会出现一行待填的数据行供用户进行添加操作；“修改”:在需要修改的数据项前打上对勾，然后点击“修改”按钮，可以对数据进行修改；“删除”:选中需要删除的数据项，点击“删除选择记录”按钮即可；“保存”:点击“保存”按钮，系统就会对所做操作进行保存。

(3)“备份恢复”:包括“备份”和“恢复”两个按钮。点击“备份”按钮，系统可将数据进行保存；点击“恢复”按钮，选择数据文件即可。

(4)“查找”:“查找”区域内有一个全文查找的方框，用户可以在方框内输入“对应规则表”中的数据，点击“查找”按钮，系统将进行全文查找。

选择“格式推荐表”、“计量单位表”、“数据元标准表”、“评分权重表”、“代码表”、“抽象数据元素”、“面向对象数据元素”、“检测系统用户表”，可对这些表中的数据进行维护。

14.4 系统扩展性设计

14.4.1 检测所用标准库的扩展设计

目前检测系统可用于检测的信息化标准包括《交通信息基础数据元》(JT/T 697)、《交通信息资源核心元数据》(JT/T 747)、《科技共享平台》(JT/T 735)、《城市出租车信息化系统业务要求》等标准。信息化数据标准符合性检测系统检测的依据是交通信息化标准中的数据定义标准和代码标准，随着信息化技术发展，将来还会有新的信息化标准推出，因此，系统设计需要考虑增加新的标准的功能。

标准符合性检测系统依据的标准存储在存储数字化的标准库中，对于不同的标准采取独立的数据库进行存储。标准库的基本信息存储在标准索引库中，系统采用访问标准库的代理类实现对标准库访问，检测系统选择采用标准时，通过访问代理类从标准索引库中读取相应的基本信息，再将相应的标准库数据加载到检测系统。这样，就降低了符合性检测系统和标准库的关联度。当系统扩展新的标准时，只需要将标准基本信息填入索引库，并导入标准库即可。设计框图如图 14-8 所示。

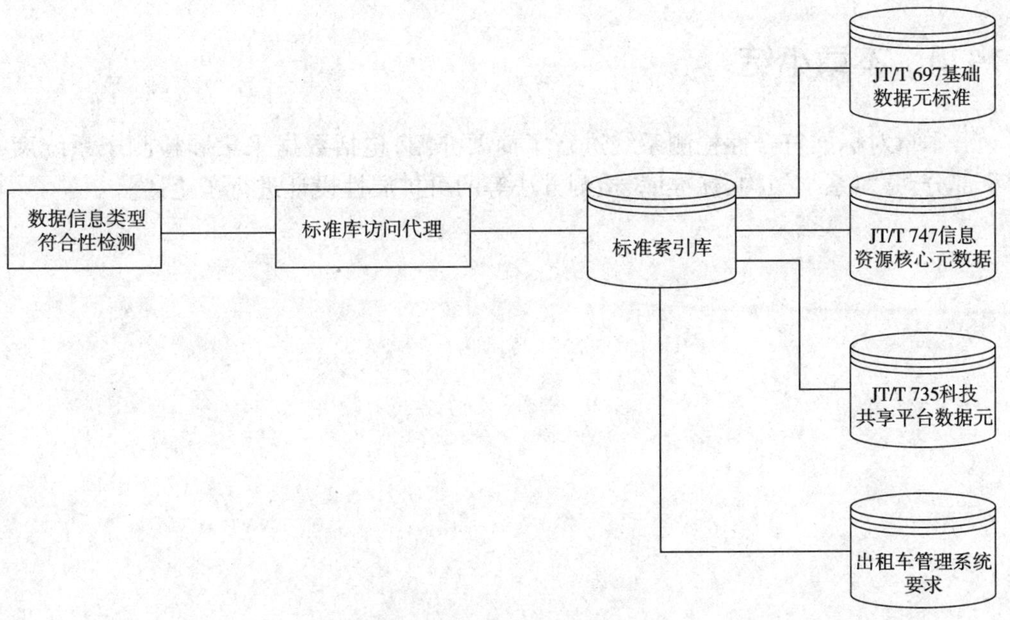

图 14-8　软件系统标准库扩展性设计

14.4.2　系统架构的扩展性设计

系统架构采用分布式的组件进行设计，为系统架构的升级和灵活的应用方式奠定了基础，主要包括以下几个方面：

(1)用户的数据项采集组件，采用 JAVA 跨平台的设计语言进行设计，方便用户在不同的平台上进行抽取。

(2)用户采集完成的数据采用 XML 方式进行存储和传输，便于跨平台进行系统部署，或者形成分布式架构，适应不同的应用模式。

(3)评价模块独立运行，检测完成后，可以进行独立评价，为评价模块和报告模块的升级以及新的系统应用模式的构造提供便利。

14.4.3　检测方法的可扩展性

(1)系统检测规则管理采用独立表进行，主要包括对应规则表、格式推荐表、数据元标准表、评分权重表、代码表、抽象数据元表、面向对象数据元表等关键规则表，规则可以进行调整。

(2)标准数据类型检测使用创建型设计模式,当新的数据类型出现时,只需增加其检测方法即可,对现有系统没有影响。

14.5 本章小结

本章对标准符合性检测系统进行了简要介绍,包括数据采集和检测子系统两个部分,并对系统架构、标准库、检测方法等的可扩展性设计进行了论述。

参 考 文 献

[1] "data". Oxford Dictionaries. Retrieved 2012-10-11.

[2] 中华人民共和国交通运输部. 第一批需严格执行的国家及行业交通运输信息化标准(2011-V1.0)[EB]. http://www.moc.gov.cn/zhuzhan/zhengwugonggao/jiaotongbu/kejijiaoyu/201105/P0201105033 13872348507.doc.

[3] 中华人民共和国交通运输部. 交通运输信息化标准体系表[EB]. http://www.moc.gov.cn/zhuzhan/zhengwugonggao/jiaotongbu/kejijiaoyu/201305/P020130527590675623752.pdf

[4] 中华人民共和国交通部. 厅科教字〔2006〕411 号 关于印发交通标准化工作规则的通知[EB]. 2007-01-10. http://www.moc.gov.cn/zhuzhan/biaozhunguifan/shuilugongcheng_BZGF/200710/t20071024_440824.html.

[5] 中华人民共和国交通运输部. JT/T 697—2013 交通信息基础数据元标准[S]. 北京:人民交通出版社,2014.

[6] 中华人民共和国国家质量监督检验检疫总局,中国国家标准化管理委员会. GB/T 20606—2006 智能运输系统 数据字典要求[S]. 北京:中国标准出版社,2006.

[7] 中华人民共和国国家质量监督检验检疫总局,中国国家标准化管理委员会. GB/T 29096—2012 道路交通管理数据字典 交通事件数据[S]. 北京:中国标准出版社,2012.

[8] 中华人民共和国国家质量监督检验检疫总局,中国国家标准化管理委员会. GB/T 26770—2011 停车诱导信息集[S]. 北京:中国标准出版社,2011.

[9] 中华人民共和国国家质量监督检验检疫总局,中国国家标准化管理委员会. GB/T 26768—2011 道路、水路货物运输基础数据元[S]. 北京:中国标准出版社,2011.

[10] 中华人民共和国交通运输部. 交规划发〔2009〕100 号 关于印发交通运输经济运行分析工作制度通知[EB]. 2010-02-21. http://www.moc.gov.cn/zizhan/siju/guihuasi/tongjixinxi/guanliwenjian/201003/t20100326_669294.html.

[11] 中华人民共和国国家质量监督检验检疫总局,中国国家标准化管理委员会. GB/T 18391.1—2009 信息技术 元数据注册系统(MDR) 第 1 部分:框架[S]. 北京:中国标准出版社,2009.

[12] 中华人民共和国交通运输部. JT/T 697. 1—2013　交通信息基础数据元　第1部分:总则[S]. 北京:人民交通出版社,2014.

[13] 张绍阳,王选仓,李志强,等. 公路信息基础数据元二维分类及其应用[J]. 武汉理工大学学报:交通科学与工程版,2007,31(05):815-818.

[14] 刘永涛. 数据元标准化模型研究[J]. 科技信息,2010:145-146.

[15] Wen Bilong, Zhang Li. Defining semantics for data element with semantic tree [C]//ISISE'2008(2008 International Symposium on Information Science and Engineering),2008:524- 527.

[16] 文必龙,等. 一种数据元语义描述方法[J]. 哈尔滨商业大学学报:自然科学版,2010,26(1):64-67.

[17] 马继军. 浅谈交通运输数据中心的数据资源框架[J]. 青海交通科技,2012(05):6-10.

[18] 王志伟. 黑龙江省交通两级数据中心设计构想[J]. 中国交通信息化,2011(06):114-116.

[19] 汪祖云. 交通数据中心总体架构与数据共享交换平台的设计研究[J]. 交通运输系统工程与信息,2008,8(03):23-28.

[20] Zheng Bingzhou. Design of Provincial Transportation Data Center for Industrial Integration and Intelligent Analysis[J]. Applied Mechanics and Materials,2011,(2886):130-134.

[21] Inmon W H. 数据仓库(原书第三版)[M]. 王志海,等译. 北京:机械工业出版社,2006.

[22] IBM. 企业服务总线解决方案白皮书[Z],2012.

[23] 张新宇. 基于协同学的电子政务信息资源共享与业务协同的协同模型及其实现[J]. 图书情报工作,2011,55(1):126-129.

[24] 郭晓丽,等. 基于数据元的 DRM 四层数据共享与交换模型[J]. 长江大学学报:自然科学版,2009,6(4):235-237.

[25] 郭向阳. 基于数据库复制技术的数据交换平台研究与实现[J]. 计算机与现代化,2011(8):157-160.

[26] 常志国,等. 交通信息基础数据元 XML schema 表示模型[J]. 现代电子技术,2012,35(18):29-32.

[27] 康红霞,刘建,王林,等. 交通运输信息资源交换共享平台建设和应用[J]. 交通信息与安全,2011,29(3):116-122.

[28] 邹宇,黄霖. 贵州省交通运输数据中心信息资源规划与数据交换共享平台的

设计研究[J].计算机光盘软件与应用,2012,2(14):21-22.

[29] 翁剑成,刘文韬,陈智宏,等.基于浮动车数据的出租车运营管理研究[J].北京工业大学学报,2010,36(6):779-784.

[30] 刘冲,陆化普,史其信.基于网格的交通管理决策支持系统研究与设计[J].交通与计算机,2006,24(1):51-53.

[31] ISO/IEC 11179-1:2004 信息技术 元数据注册系统(MDR) 第1部分:框架[S].

[32] ISO/IEC 11179-2:2005 信息技术 元数据注册系统(MDR) 第2部分:分类[S].

[33] ISO/IEC 11179-3:2013 信息技术 元数据注册系统(MDR) 第3部分:注册系统元模型与基本属性[S].

[34] ISO/IEC 11179-4:2004 信息技术 元数据注册系统(MDR) 第4部分:数据定义的形成[S].

[35] ISO/IEC 11179-5:2005 信息技术 元数据注册系统(MDR) 第5部分:命名和标识原则[S].

[36] ISO/IEC 11179-6:2005 信息技术 元数据注册系统(MDR) 第6部分:注册[S].

[37] 欧阳毅,等.面向信息系统需求的数据元提取方法研究[J].计算机工程,2006.2.

[38] 高贵锦,龙翔.基于数据元的交换数据标准维护[J].吉林大学学报(信息科学版),2005(01).

[39] 金水高,刘丽华,王骏,等.公共卫生信息系统数据元的标准化研究[J].公共卫生与预防医学,2006(01).

[40] 魏宏,章建方.数据元在电子政务标准体系中的概念与实践[J].信息技术与标准化,2004(05).

[41] 孙翠羽,马飞虎,孙建华,等.测绘空间数据元数据管理系统的设计与实现[C]//地理空间信息技术及其应用论坛论文集,2005.

[42] 中华人民共和国交通部.交科教发〔2005〕663号 关于印发交通信息基础数据元集的通知[EB].2006-02-06.http://www.moc.gov.cn/zhuzhan/zhengwugonggao/jiaotongbu/kejijiaoyu/200710/t20071016_434622.html.

[43] 林垚.基于数据元技术的交通科学数据目录设计[J].科学技术与工程,2011(13).

[44] Studer R, Benjamins V R, Fensel D. Knowledge engineering: Principles and Methods[J]. Data and KnowledgeEngineering,1998(25):161-197.

[45] Merdan, M. Simulation of an ontology-based multi-agent transport system[J]. SICE Annual Conference, 2008: 3339-3343.

[46] Salguero Alberto, Araque Francisco, Delgado Cecilia. Ontology based framework for data integration[J]. WSEAS Transactions on Information Science and Applications, 2008, v5, n6: 953-962.

[47] 李阳,翟军,陈燕.用本体实现智能交通语义系统的集成[J].信息技术,2005, 4(6):10-14.

[48] Junli Wang. An Ontology-based Public Transport Query System[C]// Semantics, Knowledge and Grid, 2005. SKG 05. First International Conference: 27-29.

[49] 宋炜,等.语义网简明教程[M].北京:高等教育出版社,2004.

[50] Gomez-Perez A, Benjiamins. Overview of Knowledge Sharing and Reuse Components: Ontologies and Problem-Solving Methods[C]// In Proceedings of the IJCAI-99 WorkShop on Ontologies and Problem-Solving Methods (KRRS), Stockholm, Sweden.

[51] Peter D Karp, Thomas R Gruber (1995). A Generic Knowledge-base Access Protocol[C]// Proceedings of the International Joint Conferences On Artificial Intelligence, Montreal, 1995. An ontology-based knowledge sharing API for AI people.

[52] Natalya F Noy, Deborah L MeGuinness. Ontology Development 101: A Guide to Creating Your First Ontology, 2001-8.

[53] 杨秋芬,陈跃新. Ontology 方法学综述[J].计算机应用与研究,2002(4):5-7.

[54] KBS1. IDEFS ontology Description Capture overview. http://www.idef.corn/idf5.html (2003-10-01).

[55] 中华人民共和国国家质量监督检验检疫总局,中国国家标准化管理委员会. GB/T 19488.2—2008 电子政务数据元 第2部分:公共数据元目录[S].北京:中国标准出版社,2008.

[56] 商惠华.基于过程改进的软件质量管理模型[J].计算机工程与设计,2011 (05).

[57] 李明,连乔,杨喜昆,等. SQL 标准符合性测试的框架[J].计算机工程与应用, 2003(20).

[58] 张冬敏,阎保平. SQL 标准符合性测试相关问题探讨[J].计算机应用与软件, 2007(05).

[59] Helfert M, Hossain F. Certifying data quality conformance[C]// ACM Interna-

tional Conference Proceeding Series, 2010,471 (1):95-100.

[60] García-Castro R, Gómez-Pérez A. A keyword-driven approach for generating OWL DL conformance test data[J]. Engineering Applications of Artificial Intelligence, 2013,26(4):1413-1420.

[61] Guerrouat A, Richter H. A conformance testing approach for component-based systems[J]. Lecture Notes in Engineering and Computer Science, 2006, IMECS 2006:870-874.

[62] 吴洁明,范国梅.基于XML的标准符合性测试方案[J].计算机应用,2012,32(2):551-553.

[63] 董京京,吴宝元,申飞,等.传感器信号接口标准符合性测试研究[J].计算机测量与控制,2012,20(11):2867-2869.

[64] 马跃.基于TPC-C标准的数据库基准性能测试工具的研究和实现[D].贵阳:贵州大学,2006.

[65] 中国赛西实验室通过国家计量认证及评审[J].安全与电磁兼容,2011(01).

[66] 马亮.《教育管理信息化标准》的制定及实施[J].教育信息化,2006(10).

[67] "会计核算软件数据接口国家标准"符合性检测系统通过验收[J].信息技术与标准化,2010(10).

[68] 龚益.规划社会科学术语[J].社会科学管理与评论,2003.

[69] 孙凯.面向动画自动生成受限中文自然语言处理[D].北京:北京工业大学,2010.

[70] Salton G, Chris B. Term Weighting Approaches in Automatic Text[J]. Retrieval Information Processing and Management,1988,24(5):513-523.

[71] Nirenburg S C, Domashnev, Grannes D J. Two Approaches to Matching in Example-Based Machine Translation[J]. Proceedings of TMI-93, Kyoto, 1993.

[72] 李春梅,徐庆生.基于多特征的汉语句子相似度计算模型的研究[J].计算机技术与发展,2014(06).

[73] 蓝雁玲,陈建超.基于词性及词性依存的句子结构相似度计算[J].计算机工程,2011,37(5):46-49.

[74] 李文杰,赵岩.基于本体结构的概念间语义相似度算法[J].计算科学与工程,2010,36(28):4-6.

[75] 张民,李生,赵铁军,等.一种汉语句子间相似度的度量算法和实现[J].计算语言学进展与应用,1995:152-158.

[76] 车万翔,刘挺.基于改进编辑距离的中文相似句子检索[J].高技术通讯,

2004,14(7):15-19.

[77] 刘群,李素建.基于《知网》的词汇语义相似度计算[C]//第三届中文词汇语义学研讨会论文集,2002.

[78] 吕学强,任飞亮,黄志丹,等.句子相似模型和最相似句子查找算法[J].东北大学学报,2003,24(6):531-534.

[79] 秦兵,刘挺,王洋,等.基于常问问题集的中文问答系统研究[J].哈尔滨工业大学学报,2003,35(10):1179-1182.

[80] 周永梅,陶红,陈姣姣,等.自动问答系统中的句子相似度算法的研究[J].计算机技术与发展,2012,22(5):75-78.

[81] 魏艳.基于 eMule 文件名的英语词语聚类和相似度分析[D].北京:北京交通大学,2008.

[82] 王峰.基于垂直主题搜索的交通术语相似性比对研究[D].西安:长安大学,2013.